国際イノベーション都市・川崎への道

新 川崎元気企業

公益財団法人川崎市産業振興財団［編］
川崎元気企業研究会［著］

神奈川新聞社

はじめに―発刊にあたって―

〝川崎元気企業本〟の三冊目、『新・川崎元気企業―国際イノベーション都市・川崎への道―』をお届けします。最初の『川崎元気企業―新ものづくりベンチャーズの時代―』は一九九八年四月に、二冊目の『続・川崎元気企業―川崎・多摩川イノベーション・バレーの形成に向けて―』は二〇〇六年七月に、そして今回が二〇一三年八月に、それぞれ刊行されました。七〜八年間隔で、刊行してきたことになります。刊行主体は、いずれも、公益財団法人川崎市産業振興財団編、川崎元気企業研究会著ですが、出版社は二冊目までは日本評論社、今回は地元の神奈川新聞社にお願いしました。本書の編集、執筆にかかわった者として、簡単にご紹介しておきます。

まず、この三冊を比べると、大きな時代の変化を感じざるを得ません。最初の〝川崎元気企業本〟は、工業都市・川崎の空洞化からいかに脱出するかがテーマであり、元気企業群はそのリーダー＝ものづくりベンチャーとして位置付けられました。二冊目は、製造業からサービス産業への産業構造の大転換（大手機械・電機企業のものづくりからの撤退と研究開発への転換）を踏まえたグローバル経済時代におけるイノベーション都市を導く元気企業の紹介とその条件がテーマでした。三冊目の今回の〝川崎元気企業本〟は、時代潮流の変化（グローバル経済、環境問題さらに少子高齢化など）に適応した元気企業群＝イノベーティブ企業群の登場と国際イノベーション都市集積形成を力強く推進する川崎の姿と方向を紹介しました。一冊目から一五年を経過して、ようやく工業都市・川崎の脱空洞化の姿と方向が明確になってきました。これが、私のいつわらざる実感です。

第二にそれは、掲載企業群の変化にも顕著に現れています。一冊目の「ものづくりベンチャー」は、第二創業型（一〇社）、高精度加工技術型（一〇社）、研究開発型（一一社）、戦略マーケティング型（七社）、グローバル・ネットワーク型（八社）の五つのタイプの中小製造業企業群（合計四六社）を元気企業として紹介しました。二冊目では、産業構造の大転換を反映したサービス分野も含めた、基盤技術（五社）、中堅企業（八社）、国際展開（四社）、ベンチャー（一一社）、健康・福祉（五社）、環境（七社）、生活支援・コミュニティービジネス（五社）、アミューズメント（五社）の八つのタイプの元気企業群（合計五〇社）を紹介しました。三冊目の今回は、ものづくり（二一社）、情報・エレクトロニクス（九社）、環境・エネルギー（八社）、健康福祉（五社）、医療バイオナノ（六社）、生活文化（五社）、海外展開（六社）の七つのタイプの元気企業群（合計六〇社）を紹介しました。IT系、環境・健康・生活関連のベンチャーが大幅に増えました。三冊目の今回は、医療バイオナノ系が新しく登場していますが、起業家オーディション受賞企業や大企業からの知財移転企業、試作開発プロジェクト企業など、産業振興諸施策で成果を上げた企業が多数含まれている点に大きな特徴があります。施策と元気企業がリンクしてきたと言えます。本文でご確認ください。

さて第三に、今回の三冊目の構成の特徴を簡潔に記しておきます。第一部では、川崎市経済・産業の強みを大きく三点（都市成長、知識創造人材、イノベーション・クラスター）で把握するとともに、国際イノベーション都市・川崎の新展開根拠を「政策の基本的考え方（持続型、PDCA、強みを活かす）」と「川崎イノベーション・モデル＝七つのイノベーション」（現場主義とコーディネーション、ベンチャー育成と産学・産産連携、グリーン・イノベーション、国際ネットワークづくり、ウェルフェア・イノベーション、ナノテク・イノベーション、ライフ・イノベーション）でとして明らかにしました。特に、現場主義とコーディネーションの政策スタイルの確立がイノベーション推進の鍵であることを確認する必要があります。

第二部では、これら諸政策・イノベーションを担う六〇社を紹介しました。第三部は、阿部孝夫川崎市長と平尾光司昭和女子大学理事長の対談を掲載しました。これは、よくお読みください。この間の川崎市の産業振興が、極めて正統な阿部市長の政策の基本的考え方に沿って進められ成果を上げてきたこと、また、平尾理事長の鋭い指摘（創造人材等）を十分に受け止めてください。私としては、各自治体の政策担当者に精読いただき、自らの政策展開見直しの一助にしていただきたいと思います。

なお、今回は、特別に、伊藤和良経済労働局長に「あとがき」を書いていただき、巻末に掲載しました。伊藤氏は一九九〇年代の空洞化研究会と最初の〝川崎元気企業本〟づくりの最も熱心な若手リーダーであり、この一五年の変化を最も実感されていると思われるので、一筆お願いしました（第一部の産業振興政策等の推移（概要）を参照ください）。

最後に、本書の刊行にあたって、ご協力いただいた皆さまに感謝申し上げます。まず、快くヒアリングに応じていただき、本書への掲載をご承諾いただいた元気企業の経営者の皆さまに厚く御礼申し上げます。また、本書の刊行を後押しし、川崎の産業振興の政策・展望を熱く語っていただいた、平尾光司昭和女子大学理事長と阿部孝夫川崎市長に、感謝申し上げます。この対談の結果、自治体産業政策の見本が見られる本になりました。

本書の企画は、二〇一二（平成二四）年六月に、川崎市経済労働局と川崎市産業振興財団協働で「川崎元気企業研究会」を立ち上げ、スタートしました。研究会は、経済労働局と産業振興財団の若手職員の皆さん、専修大学の宮本光晴教授、遠山浩准教授、神奈川新聞社アド・コムの三好秀人社長の皆さんにご参加いただき、ヒアリング、原稿執筆が精力的に進められました。特に、企業ヒアリング、原稿執筆を担っていただいた若手職員の皆さん、刊行事務を一手に引き受けていただいた事務局の皆さんの活躍と協同に敬意を表し、御礼申し上げたい。

また、今回出版をお願いした神奈川新聞社の駒井宏一朗氏、鈴木毅氏、小曽利男氏、天井美智子氏には、長期間にわたり、出版作業を粘り強く続けていただきました。ありがとうございました。

末尾ながら、この本が二一世紀のグローバル経済競争のなかで川崎市が国際イノベーション都市として輝き続ける一助となり、さらには全国各地で同じ志を持ち活躍している方々に役立つことを願っています。

二〇一三（平成二五）年六月

川崎元気企業研究会座長

長岡大学教授　原田誠司

目次

第一部　川崎市経済・産業と国際イノベーション都市・川崎の新展開

はじめに

日本経済は、ここ一〇年、「四重苦」（〈デフレ不況問題、財政難問題、国の債務残高問題、少子・高齢化問題〉のうち一つを解決しようとすると他が悪化するという矛盾対立状態）に陥っており、そこからの脱出は政府・日銀による戦略的金融政策（インフレ目標を定めた通貨供給拡大政策）によるデフレ脱却―円高是正から始めるべきとの認識が広がってきた（盛山和夫『経済成長は不可能なのか』中公新書、二〇一一年六月）。政府・日銀は、二〇一二年末の政権交代後の二〇一三年一月に「二％物価上昇」目標を設定し、三月の日銀新執行部（黒田東彦新総裁体制）による大胆な金融緩和政策に乗り出した。だが、「四重苦」を真に解決するためには、金融緩和による脱「デフレ・円高」だけではなく（岩田規久男『デフレと超円高』講談社現代新書、二〇一一年二月）、「需要創出型のイノベーション」による経済成長政策（吉川洋『デフレーション』日本経済新聞出版社、二〇一三年一月）が不可決なことを忘れてはならない。つまり、「アベノミクス」を超えた戦略的かつ総合的な金融・経済政策（シナリオ）が求められているのである（おそらく政府・日銀が今まで行ったことのない政策調整・運営の持続）。

こうしたマクロ金融・経済政策は政府の仕事であり、その成否に目をこらしつつも、都市・地域は自らの展望と責任において、グローバル大競争下での生き残りをかけて、自都市・地域の産業競争力の強化＝イノベーションの創出に邁進しなければならない。

1 選ばれる国・都市の条件

いわゆるリーマン・ショック（二〇〇八年九月）を契機とする金融危機は世界同時大不況を勃発させたが、より重要なのは、その後の大不況からの回復過程が世界経済の構造転換を白日の下にさらすことになったことだ。つまり、〈停滞する先進諸国（米・欧・日）対高成長する新興諸国（中国・インド・インドネシアなどアジア諸国）〉という構図が鮮明に映し出され、世界経済の成長トリガーが新興諸国に移行したことが誰の目にも明らかになった。

◉継続的イノベーションを支えるビジネス環境

その先進諸国の経済停滞は二〇一三年初頭時点でも、依然、深刻であり続ける。欧州＝ＥＵでは、不良債権処理問題をめぐる国家財政破綻の危機（ギリシャ、ポルトガル、スペインなど）にまで波及し、無制限の資金供給（ＥＵ中央銀行の）による信用不安の再燃リスク防止がやっと合意された段階にとどまる（二〇一二年末時点）。当然にも、ＥＵ各国の実体経済は収縮し続け、世界経済（新興諸国）にもマイナスの影響を及ぼす。

他方、アメリカは、超金融緩和による不良債権処理とＧＭ救済など産業政策発動による実体経済回復を企図するが、実体経済回復の足取りは重い（ＧＭは二〇〇九年六月倒産、米政府六〇％株式保有・国有化、二〇一〇年一一月に再上場）。特に、雇用問題（高失業率の引き下げ）はなかなか好転しない。米・オバマ政権は、雇用問題解消に向け、輸出倍増（五年間）、自由貿易促進（ＴＴＰ参加・ＦＴＡ締結）、製造業の国内回帰＝インソーシング（リショアリング）促進の雇用海外流出防止策などにより、雇用創出（一五〇万人）を図ろうとしている。

　このオバマ政権の雇用問題政策に関して、マイケルE・ポーターらは、雇用創出を唯一の目標にするのではなく、国の競争力を規定する「長期的な生産性の向上」を図ること（国内の高賃金の雇用、外国投資引付け、自国製品・サービス需要の持続的成長）が重要だと提起する。そのためには、「継続的イノベーションを支える事業環境」の形成が必要になるが、アメリカには、このイノベーションを支える事業環境（質の高い大学、解雇の柔軟性、高度な企業マネジメント、知的財産権、イノベーション・インフラ、産業クラスター（産業コモンズ）の強さ、質の高い資本市場、起業家精神を育む環境）が健在であり（図表1）、その一層の充実・強化が重要だ、と指摘する（マイケルE・ポーター他「選ばれる国の条件」『DIAMOND

図表1　アメリカの事業環境に対する評価

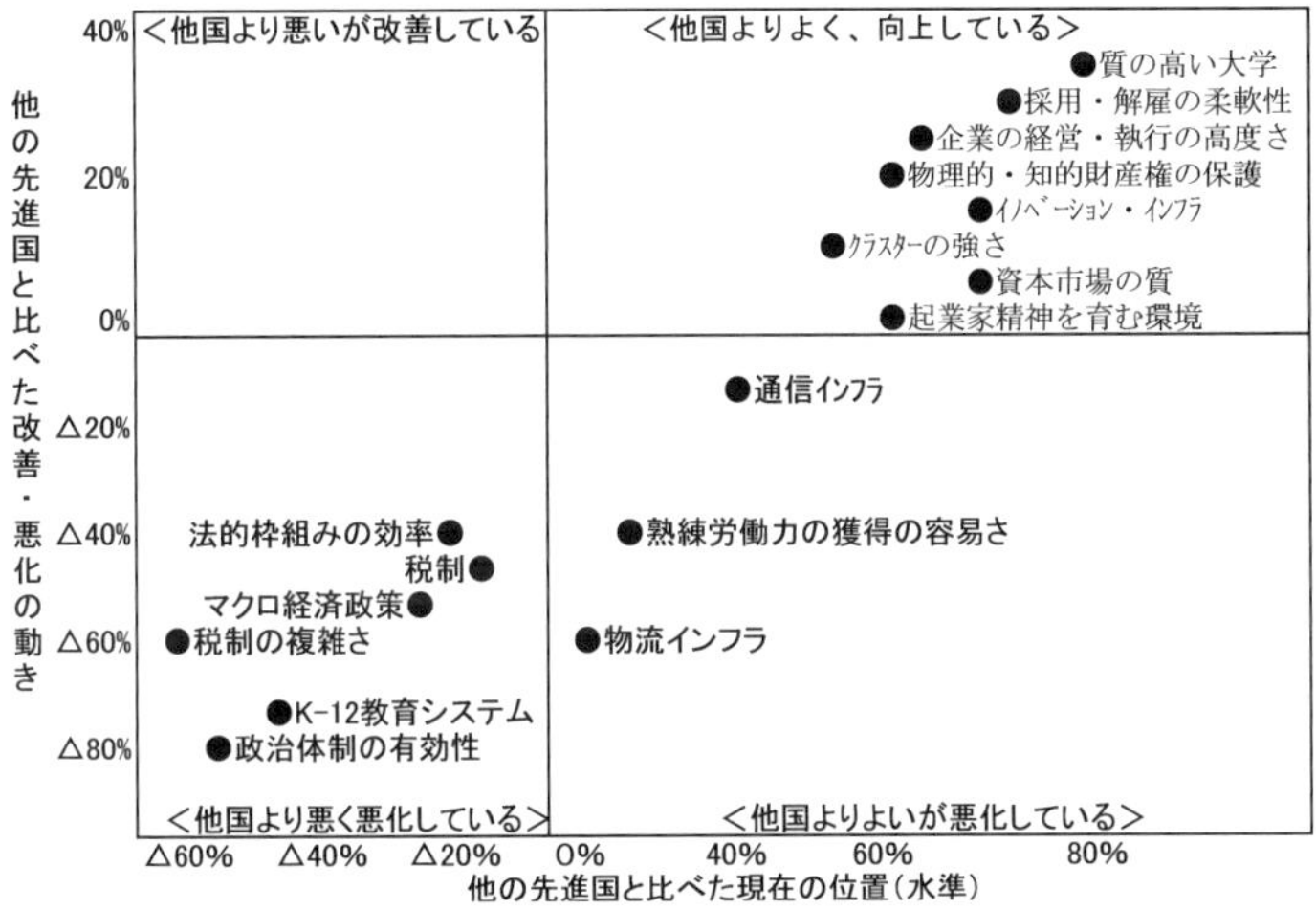

ハーバード・ビジネス・レビュー』二〇一二年六月号）。ポーターらのこの指摘は、グローバル大競争下における先進諸国の競争力―雇用政策（国内産業空洞化回避―雇用維持政策）の基本的視点として、まさに正鵠を得たものだと言えよう。

われわれは、ポーターのこの視点を共有し、川崎市＝大都市集積におけるイノベーション支持環境の形成に注力しつつ、競争力のある企業＝元気企業の生成・発展を目指さなければならない。ますます激化するグローバル大競争下での生き残り（産業空洞化の回避）をかけて……。

◉産業競争力の再構築へ
―新産業、ビジネスモデル―

では、日本・都市（川崎市）の課題は何か？

リーマン・ショック後の先進国・日本の経済停滞からの回復過程は、同ショックのマイナスの影響が相対的に少なく、かつ不良債権処理を一〇年前に経験したにもかかわらず、残念ながら、EU・米に比べて何らかの優位性を示すものではなかった（失われた二〇年とも言われる）。

政府（経済産業省）は、「産業構造ビジョン二〇一〇」（二〇一〇年六月）において、日本経済の現状、要因および転換の方向を次のように提起した。

①現状――日本経済の国際競争力・地位が低下し日本経済は行き詰まり（一人当たりGDPは二〇〇〇年三位→二〇〇八年二三位、世界GDPに占めるシェアは一九九〇年一四・三％→二〇〇八年八・九％、国際競争力は一九九〇年一位→二〇一〇年二七位）。

②要因――その要因は、産業構造の問題（自動車依存、電機など過当競争）、企業のビジネスモデル問題（電機などで典型の「技術に勝っ

連携、新産学官連携の構築）の四つ。

こうした日本の産業競争力の再構築への分析と方向は全く正当であるが（民主党政権から自民党政権に交替しても）、このビジョンの成果は上がっていない。まず、日本の電機大手企業の巨額赤字・迷走（二〇一二年三月決算以降のパナソニック、ソニー、シャープなど）は、「技術に勝って、事業＝ビジネスで負ける」状況の深刻化を示す。円高下でのグローバル競争に打ち勝つビジネスモデル＝「企業が利益を上げる事業の仕組み」の未形成を端的に示すものだ。第二に、東日本大震災（二〇一一年三月一一日）と大津波による東京電力福島第一原子力発電所大事故による環境・エネルギー政策の根本的見直しが不可欠になり、エネルギー問題解決の先行きが見通せない状況に直面してしまったこと（原発依存・再生エネルギー開発の位置付け、原発輸出の可否など）。

て、事業で負ける」状況）、ビジネスインフラの問題（日本のビジネス拠点の魅力喪失）の三つ。

③転換の方向――転換の方向は、産業構造の転換（「一本足打法」＝自動車依存から戦略五分野の「八ヶ岳構造」＝インフラ輸出（新幹線など）・環境エネルギー・文化（コンテンツなど）・医療福祉など・先端（宇宙など）産業へ、高品質単品売りから「システム売り・文化付加価値型」へ、環境エネルギーなど制約要因を「課題解決産業」へ）、企業ビジネスモデルの転換（「技術で勝って、事業でも勝つ」戦略に転換）、グローバル化と国内雇用の二者択一からの脱却（新興国成長市場の取り込み＝法人税改革／海外からの企業・人材促進／強い現場維持／中小企業の海外市場開拓など競争力の強化）、政府役割の転換（戦略的「政・官・民」

第三に、法人税制改革などビジネス環境（インフラ）改革などは依然として進まず、第四に、脱自動車依存の戦略五分野の新産業育成の力強い進捗も見通せない状況にある。

このビジョンのポイントは、戦略的新産業創出とビジネスモデルの確立（＝イノベーション）にあり、この点は川崎市の産業・企業においても大きな課題であり続ける。

◉産業競争力政策へ
―産業政策と金融・財政政策の融合―

リーマン・ショック後のＥＵ・米の超金融緩和＝「急激な円高状況の進行」を見れば、戦略的な通貨政策（通貨供給量の需給調整政策）による急激な円高是正（政策的金融緩和＝通貨供給量の拡大・調整による物価調整のマクロ金融政策）を産業競争力政策として加えなくてはならない。日銀もようやく重い腰を上げて、物価上昇目標設定による金融政策に転換した。

日本企業約二万社のアンケート調査（帝国データバンク「産業空洞化に対する企業の意識調査」二〇一一年七月実施。二万三〇六五社対象、回収率四七・七％）によれば、企業の海外流出による産業空洞化の要因の第一位は「円高」（四九・二％）があげられ、高い人件費（第二位、三九・五％）、エネルギー問題（第三位、三七・九％）、法人税など税制（第四位、二八・三％）などをはるかに上回る。急激な円高が産業競争力を左右する大きな要因になっていることは明らかだ。金融・通貨政策（金融緩和＝通貨供給拡大による円安誘導・為替レート調整）も産業競争力政策として明確に位置付ける段階に至ったことを示す。

産業競争力の再構築のためには、「産業構造ビジョン」の実現＝産業政策（イノベーション政策）と金融・財政策（財政は「四重苦」克服で不可欠）を融合した産業競争力政策の展開が求められていることを、強く認識する必要がある。

2 川崎市経済・産業の強み①
―都市成長条件―

それでは、川崎市の産業競争力形成にとっての優位性＝強みを検討しよう。日本の各地域経済を支えリードする他の政令指定都市＝大都市（東京特別区含む）と比較しつつ、見ておきたい。まず第一に、都市成長条件を有していること。

◉二〇三〇年まで続く人口増都市・川崎

まず、都市成長条件の川崎市の優位性の第一は、二〇三〇年まであと約二〇年間人口増が続く成長都市であり続けることだ。川崎市の二〇一〇年（国勢調査）の人口は約一四二・六万人であるが、川崎市の人口推計によると、二〇三〇年の一五〇・八万人のピークまで人口増加が続く。川崎市は、あと二〇年間は人口増が続く成長都市であり続けることは、当然にも高齢化の進行度合いも遅くなる（二〇三〇年の六五歳以上比率二二・五％）。日本全国はすでに二〇〇五年から人口減社会に転化しているなかで、人口増都市であることは大きな優位性を持つ（二〇一二年一月の国立社会保障・人口問題研究所推計：全国は二〇一〇年一億二八〇六万人→二〇三〇年一億一六六二万人へと約一一八〇万人減少。川崎市は約一〇万人増加）。産業競争力形成（空洞化回避）から少子高齢化対策まで、大きな時間的余裕が与えられているのである。

この川崎市の人口増傾向は、東京圏への人口の再集中傾向に依っている。二〇一〇年の川崎市の人口（約一四二・六万人）は、二〇政令市＝大都市の中では第九位の規模であるが、人口増加率は四番目と高い（「平成二二年版大都市比較統計年報」）。これは、自然増加率が最も高く（出生率が最も高く、死亡率が最も低い）、社会増加率も上位にある（転入率、転出率ともに高い）ためだ。川崎市のこうした人口増動態（社会増と自然増）は東京圏の共通の傾向であり、これにより東京圏の人口は増加する。地方の政令市の中にはこうした人口動態が作用せず、人口減の大都市（浜松市、北九州市、静岡市、京都市、新潟市）がすでに増えている。今後、集積拡大都市と集積縮小都市の差が鮮明になっていくと思われる。とすると、川崎市など人口増加・集積拡大都市は日本経済のリーダー都市として大きな役割を担うことになり、その点の自覚が極めて重要になる。

◉高い所得水準
―市外からの純所得が多い―

都市成長条件の川崎市の第二の強みは、市民の所得水準が高く、生活の豊かさ、消費・投資、納税の条件を有していること。川崎市の二〇〇九年度の人口一人当たり市民所得（分配）は三四八・七万円で、東京都の三八四・七万円に次ぐ一四政令市中第二位と非常に高い。ちなみに、第三位は名古屋市で三〇九・〇万円だが、三〇〇万円以上の他の政令市は、広島市、福岡市、さいたま市、大阪市の四市にすぎない。第一四位の札幌市は二四五・八万円で、大きな差（約一〇〇万円）がある。

こうした川崎市の市民所得水準の高さは、業務など高度機能・ビジネスが集中する東京に隣接しているところからもたらされる。所得統計（県民経済計算）によれば、二〇〇九年度（リーマン・ショック後の不況年）の川崎市の市内総生産は約四・八兆円で、一四大都市の中の一〇位であったが、市民所得は約六・七兆円で、五位にランクされる。これは、「市外からの純所得」（市外通勤者の所得）が約一・九兆円あるためで、それはほぼ東京通勤者の所得（稼ぎ）とみてよいであろう。この川崎市の「市外からの純所得」は、横浜市が約二兆円で川崎市よりやや多いが、さいたま市（約八〇〇〇億円）や千葉市（約三八〇〇億円）をはるかに上回る（東京都は約一四兆円のマイナス）。つまり、川崎市は東京への隣接メリットが市民所得として組み込まれている。市外から稼ぐ構造がある。地方の政令市は、東京都と同様、地域の中心都市なので「市外からの純所得」はマイナスのところが多くなっている。

また、二〇〇八年度の川崎市の市内総生産は約五・二兆円で、二〇〇九年度には約四〇〇〇億円も減少し、一四大都市の中では東京都（約三兆円）、大阪市（約一兆円）に次ぐ大幅減少を記録し、リーマン・ショックのマイナスの影響が大きかったことを読み取ることができる。つまり、産業構造面でも、景気動向に敏感な構造になっていることを示す。

◉稼ぐ力を持つ産業構造
―ものづくり、エネルギー、情報・研究で稼ぐ―

川崎市の第三の強みは、ものづくり、エネルギー、情報・研究で稼ぐ産業構造を有する都市に転換していることだ。経済センサス（民営事業所ベース、二〇〇九年）によれば、全従業者数に占める製造業従業者の割合（「各都市製造業（大分類）従業者数÷各都市事業所従業者総数」）は、川崎市は一九・〇％で、大都市の中で、浜松市二五・七％、堺市一九・一％に次ぐ第三位に位置する。川崎市の事業所従業者総数は五一万七七二八人、製造業従業者数は九万八四九四人。川崎市は、依然、ものづくりの比重が高い大都市であると言える（二〇〇五年までの一五大都市の中では、製造業従業者割合は最も高い）。特化係数で見ても、川崎市は堺市と並んで第二位（一・一三）である（第一位は浜松市一・五三）。

同様にして、情報通信業従業者の割合を求めると、川崎市は六・二％で、東京特別区一〇・五％に次ぐ第二位で、大阪市五・八％（第三位）より多く、大都市の中でも情報化が進んでいることがわかる。川崎市の情報通信業従業者数は三万一九九四人。特化係数で見ても、川崎市は二・〇九で、東京特別区三・五四に次ぎ、大阪市一・九六（第三位）を上回る。川崎市の情報産業は、全国平均の二～三倍の集積度を示している。

こうした〈ものづくり都市〉であると同時に〈情報都市〉でもあるという川崎市は希有な大都市であるが、二〇〇五年川崎市産業連関表によれば（図表2）、製造業の化学・石油・鉄鋼の三業種で約二・一兆円、サービス業の電力・ガスなどエネルギー産業で約一二〇〇億円、情報通信・教育研究の情報研究産業二業種で約八三〇〇億円、合計約三兆円を稼いでいる（域際収支が黒字）。製造業、エネルギー産業および情報研究産業で稼ぐ産業構造を形成している。これは、他の大都市にない川崎市産業構造の強みだ。

◉強い財政力―健全な財政の展開―

川崎市の第四の強みは、以上のような所得、産業構造をベースにして、強い財政力（財政の健全性）を形成していることだ。二〇大都市（政令市）の財政状況（二〇一〇年度）を見ると、川崎市の自主財源比率は六五・二％で大都市中第四位

図表2 川崎市の産業別生産額、特化係数および域際収支（2005年産業連関表）

	部門（産業）名	生産額の構成比	特化係数	地際収支（億円）
01	農林水産業	0.0%	0.031	▲816
02	鉱業	0.0%	0.048	▲11,317
03	飲食料品	1.5%	0.441	▲2,026
04	繊維製品	0.0%	0.047	▲747
05	パルプ・紙・木製品	0.3%	0.196	▲915
06	化学製品	10.4%	3.661	5,994
07	石油・石炭製品	14.0%	8.019	11,905
08	窯業・土石製品	0.3%	0.461	▲279
09	鉄鋼	7.3%	2.788	3,057
10	非鉄金属	0.1%	0.124	▲322
11	金属製品	0.4%	0.329	▲657
12	一般機械	1.6%	0.502	▲717
13	電気機械	0.9%	0.547	▲233
14	情報・通信機器	0.4%	0.375	▲1,089
15	電子部品	0.7%	0.440	97
16	輸送機械	4.3%	0.791	68
17	精密機械	0.2%	0.452	▲284
18	その他の製造工業製品	1.0%	0.384	▲1,255
19	建設	6.3%	0.975	0
20	電力・ガス・熱供給業	3.2%	1.673	1,246

	部門（産業）名	生産額の構成比	特化係数	地際収支（億円）
21	水道・廃棄物処理	0.9%	1.010	▲182
22	商業	5.0%	0.461	▲4,691
23	金融・保険	2.0%	0.477	▲1,791
24	不動産	7.7%	1.125	▲23
25	運輸	4.4%	0.846	▲1,285
26	情報通信	7.4%	1.563	4,521
27	公務	1.4%	0.349	0
28	教育・研究	6.1%	1.645	3,766
29	医療・保険・社会保障・介護	3.2%	0.627	▲296
30	その他の公共サービス	0.2%	0.366	▲275
31	対事業所サービス	3.7%	0.560	▲3,696
32	対個人サービス	4.4%	0.826	▲364
33	事務用品	0.1%	0.754	0
34	分類不明	0.4%	0.931	▲56

地際収支（移輸出ー移輸入）は黒字を示す。

（出所）青木成樹「平成17年川崎市産業連関表から見た川崎市産業の特徴と変化」『新産業政策研究かわさき2012』第10号（川崎市産業振興財団）

（一位は東京都八八・二％）、人口一人当たり市民税額は約八万九〇〇〇円で第五位（一位は東京都一二万二七〇〇円）と高いため、実質公債費比率は一一・三％で第一一位と低い。その結果、財政力指数（財政需要のカバー率）は一・〇七六と一を越え（一以上自治体は国の補助金＝地方交付税交付金なしで運営できる）、東京都一・三四一に次ぐ第二位で、財政が豊かなことを示す。

二〇政令市の中で、二〇一〇年度の財政力指数が一を上回っているのは、東京都、川崎市、名古屋市、相模原市、さいたま市、横浜市の六都市のみで、名古屋市以外はすべて東京圏の大都市である。他の地方の一四政令市は一を下回り、残念ながら地域経済をリードする財政力を有しているとは言えない。大都市間で、大きな財政力の差が出てきている。

3 川崎市経済・産業の強み②
―知識創造人材条件―

都市成長条件に続く川崎市の第二の強みは、情報・知識創造人材が集積し、新産業創出の条件を有していることだ。

◉川崎市の専門人材割合は、大都市の中で最も高い!

国勢調査(二〇〇五年)によれば、川崎市の専門人材の割合(「専門的・技術的職業従事者数÷各都市の就業者総数(常住地ベース)」)は一八・二%で大都市(東京特別区+政令市)の中で第一位であり、横浜市一七・九%(第二位)、東京特別区一六・七%(第三位)を上回る。川崎市の就業者総数は六九万五七七四人、専門的・技術的職業従事者は一二万六三九六人(常住地ベース)。

また、従業地ベース(昼間就業者)で見ても、川崎市は一八・九%で第一位であり、第二位は東京特別区一七・二七%、第三位は横浜市一七・一%で、川崎市のトップは動かない。川崎市の従業者総数五五万四二九一人、専門的・技術的職業従事者一〇万四七四六人(従業地ベース)。

◉川崎市の技術者割合は、大都市の中で、最も高い!

専門的・技術的職業従事者数(大分類)の中でどんな専門人材(中分類)の割合が高いかを同調査(常住地ベース)で見ると、技術者は川崎市が四五・一%で第一位、横浜市四〇・六%(第二位)、東京特別区二七・〇%(第三位)が続く。川崎市の技術者割合は圧倒的に高い。第二位は、保健医療従事者が占める(川崎市一八・一%、

横浜市二〇・七％、東京特別区二三・一％）。川崎市の技術者数は五万七〇一三人、保健医療従事者は二万二九二八人。

また、従業地ベースで見ても、第一位・川崎市の技術者四七・六％とさらに割合は上昇し、第二位・東京特別区も三九・八％と高まるが、第三位・横浜市は三五・〇％と低下する。

川崎市の技術者数（従業地ベース）は四万九九〇三人、保健医療従事者二万八九〇人。

◉川崎市には、多様な専門人材がそろっている！
―科学者、技術者、文芸家など、デザイナーなど、音楽家など―

特化係数（各都市の専門的・技術的職業従事者数を構成する専門人材の割合÷全国の専門的・技術的職業従事者数を構成する専門人材の割合、常住地ベース）で見ると、川崎市は、科学研究者一・四三、技術者一・八〇、文芸家・記者など一・七九、美術家・デザイナーなど一・六四、音楽家など一・五〇に示されるように、科学・技術系以外の文化・芸術分野の専門人材の特化度（集積度）が非常に高くなっている。川崎市には、非常に多彩な専門人材が多い。川崎市の科学研究者三一四一人、技術者五万七〇一三人、文芸家・記者など三二五一人、美術家・デザイナーなど六五三二人、音楽家など四二九二人（常住地ベース）。

これに対して、東京特別区は、法務従事者二・一二、経営専門職業従事者二・〇三、文芸家・記者など三・七〇、デザイナー・美術家など二・六四、音楽家など二・三八、など東京らしい（政治経済文化の中心の）多彩な専門人材の特化度（集積度）が非常に高い。横浜市の場合は、特化度が高いのは、科学研究者一・五八、技術者一・六二、経営専門職業従事者一・四三などで、文化・芸術系は低くなっている。

従業地ベース（昼間就業者）の特化係数を見ると、川崎市の科学研究者二・一二、技術者一・九〇と常住地ベースを上回り、集積度が高まっている。しかし、文芸家・記者など、デザイナー・美術家など、音楽家などの特化係数は一に届かず、集積度は低下。川崎市の文芸家・記者など、デザイナー・美術家など、音楽家などは、昼間は東京に吸引されている（東京で仕事に就いている）。川崎市の科学研究者三八六五人、技術者四万九九〇三人、文芸家・記者など九六七人、美術家・デザイナーなど二九九六人、音楽家など二一五六人。これに対し、東京特別区は、技術者一・五九、法務従事者一・九四、経営専門職業従事者二・一〇、文芸家・記者など三・六四、デザイナー・美術家など二・四七、音楽家など一・九三などの集積度が高くなっている（昼間は周辺の都市から専門人材を吸引している）。

◉川崎市の情報・知識開発人材・機能集積は、東京と並び、大都市で最も高い！

経済センサスの「各都市の情報サービス業および学術・開発研究機関の従業者数÷各都市事業所従業者総数」を求めると、川崎市と東京特別区が七・〇四％で第一位となり、第三位の横浜市四・五四％を大きく上回る。川崎市は東京特別区と並んで、情報・知識開発人材・機能の集積は、大都市の中で最も高くなっている。川崎市の情報サービス業二万九九八六人（全体割合五・七九％）、学術・開発研究機関六四七九人（全体割合一・二五％）で、合計は三万六四六五人（全体割合七・〇四％）となる。

これを特化係数で見ると、川崎市と東京特別区が二・九九で第一位で、第三位の横浜市一・九三を大きく上回る。東京特別区と川崎市の集積度が群を抜いて高い。川崎市の特化係数は、情報サービス業三・〇五、学術・開発研究機関二・七五で、合計二一・九九となる。

4 川崎市経済・産業の強み③ ―イノベーション・クラスター条件―

川崎市経済・産業の第三の強みは、イノベーションを生む産業集積＝イノベーション・クラスターが形成されつつあることだ。

川崎市は、日本有数の巨大産業集積を形成しているが、高度経済成長期以降の幾多の経済的苦境・重圧（公害問題、石油危機、円高）を克服してきたことを忘れてはならない。これらの危機は川崎製造業の地方移転や海外移転を加速化し、川崎産業集積の空洞化を不可避とする。この打撃を最も大きく被るのは川崎の中小企業であり、ゆえに川崎の地域経済と産業集積を維持するためには、その絶えざる高度化と新たな展開＝「川崎イノベーション・クラスターの形成」が不可欠となる。

川崎イノベーション・クラスターの形成は、川崎の産業集積の活性化だけでなく、先進国経済とりわけその工業都市にとって重要な意味を持つ。一般に先進国経済においては、経済の成熟・サービス化に伴い、既存の工業都市は脱工業都市＝商業・サービス業都市への転換に迫られ、これに失敗した工業都市は衰退を余儀なくされるというのが共通の見方となっている。これに対して川崎イノベーション・クラスターは、研究開発を基盤とした製造業の一層の高度化、知識集約化による製造業の新たな展開を提示する。この意味で川崎イノベーション・クラスターの形成は、工業都市から脱工業都市への転換に代わるもう一つの非常に価値あるモデルを提起する。

川崎市においては、イノベーション・クラスターの拠点（主要プレーヤー）として、①臨海部の素材（鉄鋼・化学）・エネルギー（石油精製・電力・ガス）産業群、②内陸部の電機・情報通信・半導体・機械産業群、③開発型中小企業群および④新規創業企業群（ベンチャー）の四つのクラスターを取り上げることができる。前二者は日本を代表する巨大企業群、後二者は本書で取り上げる「川崎元気企業」群を構成する。以下の分析・特徴は専修大学の調査研究成果に拠っている（平尾光司・宮本光晴他「川崎市の産業力：イノベーション・クラスターの四つのモデル」『川崎都市白書』第四章、専修大学社会知性開発センター、二〇〇九年）。

◉臨海部の素材・エネルギー産業クラスター

一九九〇年代のバブル経済崩壊後の長期不況は素材・エネルギー産業の需要低迷をもたらし、二〇〇〇年代初頭の川崎臨海部には悲観的雰囲気が漂っていた。しかし、川崎臨海部の鉄鋼・化学産業を子細に観察すると、その主力工場は新素材・高機能素材の製造拠点に高度化しており、産出額は顕著に回復していることが発見された。各社の主力製品は、高張力鋼鈑（JFE）、鉄・ニッケル合金（YAKIN川崎）、高純度アンモニア（昭和電工）、AS樹脂（朝化成ケミカルズ）、合成ラテックス（日本ゼオン）などであった。

このような川崎臨海部の復活の背後には、二〇〇〇年代以降の中国経済の急成長とそれに伴う素材需要の急増があるとしても、それが汎用素材の製造拠点であれば、新興国や産油国での鉄鋼・化学プラントの立ち上げとともに、その地位は早晩失われる。これに対して、川崎臨海部企業の競争力の基盤は、高機能素材開発に加えて、一九六〇年代・七〇年代からの各社の環境対応技術の蓄積、それに伴う省資源・省エネルギー技術の蓄積、さらに製造プロセスの改善を通じたローコスト・オペレーションからなる、三層の競争優位の構造（高機能素材開発/環境・省エネ技術開発／ローコスト生産）にあることが発見された。

この三層の競争力を基盤として、川崎の製造拠点はリーマン・ショック後もむしろ拡張の傾向にある。鉄鋼需要の一段の落ち込みによってJFEスチールの業績はやや低下しているものの、JFEエンジニアリングは環境対応プラントの方向に展開し、高機能素材の分野では、昭和電工は樹脂総合研究所、日本ゼオンは総合開発センターをそれぞれ新設して、リチウム電池事業に関連して電極材料（昭和電工）や負極接着剤（日本ゼオン）の開発を進めている。さらに富士電機は地熱・バイオマス発電の方向に、味の素はバイオ・アミノ酸関連事業の方向に展開を進めている。

以上、日本の製造業の最後の砦が機能性部材の分野にあるとすると、川崎臨海部の素材産業はその中核の製造・開発拠点としての重要性を一段と高めている姿を見ることができる。高機能素材産業はまさしく知識集約型産業であり、その最先端の拠点が川崎臨海部のイノベーション・クラスターを形成している。そしてもう一つのエネルギー産業に関しても、原発事故の結果、川崎が担う電力供給の重要性は増大し、コンバインド発電（東電川崎）や包括的エネルギー管理システム（東燃ゼネラル）によるエネルギー効率の改善によって、エネルギー各社にとって川崎拠点の重要性は一層高まっている。

さらに特筆すべきは、臨海部主要企業をメンバーとした「川崎臨海部再生リエゾン推進協議会」の存在であり、防災から資源リサイクルまで、川崎臨海部の課題解決のための各社の連携は他に例のないものであり、この最も貴重なプロジェクトとして工場間での排熱の有効活用がある。それは地球温暖化対策につながるだけではなく、省エネ効果を通じて各社の競争力に貢献することにより、産業と環境の両立を目指した川崎臨海部のエコ・コンビナートとしての新展開を見ることができる。

川崎イノベーション・クラスター概念図

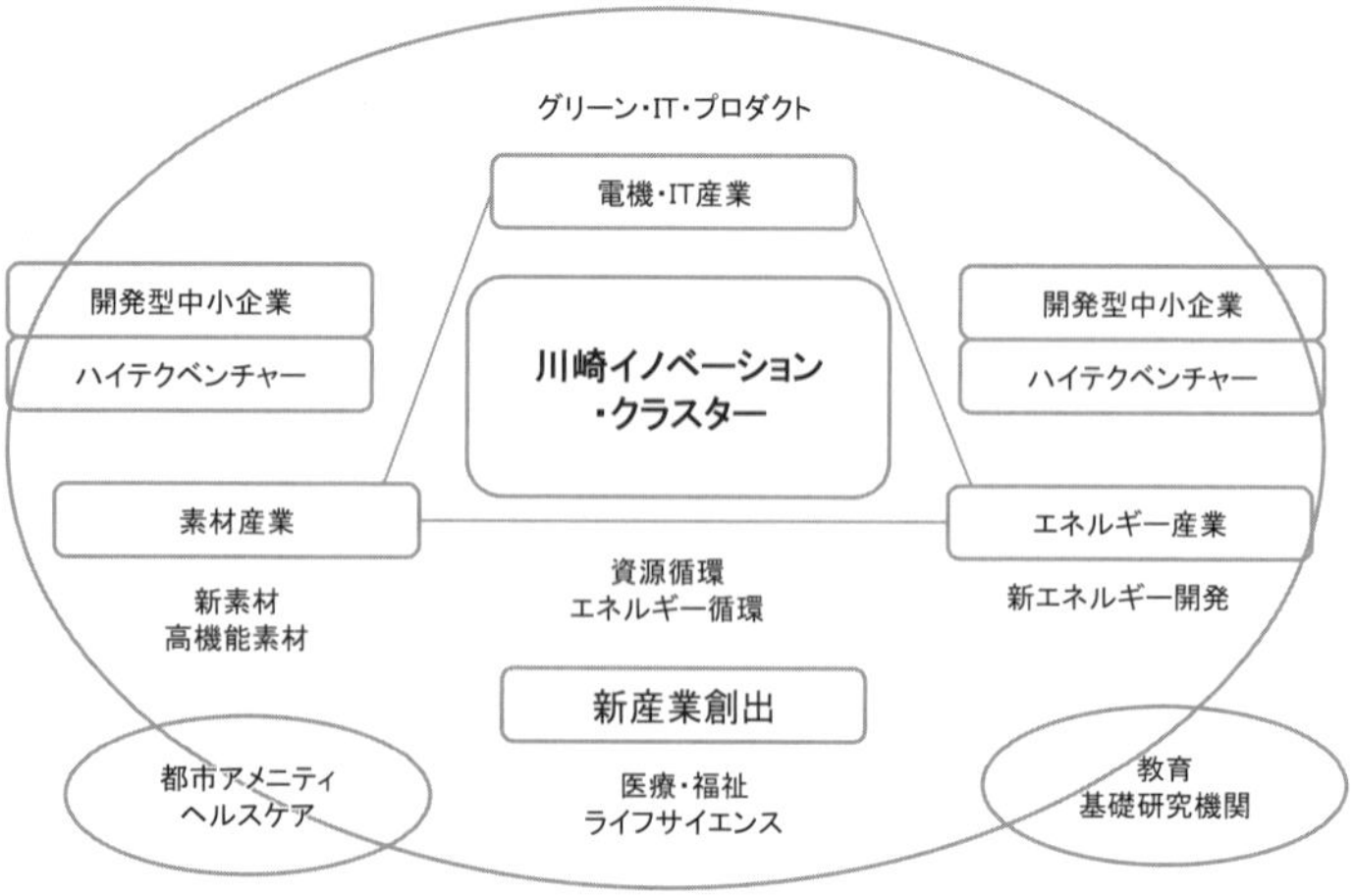

◉内陸部の電機・IT・機械産業クラスター

これまで川崎の産業集積を構成してきた二つの柱、臨海部の素材産業と内陸部の電機産業のうち、前者は現在も川崎市産業の大黒柱であるが、後者の存在感は一見すると薄くなっているように見える。事実、工業統計調査では、従業者数三〇〇人以上の電機産業の大規模事業所（東芝、NEC、富士通等の製造工場）数は一九九六年の一一事業所から二〇〇六年には三事業所に減少し、従業者数も一九九六年の約三万人（秘匿数字があるので想定数字）程度から二〇〇六年には約三〇〇〇（二九三〇）人へと急減している。これを見ると、川崎の大手電機産業（工場）は消滅したかのようにも思われる。しかし、事業所・企業統計調査（各事業所からの回答に基づく）によると、同時期の電機産業の従業者三〇〇人以上の事業所数は一七から一四に、従業者数は約三万五〇〇〇人から約一万四〇〇〇人にそれぞれ減少しているが、工業統計ほどは減少していない。また、同調査で、同時期の情報サービス業と学術研究機関（サービス業）を見ると、前者の従業者数三〇〇人以上の大規模事業所数は一六から一九に、従業者数は約一万二〇〇〇人から約一万六〇〇〇人に増え、後者に関しても、事業所数は七から八に、従業員数は約六〇〇〇人から約一万六〇〇〇人に増加している。

以上のことから推測されるのは、電機産業の大規模事業所の多くは、製造工場から情報・研究開発拠点へと転換したということであり、例えば、電機各社の主力工場は三〇〇〇人規模（東芝マイクロエレクトロニクスセンター）や一万人規模（富士通川崎工場、NEC玉川事業所）の中核情報・研究開発拠点に転換した。さらに東芝柳町工場の跡地はキャノンの研究所が立地し、新川崎・創造のもりエリアにはパイオニアの研究所が新設され、日本電産の研究所の進出も決定した。要するに川崎内陸部の電機・機械・精密産業はかつての製造拠点から各社の中核情報・研究開発拠点へと変貌した。この結果、上記の川崎市経済・産業の強み（知識創造人材条件）で見たように、川崎市の情報・知識開発人材・機能集積は、東京と並び、大都市の中で最も高くなっている。このような知識集約都市川崎の核となるのが電機産業の情報・研究開発拠点であると言える。

ここから川崎内陸部の研究開発型に進化した電機、情報通信、精密、機械産業の一大集積を核として、さらに多摩川上流の青梅（日立マイクロデバイス）から多摩川下流の東芝浜川崎（重電）にまでつながる多摩川流域を、半導体から重電機まで、情報通信から精密機器までの複合的イノベーション・クラスターとして構想することも可能となる。さらに多摩川流域には日本で有数の理工系大学や研究機関が点在する。これらの産学連携を包み込み、ＩＴを核とした複合的産業クラスターの形成は世界に類のないものと言える。

この多摩川流域複合的クラスターがその潜在力を発揮し、文字通りのイノベーション・クラスターとして形成されるためには、各個別企業の自社内でのクローズド・イノベーションから外部の人材や技術を活用するオープン・イノベーションへの転換が鍵を握っている（チェスブロウ・H.『オープンイノベーション』大前恵一郎訳、産業能率大学出版部、二〇〇四年）。この点に関しても、日本企業の行動は、これまでの閉鎖性から急速に変わりつつある。

◉開発型中小企業クラスター

臨海部と内陸部の産業群は日本を代表する大企業群であるが、その周囲には多数の中小企業が存在する。だが、大企業製造工場の移転・転換に伴い、中小企業も減少している。一九九六年〜二〇〇六年の一〇年間に、従業員三〇〇人未満の製造業中小企業は事業所数で五三五一から三七五一事業所に約三〇％（一六〇〇事業所）減少し、同従業員数も六万五九四五人から四万七七三六人へと約二八％（約一万八〇〇〇人）減少した。同時期の非製造業の減少は事業所数で一三％、従業員数で三％であり、製造業中小企業の減少幅は非常に大きいことがわかる（事業所・企業統計調査）。

だが別の見方をすれば、激しい環境変化のなかで生き延びた中小企業は、「強い中小企業」と言うことができる。ベンチャーも含めたこうした中小企業は、大企業製造工場の衰退を補って、地域経済の活性化の担い手となりうる。本書で取り上げる「川崎元気企業」群はまさにそうした中小企業であり、もう一つの川崎イノベーション・クラスターを形成すると言える。

専修大学の上記調査（二〇〇五年に川崎市の中小製造業三八一社、サービス業一二七社対象に実施）によれば、製造業については、次の結果が得られた。①約半数は下請け企業であるが、取引相手との交渉力が「対等あるいは強い」と考える企業も三七％を占める。②売上全体に占める自社製品比率を見ると、五〇％以上の企業が約三〇％、一〇〜五〇％の企業が約二〇％であった。③競争力の指標として一二の項目を取り出すと、開発力（独自技術の保有、企画提案力、新製品開発・設計力及び自社設備設計能力）が自社製品比率を高め、交渉力を高める関係が確認できる。④

そこで、開発力を備えかつ自社製品を保有する企業を「開発型中小企業」とすると、二〇〇五年の時点で、製造業二七三社のうち九一社（三三％）、サービス業六九社のうち三一社（四五％）が、開発型中小企業となる。⑤さらに過去三年間の製造業中小企業の収益状況を見ると、「開発型」が収益改善の要因になっていることが確認できる。

以上から、自社製品の開発力を備える中小企業が、臨海部の大企業や内陸部の大企業と並んで、川崎イノベーション・クラスターのもう一つの担い手であると言える。開発型中小企業の約半数は従業員一〇人未満の企業であるが、これらの開発型中小企業、あるいは「元気印」の中小企業の成長支援が、川崎市の産業発展の重要な課題となる。

開発型中小企業であるためには何よりも開発力の形成が不可欠であり、そして開発力を収益力につなげるためには経営力が必要となる。このような観点からの開発型中小企業の育成や支援のプログラムとして、川崎市産業振興財団の「産学連携の川崎モデル（試作開発促進プロジェクト等）」や「技術移転の川崎モデル（電機大企業知財＝未利用特許の中小企業への移転）」（後述）や、川崎商工会議所の「経営支援の川崎モデル」などが強力に推進され成果を上げている。「経営支援の川崎モデル」は、商工会議所会員企業の経営上の問題解決を、川崎大手企業ＯＢのアドバイザー・ネットワークにより図ろうとするものである（ユニークなのはアドバイザーは有料という点）。中小企業調査においても、問題解決のための相談相手が大学と商工会議所と回答した企業において開発力が高まることが観察できる。

こうした「川崎モデル」の推進により、開発型中小企業クラスターが川崎イノベーション・クラスターの担い手として成長・発展することが期待できる。

◉ベンチャー・インキュベーションクラスター

開発型中小企業クラスターは、新規創業企業群（スタートアップ・ベンチャー）の登場により成長・発展する。川崎市はベンチャー育成政策のパイオニアだ。一九八九年に神奈川県と共同で日本初のインキュベーション施設＝かながわサイエンスパーク（KSP）を設立した。KSPは「KSPモデル」と言われ、研究開発拠点のKAST（公益財団法人神奈川科学技術アカデミー）とインキュベータの株式会社ケイ・エス・ピーから構成され、KASTの新開発技術シーズをインキュベータで事業化・起業化し、ベンチャーを育成することを目指した。ケイ・エス・ピーは、この二〇年間に、三〇〇社を超えるスタートアップ・ベンチャーを生み出し、三次にわたる投資ファンド（投資事業組合）を組成し、一〇〇社に投資し、七社の新規上場（IPO）を成功させている。

川崎市はさらに、二〇〇四年に新川崎・創造のもりに第二のインキュベーション施設＝かわさき新産業創造センター（KBIC）をオープンさせ、同年には民間企業（JFE）が設立したインキュベーション施設THINKもオープンした。現在、これら施設のIM（インキュベーション・マネジャー）はKSPのIMが担い、インキュベーションのネットワークを形成している。さらに、スタートアップ企業発掘のため、二〇〇一年より産業振興財団が起業家オーディション（ビジネスプラン・コンテスト）を開催し、二〇一二年度末までに一六五九社が応募した。こうしたハード、ソフトにわたるベンチャー支援は、「ベンチャー支援の川崎モデル」と言える。

専修大学の調査の一環として行われた川崎のスタートアップ・ベンチャーに関する実態調査（二〇〇六年実施。対象：一八一社のベンチャー企業）によれば、次のような特徴が見られる。

①起業動機――積極的動機（新製品や新技術を開発して社会に貢献するため、自分の可能性に挑戦するため、成功してより高い収入を得るため）と消極的動機（独立するため、保有技術が利用できるため、前の会社での制約のため、リストラにあったため、周囲に起業する先例があったため）の二つが拮抗する（積極的＝八一社、消極的＝八二社）。

②事業展開の方向――新規公開を目指す（六六社）と事業の持続を目指す（七六社）がほぼ拮抗する。

③直面する課題――資金調達の困難（起業時＝五八％、現在＝三一％）、販路開拓の困難（起業時＝四八％、現在＝四五％）、人材確保の困難（起業時＝三八％、現在＝四九％）が上位の三つを占める。

ここから、日本のベンチャーも起業家精神（entrepreneurship）が旺盛であり（積極的動機が半数）、今後の課題としては、資金調達以外の販路と人材の制約が重大であり、ベンチャー支援の重要な課題となることが浮かび上がる。

さらに、KBIC等におけるインキュベーションと財団実施の起業家オーディションの有機的な関係についてまとめると、次の通りである。

①特許と成長率の関係――創業時の特許出願だけではその後の成長に有意に作用せず、創業後に特許を出願した企業は成長率が高まる。

②オーディションとインキュベーションの関係

――オーディションでの評価・受賞やインキュベーションへの入居だけではその後の成長に有意に作用しない。オーディションで受賞し、かつインキュベーションに入居した企業は成長率が高まる。

③起業動機とインキュベーションの関係――積極的起業動機や株式公開志向だけではその後の成長に有意に作用しない。積極的起業動機でかつインキュベーションに入居した企業において成長率が高まる。

④インキュベーション入居の効果――インキュベーションへの入居はベンチャー資金獲得の可能性を高め、その後の成長を高める。

以上から、産業振興財団の起業家オーディション（起業家発掘）とKSP、KBIC、THINKのインキュベーション（起業家育成）との連携体制からなる「ベンチャー支援の川崎モデル」の有効性が確かめられたと言える。それはさらに、KSPのベンチャー投資ファンドを考慮に入れて、オーディション・インキュベーション・投資ファンドの「三対モデル」と呼ぶこともできる（Miyamoto、二〇一二）。

さて、近時の傾向として、創業・起業意欲の低下現象（KSPシェアードオフィスの空席、KBIC小ラボの空室等）も散見され、その対策が求められよう。例えば、川崎ベンチャー調査では、対象企業一八一社のうち三一社、約一三％が「第二の創業」企業であったが、こうした開発型中小企業等の「第二の創業」の活性化を促進することが重要だ。また、川崎商工会議所が始めたKCCIインキュベータの成長・発展も望まれる。情報系（SNS関連）やソーシャル・ビジネス系のスタートアップ企業（若者）であれば、川崎駅前（繁華街）の新・川崎商工会議所会館でのインキュベーションが相応しい。さらに、アジア起業家村の一層の充実・拡大（アジアからの起業家の継続・拡大と帰国起業家とのネットワークづくり）を推進し、アジアを視野に入れた川崎イノベーション・クラスターへの発展を目指すことが望ましい。

◉川崎イノベーション・クラスターの優位性

こうした「川崎イノベーション・クラスター」の新展開は川崎の比較優位の構造に拠っている。川崎市の〈立地優位性（locational advantage）〉、〈知的優位性（intellectual advantage）〉、〈産業優位性（industrial advantage）〉である。〈立地優位性〉は、言うまでもなく東京との隣接性（首都・本社に集中する市場情報、消費情報、社会情報、技術情報へのアクセス優位性＝情報優位性、原材料・製品の海上輸送優位性＝臨海優位性、羽田国際空港化による人的国際交流優位性＝臨空優位性）によっており、殿町ライフサイエンスイノベーション・クラスター（後述）の形成につながる。

〈知的優位性〉は、上記のように、川崎は企業研究所の日本で最大の集積地であり、ほぼ一時間圏内に日本の有数の理工系大学・研究機関が集中する。大学等研究機関を川崎市内に呼び込むという川崎市の悲願は、ＫＡＳＴ、新川崎・創造のもりのK²（ケイスクエア）タウンキャンパス、さらに東京大学等四大学のナノ・コンソーシアムと、着実に前進している。それはまた新川崎ナノ・マイクロテクノロジー・クラスター（後述）の形成へと進んでいる。

最後に、〈産業上の優位性〉は、明治以来の川崎の産業集積が形成した、産業・企業の多様性にある。集積の意義が、企業間、産業間の知識のスピルオーバーや外部効果にあるとすると、同質的な企業群が生み出す規模の面での外部効果に対して、異質な企業群が生み出す多様性の外部効果の重要性が指摘できる。これこそイノベーション・クラスターの本質であると言える。つまりイノベーションとは新結合のことである以上、多様性の中から新結合が生まれる。川崎の産業優位性は、臨海部の鉄鋼・化学の素材産業、石油・電力のエネルギー産業、内陸部の電機・IT・精密・機械産業、さらに開発型中小企業や新規創造企業の多様性にある。

以上、川崎の立地優位性と知的優位性の一層の活用・拡大により、川崎産業集積の多様性がさらに拡大・融合することを通して、川崎イノベーション・クラスターの形成・発展につながるという方向が展望できる。

5 国際イノベーション都市・川崎への新展開

さて、川崎市はグローバル経済化と少子高齢化が一層進む二一世紀において、ポーターらが指摘するような「継続的イノベーションを支えるビジネス環境」を形成できるのであろうか？

二一世紀の川崎市が「国際イノベーション都市」として展開しうる産業競争力形成の観点から、産業政策の基本的考え方と中長期のイノベーションの展望を整理しよう。

(一) 市政・産業政策の基本的考え方
——持続型、PDCA、強みを活かす——

◉市政の政策スタンス——持続型とPDCA——

川崎市の阿部市政は一〇年の節目を超えた(阿部孝夫氏は二〇〇一年一一月に川崎市長に当選、以後三選）。阿部市長の市政全般の政策スタンスは、「川崎再生」を掲げた〈成長型から持続型への転換〉と〈ＰＤＣＡの着実な実施〉の二つの大きな特徴を持つ。

阿部市長は、当選翌年（二〇〇二年）に早くも「財政危機」を宣言、行財政改革を市政運営の最重要課題に位置付け、「川崎市行財政改革プラン」を策定する。以後、三次にわたり改革を継続し、成果を上げてきた。そして今後も、厳しい環境変化（経済や災害など）や人口減社会を見据えて、右肩上がりの経済成長を前提とした行財政システムから脱却し、「誰もがいきいきと心豊かに暮らせる持続可能な市民都市かわさき」の実現を目指す（二〇一二年三月「第四次改革プラン」）。

この〈成長型から持続型への転換〉のスタンスは、新総合計画「川崎再生フロンティアプラン」（二〇〇五年策定）にも反映される。「行財政改革プラン」にのっとり、従来の総合計画「川崎新時代二〇一〇プラン」（一九九三年策定）の計画事業の執行を見直し、改革によって目指す川崎再生の姿とその基本方針を示した計画として、この新総合計画を策定する。そして、この計画が計画の実効性と施策の優先順位を明確にした「川崎再生のための経営プラン」（新総合計画第一期実行計画〈はじめに〉）である、と位置付ける。〈経営プラン〉の成果を着実に上げるためには、〈ＰＤＣＡ〉（計画Plan―実行Do―評価Check―改善Action）サイクルを導入した。この〈都市経営プラン〉を〈ＰＤＣＡ〉で回すことにより、政策の評価・新展開が可能になったと言える。

阿部市政の成果は、持続型施策の展開とＰＤＣＡ＝着実な執行・評価の二つに拠る、と言えよう。なお、川崎市の産業振興政策などの推移（概要）は本書四九頁を参照されたい。

◉産業政策のスタンス
―地域資源＝強みを活かす―

さて、産業振興政策にとって、もう一つ重要なスタンスは、阿部市長が「川崎のポテンシャルを十分に活かしながら、活力とうるおいのあるまちをどのように育て、運営していくのか」（同上〈はじめに〉）という基本的考え方にのっとった政策展開がなされたことだ。

この〈ポテンシャルを活かす〉という言葉は、ある意味使い古されたコトバであるが、阿部市政においては、産業振興政策展開のまさにキーワードとなった。阿部市長は、市長選立候補時に「川崎再生」に加えて、「国際環境特別区構想」を掲げ、当選する。それは単に環境問題の重要性からではなく、川崎の地域資源＝強みの活用の観点から掲げられた。市長は、「地域の振興」は、他力本願（補助金依存や外部依存）では失敗するのであり、地域の最も優れた資源を磨き上げ（自らの地域の価値を認識し）、他に対し貢献すること＝「どこにもないものを創る」こと、という基本的考え方を明示する。そして、川崎の強みは、公害を克服する努力をするなかで培ってきた環境技術の集積にあり、その技術をもって国際社会へ貢献すべきであるとの考えから、この環境特別区構想が提示されたのである。阿部市長はさらに、「川崎には何でもあります。一番は、川崎に居を構えている人材なんです」と指摘し、研究者・技術者、音楽家、ものづくり職人など、多様な人材をあげる（川崎市環境産業革命研究会『川崎エコタウン』二〇〇五年）。

まさに、この川崎の地域資源＝強みを活か

す、という観点に貫かれた産業振興政策が展開され、ＰＤＣＡでしっかりと事業（プロジェクト）コントロールがなされる点に、川崎市の産業政策の大きな特徴を見ることができる。

◉産業振興の目標と政策
—国際イノベーション都市を目指して—

川崎市の産業政策は、以上の考え方に立ち、次のような理念、目標、政策を掲げて展開されている（「川崎市新総合計画実行計画」、「かわさき産業振興プラン新実行プログラム」二〇一一年）。それは、一言で、二一世紀のグローバル経済時代における国際イノベーション都市を目指す政策、と言ってよい。

○理念——「企業・市民との協働によって、市民生活の豊かさと質の向上をはかる」を基本に、持続可能な循環型経済システムの形成と国際貢献を掲げる。

○目標——「国際知識創造発信都市」を目指す（国際的なイノベーション都市、持続型産業都市、市民生活都市）。

○施策の柱——「川崎を支える産業を育てる」、「新たな産業を創り育てる」、「地域の中で人材を育てる」、「川崎臨海部の機能を高める」、「川崎の魅力を育て発信する」の五つ。

（二）新展開する〈川崎イノベーション・モデル〉
—七つのイノベーションとは—

国際イノベーション都市を目指した川崎市の産業イノベーションは、一言で〈川崎イノベーション・モデル〉と命名することができる。それは、次の七つのイノベーションに見る特徴・強みを持つ。

◉現場主義とコーディネーション
―イノベーション①―

川崎モデルの第一は、産業振興政策の推進スタイル（施策展開のビヘイビア）の特徴＝強みとしての〈現場主義とコーディネーション〉である。川崎市（川崎市経済労働局―川崎市産業振興財団）は、ベンチャー育成の地域プラットフォーム政策（一九九九年から五年間）終了後もコーディネーター制度を独自に発展させ、成果を上げてきた。

それは、川崎独自の蓄積＝伝統が下支えとなったからだ。バブル経済の崩壊後不況とグローバル経済化の同時進行下での産業空洞化現象の顕在化に危機感を持った川崎市の若手職員二〇数名（経済局・財団など）が「ものづくり機能空洞化対策研究会」を結成し（一九九四年）、市内企業訪問と研究会（早朝）による政策提言活動を行った（一九九六年報告書）。この現場把握・分析をベースに、「かわさき21産業戦略・アクションプログラム」（経済局、一九九七年一〇月）がまとめられ、『川崎元気企業』（日本評論社、一九九八年）が出版される。この数年の活動の特徴について、当時の経済局長・瀧田浩は、〈現場主義〉（「現場に根ざし現場から学ぶ」という現場主義が産業政策の第一歩）と〈ネットワーク〉（「行政マンと企業人、人と人との信頼関係、ヒューマンなネットワークが大切」）の重要性を指摘した（川崎市総合企画局『政策情報かわさき』第四号、一九九八年）。このネットワークをベースにコーディネーション活動が具体化する。

現在は、財団（経済労働局）の産業支援においては、この伝統の上に、〈調査（企業・大学などデータ、ニーズ、シーズなど）＋企業・大学など訪問〉＝現場主義（産・学・官の知識ネットワーク形成）を徹底し、コーディネーション＝〈産・学（試作開発、技術移転など）＋産・産（知財など）〉を具体化する、という活動スタイルが確立している。現場のニーズ、シーズを正確に把握し、支援施策＝プロジェクト開発を迅速に行い、成果を上げるスタイルだ。財団職員・コーディネーターは年間約九〇〇社訪問。企業、大学など相互の現場視察・ニーズ把握も行う。

現場主義とコーディネーションは、コーディネート機関としての財団（経済労働局）、ひいては川崎市の強み＝イノベーションであり、この上にすべての施策の展開が可能になっている！

◉ベンチャー育成と産学・産産連携
—イノベーション②—

川崎モデルの第二は、ベンチャー育成と産学・産産連携の新しい仕組みを創ったことだ。

まず、ベンチャー育成の新しい仕組み。川崎市は神奈川県と協同して、全国に先駆けて、ベンチャー育成機関（インキュベータ）＝かながわサイエンスパークKSPを開設する（一九八九年）。さらに、二つのインキュベータ（サイエンスパーク）がオープンする。かわさき新産業創造センター（KBIC）（川崎市設置運営、二〇〇三年）、テクノハブイノベーション川崎THINK（JFE運営、二〇〇四年）の二つ。川崎市には三つのインキュベータ（サイエンスパーク）が稼働する。これまで、合計約五〇〇社のベンチャーを育成した。これに加えて、財団が「かわさき起業家オーディション事業」＝ビジネスプラン・コンテストを継続的に展開し、有望な（受賞）ベンチャー起業家には上記インキュベータへの優先入居など優遇措置を講じている（二〇〇一年九月～二〇一二年度まで八二回開催、一六五九名応募、五六

○名受賞）。川崎市は、ハードとソフトが一体となったベンチャー育成事業＝仕組みが形成された全国唯一のベンチャー育成モデル都市と言ってよい。

もう一つの産学・産産連携事業は、産学・産産連携の川崎モデルと呼ぶにふさわしい新事業開発の仕組みだ。まず、「試作開発促進プロジェクト」（二〇〇四年開始）は、新しい産（中小企業）と学（大学研究室）の新事業開発プロジェクトだ。このプロジェクトの狙いは、大学の研究・実験機器の試作開発ニーズと市内企業のニーズ・ものづくり力のマッチングにより、試作品を作成し、新製品販売にもつなげること。慶応義塾大学など首都圏三四大学と市内中小企業二二社の間でマッチング（双方が訪問し、情報交換を行い、試作テーマを抽出）。すでに、小型エアコンプレッサー（東工大）などの試作品開発や農業用福祉車両（東京農業大）など製品化・販売に至った製品など成果を上げている。この新しい産学連携プロジェクトは高く評価され、「第一回ものづくり連携大賞・日刊工業新聞社賞」を受賞した。試作開発促進プロジェクトの手法はさらに、新事業創出プロジェクト（国県市のキャラバン隊の企業訪問・ヒアリング→財団で施策活用メニュー作成→各種施策活用による事業化）に拡大している。

さらに、新しい産産連携事業として、大企業特許の中小企業への移転事業（特許のライセンス契約など）を開始した。その狙いは、中小企業の新製品開発支援だ。川崎市知的財産戦略（二〇〇七年）に基づき、大企業七社（富士通、東芝、日立、NEC、味の素、パイオニア、日産自動車）の特許を知財コーディネーター（二名）の支援のもとに、中小企業に移転する事業である（年二～四回の交流会→出張プレゼン→工場見学・サンプルテストなどによる見極め→条件交渉→契約締結→試作→性能評価→製品化→事業化）。ライセンス契約の実績もすでに一〇件にのぼり、大きな成果を上げていると言えよう。

以上から明らかなように、川崎市のベンチャー育成と産学・産産連携事業は、わが国における新産業創出・中小企業競争力強化のまさに新しいイノベーションである！

◉グリーン・イノベーション
――イノベーション③――

第三は、公害克服の環境技術・ノウハウを活かしたグリーン・イノベーションだ。高度成長期の公害発生とその後の公害克服を経験した川崎市には、環境政策と環境技術（環境負荷低減技術）が集積している。一九九七年には国から

川崎市産業振興財団・産学連携概念図

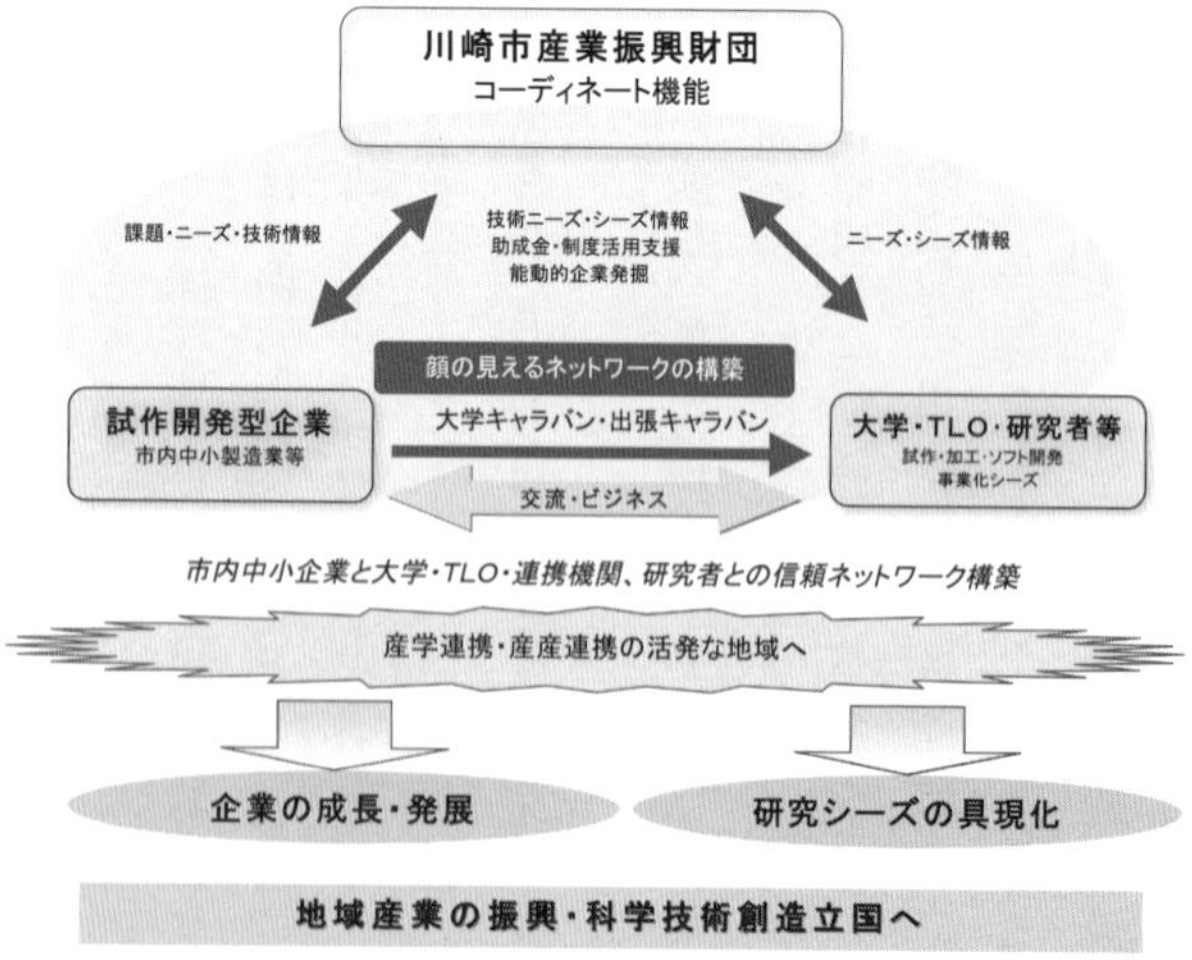

「エコタウン事業」第一号（臨海部）が認定され、二〇〇二年には同事業の一環である「ゼロエミッション工業団地」が川崎臨海部にオープンした。こうした動きを環境都市形成に向けてさらに加速したのが、二〇〇一年に市長に就任した阿部孝夫市長の環境技術の国際移転を掲げた〈国際環境特別区構想〉である。同構想は二〇〇三年に国指定の構造改革特区の「国際環境特区」として認定される。二〇〇三年には環境産業の集積・振興と国際貢献を推進する国際環境施策参与に、加藤三郎氏と末吉竹二郎氏を迎え、UNEP（国連環境計画）との連携がスタートする。

川崎市の環境施策は全国の先端をリードするグリーン・イノベーションと呼ぶのにふさわしい。大きく三つの分野の事業・活動を精力的に展開している。

まず、川崎臨海部のエコ・コンビナート化をあげなければならない。「ゼロエミッション工業団地」は金属、めっき、再生など一六社による廃棄物ゼロ・リサイクルのモデル工場集積であるが、川崎臨海部は日本の重化学工業（鉄鋼、化学、石油、電力など）の一大集積地でありそのエコ化はより大きな課題である。この素材・エネルギー産業群は、新素材・機能性材料の開発と省エネルギー・省資源技術開発によるローコスト・オペレーションを実現し、世界市場での競争優位を確保している。省エネ・省資源については、臨海部大手企業が参加した「川崎臨海部リエゾン推進協議会」を母体に（二〇〇三年〜）、この事業を推進するNPO法人産業・環境創造リエゾンセンター（臨海部大手企業二〇社参加、二〇〇四年設立）と川崎市が連携して、臨海部の資源・エネルギー循環型コンビナート（エコ・コンビナート）形成に向けた活動が精力的に展開されている。

二つ目は、環境技術移転による国際貢献＝国際環境ネットワークづくりである。UNEPと連携した「アジア・太平洋エコビジネスフォーラム」、「UNEPエコタウンプロジェクト」および「国連グローバル・コンパクト／かわさきコンパクト」などの環境交流・連携を進める一方、「川崎国際環境技術展」（二〇〇九年二月第一回）による環境技術・ビジネスの国際的マッチング事業を開始した。第四回（二〇一二年二月）技術展は一三六団体二二六ブース出展、来場者約一・四万人、海外来場者二三カ国一八四名を数え、環境技術移転など海外ビジネスマッチングは三八件（一〜三回は毎回一〇件程度）にのぼった。中国、韓国、ベトナム、オーストラリア、アメリカなどの企業・都市との取引・連携が急拡大している。国も含めて、こうしたビジネス・ネットワークを構築したのは川崎市をおいてほかにない。

三つ目は、低炭素社会に向けた総合的な地球温暖化対策である。二〇〇八年二月に、CCかわさき＝カーボン・チャレンジ川崎エコ戦略を策定、総合的な地球温暖化対策に乗り出す。「環境」と「経済」の調和と好循環を推進し、持続可能な社会の構築を目指して、さまざまな事業・分野でCO_2の削減を目指す。一つは、製品・技術などレベルのライフサイクル全体でCO_2削減に貢献する川崎発の製品・技術を評価する「CO_2削減川崎モデル」の構築・普及を行う。すでにこの三年間で二六製品・技術などをパイロットブランドとして選定し（例えば、アップコン株式会社のコンクリート床スラブ沈下修正工法「アップコン」はCO_2排出量を四九％削減）、二〇一二年度から「低CO_2川崎ブランド」認定・拡大事業を開始した。もう一つは、再生可能エネルギーの導入促進である。二〇一一年には国内最大級（出力二万kw＝五九〇〇世帯の年間電力量）の大規模太陽光発電所（メガソーラー）が浮島・扇島に完成した（東京電力と川崎市の共同事業）。そのほかにも、地熱発電（富士電機）、大型リチウム電池（エリーパワー）などの新エネルギー開発も進む。二〇一一年に、市民への新エネルギー啓発活動を行う「かわさきエコ暮らし未来館」も完成した。

そして、スマート・シティづくりが今後の大きな取り組みとして始まりつつある。

◉国際ネットワークづくり
—イノベーション④—

第四は、前記の環境政策の展開を契機にした

川崎国際環境技術展

国際ネットワークづくりをあげなければならない。経済のグローバル化の進展に対応するため、日本政府は「中小企業海外展開支援大綱」（二〇一一年六月）により、中小企業の海外展開への支援（情報提供、マーケティング、人材育成、資金調達など）を本格的に開始した。

川崎市は、前記のように、阿部市長の〈国際環境特別区構想〉に発するグリーン・イノベーションが、アジア新興諸国への環境技術移転（川崎国際環境技術展など）をメインテーマにして国際的政策展開を行ってきた。市内環境技術関連企業もこれに対応した海外展開を進めており、政府に先んじた政策展開を行ってきたとも言える。

具体的には、まず、何よりも環境技術移転促進支援（マッチング・フォローアップ）事業を精力的に展開してきた。国際環境技術展への参加機関・企業間での環境技術移転マッチング、海外展示会への出展・マッチング（台湾における環境技術移転展示会参加企業支援）、環境技術移転ミッション団派遣（中国上海市浦東新区政府・上海市企業・上海交通大学とのマッチング）などを行い、徐々に成果（取引拡大）が目に見えてきた。次いで、市内中小企業の知財海外出願支援事業を開始した。これは、国の助成を活用した事業であるが、開始後二年間（二〇一一〜二〇一二年度）では、応募一四社、特許出願七件、商標出願二件であった。今後さらに拡大して行くことが期待される。

三つ目に、今後の中小企業海外展開のワンストップサービスを開始し、本格的な支援体制の構築ができたこと。川崎市は、二〇一三年二月四日、市内企業の海外展開支援のワンストップサービス化を目指して、川崎市海外ビジネス支援センター（Kawasaki City Overseas Business Support Center＝KOBS・コブス）を開設した（殿町国際戦略拠点＝キングスカイフロントの一角の川崎生命科学・環境研究センター（LiSE・ライズ）に入居）。主な業務は、海外に精通した海外支援コーディネーター（専門家）による窓口相談、さらに企業訪問による海外展開ニーズ把握、販路開拓サポート、海外展開戦略に関する個別支援などを行う。また、ホームページなどを活用した市内企業の情報発信を行う。ようやく、個別企業に依存してきた中小企業の海外展開について、公的な支援の体制が整備されたと言える。

◉ウェルフェア・イノベーション
—イノベーション⑤—

第五に、高齢化社会を産業振興面から支えるウェルフェア・イノベーションである。川崎市は、市内中小企業の高い技術力を活用して、高齢化社会を支える新産業としての福祉産業の育成・振興を図ってきた。川崎市福祉産業研究会（二〇〇一〜二〇〇三年度）を経て、阿部市長による福祉用具など専門企業の株式会社日本アビリティーズ（現、アビリティーズ・ケアネット株式会社）の事業所誘致（二〇〇四年一〇月。JFE敷地内立地のインキュベーション施設「THINK」の一翼の「アビリティーズテクノハブ川崎」）がその後の福祉産業振興の大きな転機となった。同事業所は、福祉機器の研修、営業、レンタルのセンター機能と技術管理などの複合機能を有し、その後の福祉機器開発などの中心的役割を果たす。

この誘致と同時に、福祉産業創出ネットワークを目指した「福祉産業振興セミナー」（二〇〇四年一〇月〜）や「かわさき福祉産業・UDフェア—逆見本市／展示会—」を精力的に開催する。これら諸事業を総括して、「かわさき福祉産業振興ビジョン」を策定する（二〇〇八年三月）。このビジョンで、川崎市福祉産業振興の基本方向を確立する。

このビジョンは、福祉環境づくり（福祉用具・サービス・まちづくり）のうち、川崎の「ものづくり」の観点から、福祉用具を中心にした福祉産業の振興方向を明確にした。重要なのは、川崎独自の福祉用具の「かわさき基準（Kawasaki Innovation Standard 略称：ＫＩＳ）」を設定し、この基準により「かわさき基準推進協議会」が福祉製品の評価を行い、認証を行う仕組みを確立したことである。認証商品はＫＩＳマークを使用して販売できる。

「かわさき基準」は、八つの理念（人格・尊厳の尊重、利用者意見の反映、自己決定、ニーズの総合的把握、活動能力の活性化、利用しやすさ、安全・安心、ノーマライゼーション）に基づく「自立支援」の考え方である。評価を行う協議会は、アビリティーズ・ケアネットの伊東弘泰社長が会長を務め、各界の専門家・代表者で構成される（二〇〇八年六月設立）。

主な活動は、全国公募による福祉製品の「かわさき基準」認証と福祉製品開発支援事業の二つ。認証事業ではこの四年間で六一製品を認証し、開発支援事業では、公募で選ばれた優れたアイデアの製品化を〈試作―開発―製造―展示―販売〉のサイクルで進めている（川崎市が助成）。なお、認証福祉製品の展示・試乗や相談なども行う総合窓口として、かわさき福祉開発センター（川崎市産業振興会館七Ｆ）が設置されている。

「かわさき基準」による高質・高利便福祉製品づくりは、福祉サービスの高度化ももたらしており、まさに高齢社会を支えるウェルフェア・イノベーションをもたらすと言える。この

かわさき基準認定福祉機器（例）

クリアーボイス（伊吹電子）

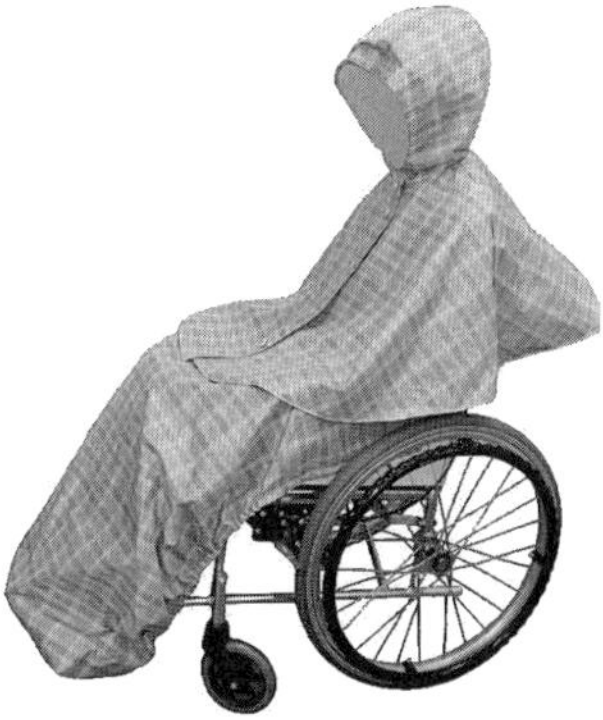
防寒・防雨リバーシブル車椅子用コート（アソシエCHACO）

波は、川崎から全国、さらにアジア諸国（高齢化が進む中国）を見据える。

◉ナノテク・イノベーション
―イノベーション⑥―

第六は、産学連携によるナノテクなど先端技術の開発を柱にした新事業・新産業の創出・集積拠点の形成である。新川崎地区（JR横須賀線新川崎駅周辺の操車場跡地約三三ha）は「新川崎・創造のもり計画」（一九九九年）に基づき着々と整備されてきた。今、産学官連携による新しい先端科学研究開発・新産業創出拠点＝新たなサイエンスパークとしての姿を現しつつある。

新川崎・創造のもり地区・第一期事業として、慶應義塾大学の先端研究施設「K^2（ケイスクエア）タウンキャンパス」（二〇〇〇年七月）、第二期事業として、研究開発型ベンチャー育成施設「かわさき新産業創造センター（KBIC）」（二〇〇三年一月）を整備した。

K²タウンキャンパスは、川崎市と慶應義塾大学の連携協定（一九九九年二月）に基づいて、慶應義塾大学の先端研究室が入居する施設であり、一三の研究プロジェクト（小池康博教授の内閣府最先端研究開発プログラムなど最先端技術の産業化研究が多い）、約四〇〇名の研究者が学際的に研究活動を展開している（二〇一二年度）。また、KBICはスタートアップ期、アーリーステージ期のベンチャーを育てるインキュベータであり、総計二七社（ものづくり系九社、食品・バイオ系二社、情報サービス系一〇社、慶應大学研究室六）が入居している（二〇一二年度）。慶應義塾大学発の電気自動車ベンチャー＝SIM-Driveや川崎市の起業家オーディション（ビジネスプラン・コンテスト）入賞ベンチャーも入居し、IM（インキュベーション・マネジャー）による充実したサービスが行われ、経営面も順調に推移している。

そして、第三期事業として、ナノ・マイクロ産学官共同研究施設「NANOBIC」がKBICの新館として隣接してオープンした（二〇一二年四月）。NANOBICは、世界的なナノ・マイクロ技術の産業化支援センター Global Nano Micro Technology Business Incubation Centerのフルネームに示されるように、二一世紀のものづくりなどの共通基盤技術のナノ・マイクロ技術の研究開発・産業化支援拠点（環境・エネルギー、医療・福祉、情報通信分野）である。超微細加工が可能な大型クリーンルームを備え、四大学（慶應義塾大学、早稲田大学、東京工業大学、東京大学）ナノ・マイクロファブリケーションコンソーシアム（二〇〇九年一月川崎市と四大学連携協定）、東京大学社会連携講座（二〇一二年一月川崎市と東京大学・日本IBM連携協定）およびナノ・マイクロ関連企業（SCIVAX株式会社、日本IBM株式会社、パナック株式会社）が入居し、研究活動を開始している。

こうした先端研究開発—産業化支援施設の整備に伴い、この一〇年間に、東計電算、ショウエイ、日本電産、パイオニア、三菱ふそう、メルセデスベンツなど一一社の本社・研究所などが新川崎地区・周辺エリアに立地（計画）した。

かくして、新川崎地区はナノ・マイクロ技術をベースにした新しい研究開発・産業化拠点として形成されつつあると言える。二〇一二年七月に、第一回「新川崎ネットワーク協議会」が開催され、情報交換・共有が開始された。この協議会は、新川崎地区・周辺エリアの研究開発型企業、ベンチャー、大学、支援機関、川崎市が参加した地域レベルの新しい産学官交流・連

新川崎地区イノベーション拠点

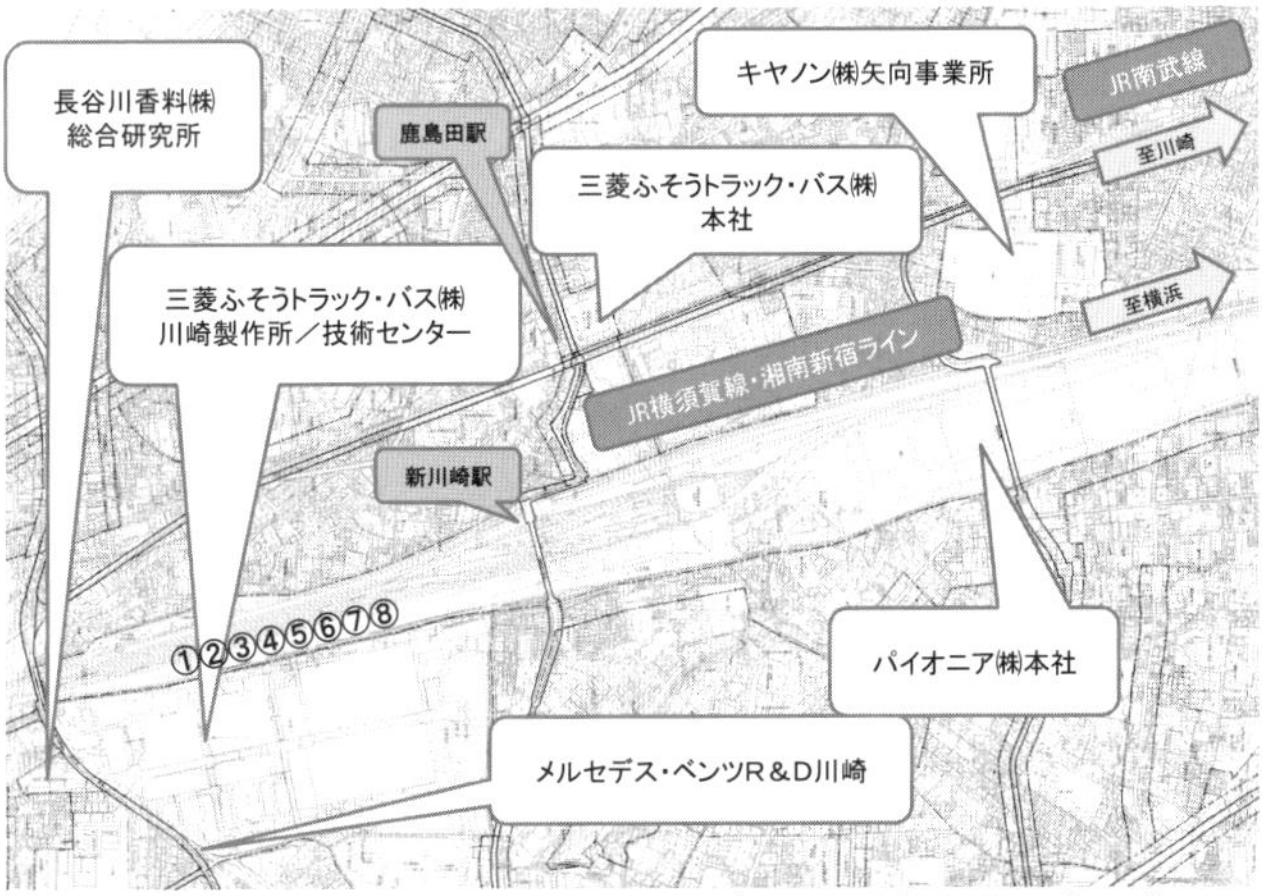

①㈱テレカルト②㈱ミツミネ電子2013年竣工予定）③春日電機㈱④㈱東計電算⑤㈱ショウエイ⑥エイヴィエルジャパン㈱⑦日本電産㈱　中央モータ基礎技術研究所（2013年竣工予定）⑧共進精機㈱

携を目指しており、新事業創出や創業・起業が期待される。

◉ライフイノベーション
――イノベーション⑦――

最後に、同じく産学連携によるライフ・環境など先端技術の開発を柱にした新事業・新産業の創出・集積拠点の形成である。羽田空港の南西、多摩川の対岸に位置する殿町地区（いすず自動車など跡地約四〇ha）は、ライフサイエンス・環境分野の世界最高水準の研究開発・新産業創出拠点＝殿町国際戦略拠点キングスカイフロントの整備が開始された（二〇一一年三月。準備は二〇〇八年「殿町三丁目地区整備方針」から）。KINGは、Kawasaki Innovation Gatewayの頭文字と殿町の地名に由来し、SKYFRONTは対岸の羽田空港に面していることを表す。ライフサイエンス分野では、再生医療、がん医療開発・生活習慣病予防、公衆衛生・予防医学を重点研究開発分野とし、環境分野では環境分野の総合研究、環境・エネルギー産業集積を目指す。この戦略は国際戦略拠点形成推進会議（座長：元東大総長・小宮山宏氏）が推進している。

この拠点形成は、二〇一一年一二月に、国の「国際戦略総合特区」に指定され、拠点・集積形成上の規制・財税制・金融上の特例措置が供与されることになった。

進捗を見ると、拠点形成の中核施設として、まず、「実中研（公益財団法人実験動物中央研究所）再生医療・新薬開発センター」が二〇一一年七月に開設され、脊髄損傷や脳梗塞の再生医療や新薬開発の研究を開始した。次いで、「川崎生命科学・環境研究センター（LiSE・ライズ）」が二〇一二年一二月に竣工した。LiSE（ライズ）

は、Life Science & Environment Research Centerの略。環境総合研究所、健康安全研究所、川崎市海外ビジネス支援センター、UNEP関連プロジェクト、KASTおよび企業・大学などのレンタルラボの入居が予定される。さらに、国立医薬品食品衛生研究所の立地が公表され（二〇一四年度予定）、二〇一三年一月には、同研究所、実中研、川崎市の三者の連携・協力協定書が締結された。

そして、二〇一三年三月、平成二四年度補正予算で新たに位置付けられた「地域資源などを活用した産学連携による国際科学イノベーション拠点整備事業」に「（仮称）ものづくりナノ医療イノベーションセンター」整備事業が採択され（費用：国・約三五億円助成＋市・一〇億円）、キングスカイフロントに加わることになった。この事業は、新川崎地区のNANOBICと連携

殿町国際戦略拠点キングスカイフロント

し、大学（東京大学・東京工業大学など）・研究所（実中研）・企業（富士フィルム・ニコンなど）が連携してナノ医療の開発を担い、これを川崎市産業振興財団が整備・運営するという仕組みで推進する。平成二五年度にセンター施設の整備を行い、平成二六年度から研究開発を開始する予定である。

このセンターでは、バイオ医薬品や革新的治療機器・手法開発などが期待される。加えて重要なのは、このセンターのナノ医療開発がキングスカイフロント——NANOBICの研究開発ネットワークを形成・活性化させ、ナノ——ライフの相乗イノベーションを増幅・拡大させる可能性が高まったことだ。研究開発から事業化・産業化の道筋をしっかりと切り拓きたい。

〈資料〉川崎市の産業振興政策などの推移（概要）

一九七二（昭和四七）年

●工業など制限法（工業制限区域拡大）、工業再配置促進法（移転促進地域）指定拡大

●川崎市、政令指定都市に移行（人口一〇〇万人超える）

●川崎市、公害防止条例公布

一九八一（昭和五六）年

●川崎市産業構造・雇用問題懇談会報告書「川崎市産業構造の課題と展望」（産懇提言）発表

●川崎市総合計画「2001かわさきプラン」発表

一九八八（昭和六三）年

●かわさきテクノピア（川崎市産業振興会館など）完成。同会館オープン

一九八九（平成元）年

●かながわサイエンスパークKSPがオープン

●マイコンシティ（南黒川地区）完成（一九八一年計画発表）

一九九三（平成五）年

●川崎市総合計画「川崎新時代2010プラン」発表。人口一二〇万人突破

●マイコンシティ（栗木地区）分譲開始

一九九六（平成八）年

●ものづくり空洞化対策研究会報告書発表

一九九七（平成九）年

●かわさきマイスター制度創設

●通産省より「エコタウン事業」承認

●「かわさき21産業戦略アクションプログラム」策定

一九九八（平成一〇）年

●アメリカ・シリコンバレーに川崎市経済局職員派遣

●「川崎元気企業」（日本評論社）刊行

二〇〇〇（平成一二）年

●新川崎・創造のもり地区にK²（ケイ・スクエア）タウンキャンパス開設

●川崎市産業振興財団を川崎市地域プラットフォームの中核的支援機関に認定

二〇〇一（平成一三）年

●川崎市市長に阿部孝夫氏当選
二〇〇二（平成一四）年
●地域商業振興ビジョン策定
●工業など制限法廃止（七月）
●川崎市「行財政改革プラン」策定
●都市再生緊急整備地域（川崎駅周辺）、京浜臨海部都市再生予定地域、都市再生総合整備事業特定地域に指定
●ゼロエミッション工業団地稼動（エコタウン事業）
二〇〇三（平成一五）年
●サイエンスシティ川崎戦略会議提言「科学を市民の手に」発表
●かわさき新産業創造センター（KBIC）オープン
●映像のまち構想策定
●国際環境特区、国際臨空産業・物流特区認定
●Buyかわさきキャンペーン（川崎駅東西自由通路に名産品コーナー）
●テクノハブイノベーション（THINK）オープン
●川崎臨海部リエゾン推進協議会発足
二〇〇四（平成一六）年
●神奈川口構想に関する協議会発足
●音楽のまち構想策定
●川崎市人口一三〇万人突破
●福祉産業創出フォーラム／福祉逆見本市開催
●ミューザ川崎シンフォニーホールオープン（音楽のまち）
●NPO法人産業・環境創造リエゾンセンター設立
●アジア起業家村オープン
二〇〇五（平成一七）年
●新総合計画「川崎再生フロンティアプラン」策定
●川崎市「科学技術振興指針」策定
●川崎ものづくりブランド事業創設（推進協議会発足）
●かわさき名産品事業創設
●かわさき「農」の新生プラン策定
●川崎市自治基本条例施行
●かわさき産業振興プラン策定
●かわさき観光振興プラン策定
●阿部市長再選
●「川崎エコタウン」（国連大学ブックレット）刊行
二〇〇六（平成一八）年

●工業再配置促進法廃止（四月）
●国内自治体として初めて国連グローバル・コンパクト署名
●かわさき科学技術サロン（第一回）開催
●ラゾーナ川崎（川崎駅前）オープン
●「続・川崎元気企業」（日本評論社）刊行
●川崎市産業振興財団「産学連携・試作開発促進プロジェクト」が第一回ものづくり連携大賞日刊工業新聞社賞を受賞

二〇〇七（平成一九）年

●昭和音楽大学（新百合ヶ丘キャンパス）開校
●アメフト・ワールドカップ開催
●ベトナムへのトップセールス
●川崎市産業振興財団「かわさき起業家オーディションビジネス・アイディアシーズ市場推進チーム」及び「NPO法人アジア起業家村推進機構」が第二回ニッポン新事業創出大賞支援部門優秀賞を受賞
●川崎新エネルギー振興協会設立
●キヤノン川崎事業所開設

二〇〇八（平成二〇）年

●知財交流会で富士通の技術移転
●川崎市知的財産戦略策定
●イノベート川崎（川崎市先端産業創出支援制度）創設
●CCかわさき（カーボン・チャレンジ川崎エコ戦略）策定
●かわさき福祉産業振興ビジョン策定
●かわさき基準（KIS）推進協議会設立
●川崎市産業振興財団・同IMがJANBO Awards 2007の事業創成部門賞及び最優秀支援者賞を受賞
●「映像のまち・かわさき」推進フォーラム設立

二〇〇九（平成二一）年

●ナノ・マイクロ四大学コンソーシアムと基本合意
●川崎国際環境技術展（第一回）開催
●かわさき基準認証製品の決定
●川崎市商業振興ビジョン策定
●川崎市人口一四〇万人突破
●川崎市産業振興財団が第一回イノベーション・コーディネータ賞・科学技術振興機構理事長賞を受賞

●阿部市長三選
●パイオニアが新川崎地区に本社移転

二〇一〇（平成二二）年
●中国・上海浦東新区と循環経済発展に関する覚書調印
●横須賀線武蔵小杉駅開業
●川崎市コンテンツ振興産業ビジョン策定
●地球温暖化対策推進条例施行
●エリーパワー臨海部に進出

二〇一一（平成二三）年
●三・一一東日本大震災
●かわさき産業振興プラン・新実行プログラム策定
●日本初の日本映画大学校開校
●実験動物研究所が殿町三丁目（国際戦略総合特区）に移転
●浮島メガソーラー発電所（東京電力）稼動開始
●藤子・F・不二雄ミュージアムオープン
●京浜臨海部ライフイノベーション国際戦略総合特区指定

二〇一二（平成二四）年
●NANOBIC（新川崎地区）オープン
●新川崎ネットワーク協議会発足
●川崎生命科学・環境研究センター（LiSE）竣工（国際戦略総合特区）

二〇一三（平成二五）年
●「（仮称）ものづくりナノ医療イノベーションセンター」整備事業開始（国際戦略総合特区）

〈参考文献〉

●マイケルE・ポーター他（二〇一二）「選ばれる国の条件」『DIAMONDハーバード・ビジネス・レビュー』二〇一二年六月号
●平尾光司・宮本光晴・青木成樹・松田順（二〇〇九）「川崎市の産業力：川崎イノベーション・クラスターの四つのモデル」『川崎都市白書』第四章、七九―一四七頁、専修大学社会知性開発センター
●チェスブロウ・H・（二〇〇四）『オープンイノベーション』大前恵一郎訳、産業能率大学出版部
●Miyamoto, M (2012), "A Triadic Model for

Promoting Start-ups; Audition, Incubation, and Venture Capital Funding–Evidence from Kawasaki City", Evolutionary and Institutional Economics Review, Vol.9 (Suppl.), pp75-99

●川崎市環境産業革命研究会（二〇〇五）『川崎エコタウン』、株式会社海象社

●川崎市総合企画局（二〇一一）『新総合計画川崎再生フロンティアプラン第三期実行計画（二〇一一～二〇一三年度）』

●川崎市経済労働局（二〇一一）『かわさき産業振興プラン新実行プログラム』

●産業振興政策などについては、次のホームページも参照されたい

川崎市　http://www.city.kawasaki.jp

川崎市産業振興財団　http://www.kawasaki-net.ne.jp

第二部　元気企業六〇社の現状と展望

アップコン株式会社

東北復興のために・・・
独自の『アップコン工法』で被災地支援を推進

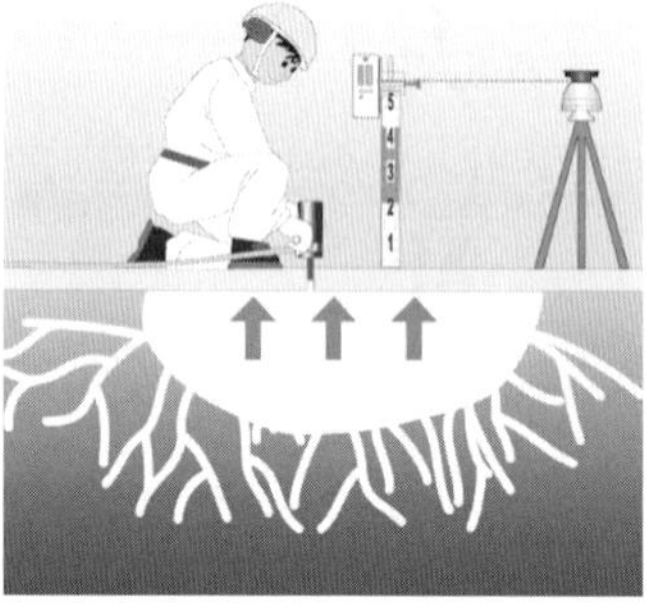

アップコン工法

◉起業のきっかけ

松藤社長がウレタン樹脂を使った地盤沈下修正工法に出合ったのは、海外の建築設計事務所でインテリアデザイナーとして働いていた時だ。従来のようにコンクリートを打替えることなく、凹んだ部分を短時間でフラットな状態に戻す工法を目の当りにし、地盤沈下の多い日本において役立つのではないか、社会貢献度の高いこの事業を日本中に広めたいと思い、日本人として他に先駆けて工法を習得した。環境面などに配慮し、国内の材料メーカーとフロンを使わない完全ノンフロン樹脂を共同開発。また日本の現状に合うよう機械の小型化を行い、二〇〇三年独力で会社を立ち上げた。それがアップコン株式会社である。

◉東日本大震災を経験して・・・

二〇一一年発生した東日本大震災、同社は創業かつてないほどの相談を受けた。津波で被害を受けた仙台空港駐機場（試験施工）や工場、倉庫、店舗、液状化現象が見られた千葉県、茨城県などの傾いた住宅等の復旧工事を行い、過去最高の売り上げとなった。「大型プラント設置も不要で、短工期で修正できる当工法は、東日本大震災において、緊急補修工法として数多くの現場で採用されました。改めて当工法が社会貢献度の高い技術であることを自負しました」。

しかし、現在東北地方では、コンクリート不足という新たな問題が発生している。「陸前高田のある工場では、従来工法で工場を直す計画を進めていましたが、コンクリートが確保できず施工できないため、既存施設をそのまま活用できる当社の工法が採用されました。お客さまには廃棄物も出さず、短期間で工場を直すことができて大変喜ばれました」と松藤社長は語る。

また、同社では千葉県など震災による液状化現象で被害にあった住宅について、沈下修正をする需要がまだまだあると試算しており、地元の銀行と協力して施工の費用をローンで支払えるような仕組み作りを行った。

「被災した家の傾きを直して、精神的健康を取り戻すよう住民の方々のお役に立つことができればと思っています」と松藤社長は、お客さまや社会に役立つことを第一の信条として事業展開している。

◉CO_2排出を大幅削減！　環境配慮された新工法

同社は、ライフサイクルアセスメント（LCA）（※1）において、アップコン工法が従来のコンクリート打替え工法（コンクリートを一度取り払い、再度コンクリートを打ち養生する）と比較し、CO_2排出削減率がおよそ九〇％以上であることを第三者機関（※2）を使って算出した。また二〇一一年、ライフサイクル全体でCO_2削減に貢献している技術として『低CO_2川崎パイロットブランド'11』（現・低CO_2川崎ブランド）にも選定された（※3）。

〝業務を止めずに短時間で修正〟できる技術として、顧客に当工法を紹介してきた同社だが、今後は工事で使用しているウレタン樹脂が環境にやさしい完全ノンフロン材であることも含め、低炭素化社会を意識している大手ゼネコンや大手メーカーの品質管理部門に働きかけることで事業展開を図っていく。

◉現状に満足せず新たな技術開発

各自治体や建築専門誌などは、建物の修復方法としてアップコン工法を推薦している。良好な経営状況やこれらの推薦を受けても、なお、松藤社長は現状に危機感を抱き満足しない。同社が開発した工法により、他の競合会社の仕事が減ったという情報もあり、逆のことが起こり得ると考えているからだ。そこで、社員全員で話し合いながら新しい技術開発を継続させている。その一つが緑化プロジェクトである。床沈下修正工法で使用しているウレタン樹脂を使い、千葉大学と共同で、

会社概要

企業名：アップコン株式会社
創　業：2003年6月
所在地：川崎市高津区坂戸3-2-1KSP東棟611
電　話：044-820-8120
代　表：松藤　展和（マツドウ　ノブカズ）
資本金：3,800万円
従業員：37名
事業内容：土木工事業および建築工事業、コンクリート床スラブ沈下修正工法
URL：http://www.upcon.co.jp/
認定等：川崎ものづくりブランド、かわさき起業家オーディション入賞、低CO_2川崎ブランド

アップコン社長　松藤展和

透水性・保水性・クッション性に優れたウレタン製土壌改良材の研究を行い、三年前から川崎市立久本小学校の協力を得て実証実験を開始。昨年には、販売実績も上げた。また『かながわビジネスオーディション２０１２』において審査委員特別賞を、『川崎ものづくりブランド』（川崎市の誇る技術と技能から生まれた優れた工業製品に対する認定制度）においても認定を受けた。

この他にもさまざまなプロジェクトが組まれており、その研究が進めば、誰にも予想できないようなユニークな技術によって、快適な暮らしを支える超元気な企業になっていくだろう。

（※１）ＬＣＡとは、製品やサービスの環境への影響を評価する手法。
（※２）第三者機関とは、環境専門コンサルティングの株式会社リサイクルワン。
（※３）選定されたCO_2排出削減率は四九・三％。当制度の評価基準により前述の九〇％以上とは算出方法が異なる。

株式会社オスモ

多角的な視野からお客さまに水処理のソリューションを提案する

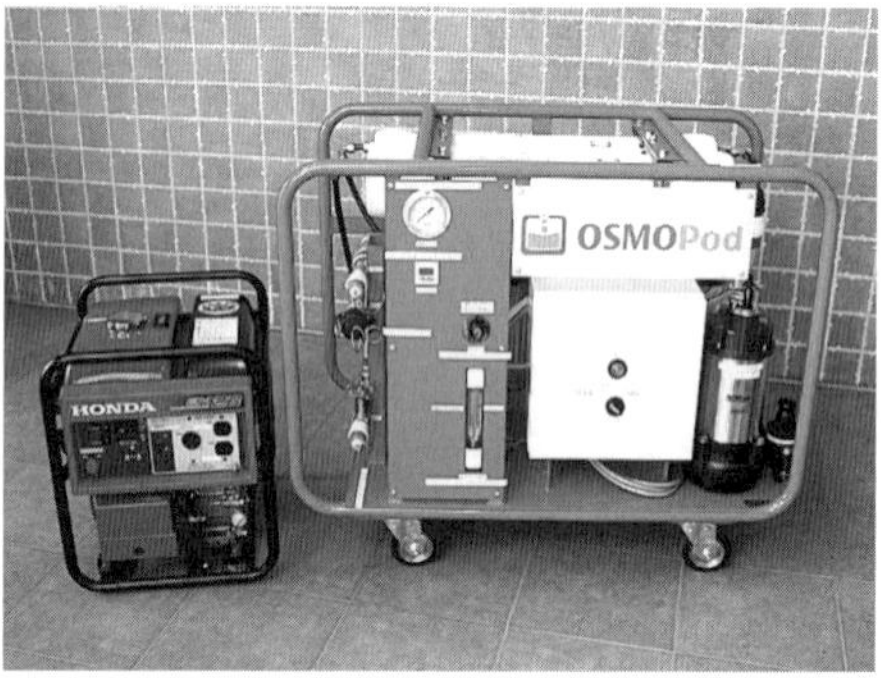

オスモポッド OSMO Pod

◉「メーカーよがり」にならない水処理ソリューションの提供

「お客さまの水処理に関する要望に対して、メーカーよがりにならず、技術分野にとらわれないソリューションを提供してきた」と野口社長は胸を張る。

なかでも新商品開発は、株式会社オスモの社是の一つだ。絶えず変化する需要に応じるため、メーカーよがりにならず、お客さまの要求を形に変えることが必要であり、その視点からの新製品開発が可能なことが同社の強みである。

例えば、同社が開発した「洗車排水リサイクル装置」では、他社も同様な装置の開発を行っていたが、膜処理や薬品処理などの自社技術の活用にこだわったため、当該技術の処理が行き詰まると開発が止まっていた。それに対し同社の場合、お客さまの要望に応えるべく、複数の技術を柔軟に組み合わせ開発した結果、画期的な装置の開発に結び付いたという。

「お客さまは、水処理に関しては詳しくないかもしれないが、水を使うことについては、われわれに無い経験を持っており、その良いところを活かすことがソリューションである。お客さまの要求が困難なものでも、お客さまの真の意図や、何らかの方向性での貢献について真摯に考え、解決案を提示するのがプロである」と野口社長は語る。実際、大手では高額な提案しかできない案件で、より安価な方法を提案できることもあるという。

一九八一年にオルガノ㈱から独立し同社を立ち上げた前社長から、社長職を引き継いだのが二〇〇七年。前社長は会長に就任し、野口社長は、会社の経営業務のうち社員・事業のマネジメント等を引き継いだ。

野口社長になり、展示会への出展や海外との交流を始め、製品・技術情報を積極的に外部発信し、新たな市場の開拓に力を注いでいる。

◉東日本大震災で活躍したオスモポッド

東日本大震災の際、気仙沼市、東松島市、浦安市などで大活躍したのが『川崎ものづくりブランド』に認定された、非常用飲料水生成装置『オスモポッド（OSMO Pod）』だ。

同社の純水・濾過装置の製造技術、水処理装置や設備メンテナンス技術を活かして開発されたこの製品の特長は、「どのような水でも安全に飲めて、小型・軽量で運搬が容易、自立電源かつ操作が容易なこと」である。

非常時には、さまざまな水が原水となることを想定し、細菌、ウイルス、重金属、イオン分、農薬など危険物質を除去できる逆浸透膜（RO膜）を採用、生成水の保管にも堪え得る殺菌剤も自動注入される。AC100V電源での駆動に加え、発電機の組み合わせも可能である。

◉オスモポッドのさらなる可能性

小型・軽量化されたオスモポッドは、被災地のみならず、非常時用にマンションや公共施設などへ設置されるケースが増え、大学や病院、自治体からの問い合わせも増えているという。

また、大阪の㈱ティーネットジャパンとは、共同開発した同社仕様の造水機のOEM生産契約に至った。㈱ティーネットジャパンは西日本を中心に製品の全国展開を見据えており、野口社長は、オスモの自社ブランドにこだわるよりOEM契約の方が、大きな市場を獲得できると考えている。

現在、売り上げに占める非常用飲料水生成装置の割合は一三％程度であるが、今後さらに伸ばしていく方針だ。

会社概要

企業名：株式会社オスモ
創　業：1981年5月
所在地：川崎市麻生区栗木2-6-7
電　話：044-981-3332
代　表：野口　武志（ノグチ　タケシ）
資本金：1,000万円
従業員：34名
事業内容：水処理装置・環境機器の提案、販売、工事、メンテナンス
URL：http://www.osmo.co.jp/
認定等：川崎ものづくりブランド

オスモ社長　野口武志

◉川崎市（マイコンシティ）移転でできた行政とのつながり

川崎市の支援により、香港の展示会や国内の川崎国際環境技術展等に出展し、展示会に継続して出展することの意義を感じている。オスモポッドのような、一般の人の目を惹く製品が作れたことで、展示会で技術力をPRできることにもつながっているという。

◉純水事業を中核として、さらなる業務の拡大

今後の事業展開について、野口社長は次のように語っている。

「現在の家庭用浄水器は、活性炭やMF膜を用いた安価で低品質のものと、アルカリイオン水や電解水を生成するような高付加価値なものに二極化しており、低価格かつ特定の機能において高性能を有する製品が少ない。これをターゲットにしていきたい」。「多くの人たちの水についての困りごとを減らしていきたいし、もっとよくなる、便利になるものを提供していきたい」と。

太陽電音株式会社

音を伝える情報システムで安全・安心の暮らしに貢献する企業へ

WINTEX 880A

太陽電音株式会社の創業は一九六四年、東京オリンピックが開催された年に、業務用音響機器の開発・設計・製造を行う企業としてスタートを切った。当時は大手電機メーカーからの依頼で放送設備のOEM供給が主で、依頼される案件を全て対応していたが、音響・通信・無線・映像の四部門で区分けする事で専門技術力を高めた。「製品開発を進めた結果、今では全国各地で当社製品が活躍しており、二〇一四年は創立五〇周年という節目を迎え、これからも音にかかわる全てのことに携わりたい」と四代目社長木村康廣氏は意気込みを語る。

◉社会生活に欠かせない音を伝える技術

同社は情報通信システム機器設計・製造の専門業者として、空港関係、高速道路関係、鉄道各線の駅など、主要交通機関や大型商業施設の放送・情報システムの開発・設計・製造を数多く手掛け、安全・安心を音で伝える機器を提案する企業である。木村社長は、一九七一年に太陽電音に入社後、一貫して製造現場でモノづくりに携わっていく中、空港開港、新幹線開通、野球スタジアムや大型商業店舗の音響・通信設備の製造にかかわり、設置時には、顧客が求める操作性などを実現するため現地に赴き、顧客の要求に応える緻密な調整を繰り返した。その経験が社長になった今でも活きている。木村社長は、「社長という肩書きをいただくまで私は仕事以外での外部の方々と交わる機会が少なかったのですが、社長に就任してからさまざまな分野の方と接する機会が増えて、多くの情報を得られるようになり、経営者の方々の指導・応援をいただき日々進化中です」と笑顔で語った。

◉自社ブランド第一弾『WINTEXシリーズ』

ＯＥＭ供給だけでなく、自社技術を多くの人に知ってもらうために自社ブランド製品を目指し、約一〇年の歳月をかけて、風力・太陽光発電を利用したハイブリッド風力発電機システム『WINTEXシリーズ』が完成し発売を開始した。同製品は電力供給ができない山間部や離島における防災放送や、気象監視システムとして威力を発揮する製品である。自然エネルギーによる発電で蓄電し、必要な時に電力を賄うことで、取得したデータを監視センターに送信することが可能になり、周辺地域の情報を伝えることで安全・安心を確保することができるものだ。この独創的な技術・品質・環境配慮等が評価され、『川崎ものづくりブランド』（川崎の誇る技術と技能から生まれた優れた工業製品に対する認定制度）に認定された。このことを契機に口コミで受注することも増えたという。

◉これからの組織強化・人材育成

「今から五年ほど前、ベテラン社員五人が定年退職し、事業の方向性を再度見つめ直すきっかけとなり、年配者が苦手としているIT化もスムーズに転換することができるようになった」と語る木村社長は、今後、このままの世代構成でいくと事業継続に大きな影響を及ぼすと判断して自らのネットワークを駆使して新卒新入社員を継続的に雇い入れ、適切な世代構成を構築して組織強化に努めている。また、「私たちは人に教えるのが下手。怒鳴るのでなく、ただ優しく教えるのでなく、仕事に対してより効果的かつ興味を持ってもらうように人材を育成することに力を注いでいます。今の若手社員が将来、新入社員の教え役になってくれることが会社にとって良い事だと考えているし、非常に期待しています」と、将来の会社像を見据えている。

◉産学連携を活かした今後の事業展開

同社では、今まで培ってきた通信・音響・無線・映像・環境の技術を活かして、自社ブランドによる製品普及を目指し、社内の若手主体による製品開発の掘りおこし計画を進め、産学連携によって同社が不足している部分を外部からの柔軟なアイデアを取り入れ事業化を進めている。

「海外展開については、まだまだですが、台湾の高層ビル『台湾101』の前に、当社の風力発電機が設置されています。設置の際に技術協力していただいた海外企業と連携し、国内では難しい現場視察を行い、現在の問題点や要望などを取り入れた機器の開発など、情報を交換することで、今までの経験を活かした、技術力でアピールできれば、今後の海外展開の施策が見えてくるのでは」と楽しそうに語る社長がいる同社は、目が離せない企業である。

会社概要

企業名：太陽電音株式会社
創　業：1964年10月
所在地：川崎市中原区木月2-23-20
電　話：044-431-1450
代　表：木村　康廣（キムラ　ヤスヒロ）
資本金：1,600万円
従業員：28名
事業内容：通信、音響、映像、無線、風力発電機を含めた環境部門のシステム提案および機器の設計・製造
URL：http://www.tydo.co.jp/
認定等：川崎ものづくりブランド、ショーウィンドウモデル事業（3事業体共同）

太陽電音社長
木村康廣

株式会社タマオーム

社員を大事にすることが顧客満足への第一歩

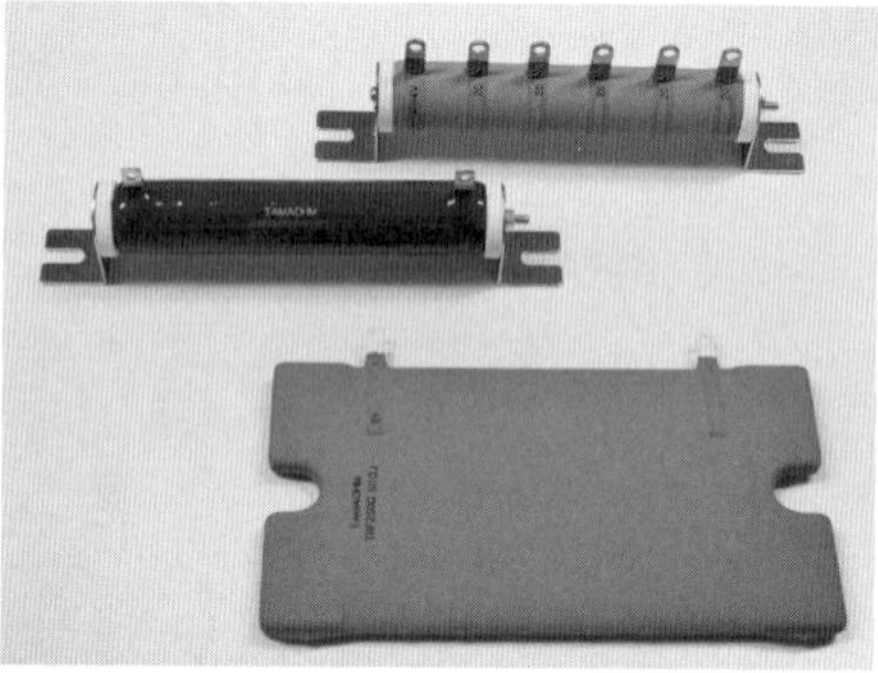

鉛フリーホーロー抵抗器

株式会社タマオームは、〃一本を大切に〃を経営理念に掲げ、取引先の要望に丁寧に応えることで信頼を得てきた抵抗器メーカーである。大電力に耐えることができるホーロー抵抗器や、顧客が必要とする容量（kW）に合わせ抵抗器をユニット化させ利便性を高めた負荷抵抗装置を中心に設計から製造・販売まで行っている。同社の製造する抵抗器のほとんどは、取引先からの要望に基づいたオーダーメードであるという。取引先が困っている「一本の抵抗器」を大切に作り上げてきたことが、取引先からの信頼につながり同社のブランドの礎となっている。

◉鉛フリーホーロー抵抗器の開発を支えた「安全・安心」に対する思い

抵抗器（レジスター）とは、一定の電気抵抗を得る目的で使用される電子部品であり、文字通り「電気的な抵抗を起こす」働きを持つ。せっかくの電流をなぜ流れにくくするのか。それは、抵抗器がないと電流は決壊したダムの水のように好きなだけ流れてしまうためである。そうならないように電流・電圧をコントロールし、電気回路が正常に作動する環境を作っているものが、抵抗器なのである。抵抗器は機能や構造によりさまざまに分類されるが、抵抗体を覆い保護する材料にホーローを用いた抵抗器は、通電時に抵抗器自体が発する熱に対して強いため、主に大電力用に使用されている。

同社は、二〇〇八年に、被覆材に四酸化鉛を全く含まない、鉛フリーホーロー抵抗器を開発している。これはEUのRoHS指令（ローズ指令：電気・電子機器に含まれる鉛などの特定有害物質の使用を制限する規制）の流れに沿った、環境に配慮した製品である。材料メーカーと共同で新素材の開発に取り組んだものの、この開発には、期間二年、試作五〇〇〇回以上、試験二万回以上を要したという。鉛フリーホーロー抵抗器開発に粘り強く取り組んできた根底には、「取引先へ安全なものを提供することはもちろんなのだが、社員にとっても働きやすい職場、安心な職場を作ることが、社長の役割だ」と語る玉田社長の「安全・安心」に対する思いがある。

◉若手社員の成長

鉛フリーホーロー抵抗器の開発は、若手技術者のレベルアップにもつながっている。同社は川崎本社の他に大分県に生産工場を所有しているが、玉田社長のモットーは可能な限り現場に任せることだという。同社は二〇一一年一〇月にISO9001とISO14001を同時に取得している。ISO取得について以前から玉田社長の頭の中にはあったものの、より具体化し始めたのは新製品開発後だった。新製品開発の勢いもあり、若手技術者からISO取得に対し積極的な取り組みがなされたという。そして若手技術者を中心に、生産工程の見直しなども同時に行われていくこととなり、現在では、当時は問題点であったことも解決し、逆に現場の問題解決力、提案力も向上したという。「今では、自分の想定を超える提案が現場から出てくることもある。若い社員の考えや能力を引き出すことが楽しみ」と語る玉田社長は目を細める。

良い経験をいかに積ませるか。鉛フリーホーロー抵抗器の開発をきっかけに現場に任せることの重要性を再認識した玉田社長は、五年後や一〇年後に同社の屋台骨を支える人材育成に対して、今後も、ぶれることなく現場主義を貫くつもりだ。

◉「ご縁」

同社が取り扱う製品の一つに、複数の抵抗器をユニット化させて電圧・電流の切り替えを可能としたタワー型負荷抵抗装置がある。展示会でニーズを聞いたことで製作が始まったという。お客さまが

会社概要

会社名：株式会社タマオーム
創　業：1967年2月
所在地：川崎市多摩区菅6-9-16
電　話：044-944-8083
代　表：玉田寛実（タマダ　ヒロミ）
資本金：7,000万円
従業員：30名
事業内容：電力形巻線抵抗器の製造販売、負荷抵抗装置の設計製造販売
URL：http://www.tamaohm.co.jp/
認定等：川崎ものづくりブランド

タマオーム社長　玉田寛実

欲しいものを提供するために、〝一本を大切に〟を掲げる同社の丁寧な取り組みが反映したものと言える。最近開発されたこの最新型は、誘導回路を疑似的に試験することを可能にする、電子機器や部品の製品開発等における「縁の下の力持ち」的な装置であるのだが、驚くべきことに、この最新型はライバルである同業他社との連携により開発されたというのだ。両社の深いつながりのきっかけは、それぞれが撤退しようと考えていた事業を、お互いに譲渡し補完し合ったことだった。ライバル会社でありながらも、今ではその社長とは、お客さまのために何ができるかを話し合うことができて切磋琢磨し合える関係だという。

　社長という立場以前に人として接することが大切だと考える玉田社長は「ご縁」を大事にしている。社員との縁、ライバル会社社長との縁、取引先との縁など一つ一つが同社を作り上げていると考えている。鉛フリーホーロー抵抗器、ISO取得、負荷抵抗器はそれらの「ご縁」が形になったものだと言えそうだ。〝一本を大切に〟し、お客さまの求めるものに誠実に応えていこうとする同社の今後の展開が楽しみである。

株式会社
日本エレクトライク

ラリードライバーとしてのひらめきが生んだ
安価で高性能な電気三輪自動車

電気三輪自動車エレクトライク

電気自動車の普及が進むなかで、電気三輪自動車『エレクトライク』（電気（electric）と三輪車（trike）の造語）の開発・普及を目指しているのが、株式会社日本エレクトライクだ。かつて一九五〇年代から六〇年代にかけて広く利用されていた三輪自動車だが、松波社長は東海大学との産学連携を通じて“安価で高性能な電気三輪自動車”というコンセプトを得て、復活させた。

●逆境からスタート

同社は、松波社長が経営する三番目の会社である。経営者としての歩みは、三〇歳から始まる。急逝した父親が興したガス探知機メーカーの株式会社東科精機を引き継いだが、負債を抱えてのスタートであった。安定的収益体制を確立した現在は、新たに船舶・機関室用のLED照明にも進出し顧客からの評判も上々という。二番目の会社は、自身が設立した大型トラック用常時後方視認システムを製造・販売する株式会社日本ヴューテックである。『リアヴューモニター』という製品が『川崎ものづくりブランド』に認定され、安全運転の必需品としての地位を確立しているが、かつては一二期連続の赤字を経験した。三社目が株式会社日本エレクトライクである。同社は、二〇〇八年のリーマンショックを受けて既存の二社も難しい舵取りを迫られる中での設立だった。日本ヴューテックの事業として電気三輪自動車の開発を続ける選択肢もあったが、あえて電気三輪自動車事業に専念する日本エレクトライクを設立した。優秀な人材を招くためには器が必要という松波社長の信念である。また、自らを追い込み、英知と人脈をフル活用して二社を成長させてきた経験に裏打ちされた決断であった。「時代とともに変化するニーズに対応できなければ、企業は生き残れない」と語る松波社長にとって、電気三輪自動車の開発は必然であったようにも見える。

◉高性能な電気三輪自動車の誕生

高性能な電気三輪自動車の開発は、二〇〇六年の東海大学との産学連携に始まる。学生の熱意に応える形でできた試作一号車を運転した時、操作性に優れた高性能な電気三輪自動車を開発したいとのひらめきが生まれた。ラリーチームに所属してレースを重ねてきた松波社長の運転技術が、電気三輪自動車のポテンシャルを見出した瞬間だ。松波社長はこの感覚を製品に反映できるのは自分だけと自信を滲ませる。

三輪自動車の最大の欠点は安定性であるが、『エレクトライク』は左右の後輪に独立したモーターを使用してタイヤの回転比を調整する「アクティブホイールコントロール」によって走行安定性を格段に向上させている。しかし、いかに優れた製品を開発・試作することができても、事業化にむけては量産体制の確立とコスト管理は最大の課題となる。松波社長は、あきらめることなく人脈をたどって世界最大の三輪自動車メーカーであるインドのバジャジ・オート社との提携を成功させて、三輪自動車を安価に輸入して改造する方式を採用した。大手メーカーの資本力と生産設備をうまく活用した形だ。

こうして、高い安定性で小回りが利き、積載量は四輪車並みという都市部での近隣輸送手段としての活躍が期待され、一〇〇万円以下での販売を目指す『エレクトライク』が生まれた。

◉今後の事業展開

同社の事業内容には、電気三輪自動車の開発・製造・販売に加えて「電気三輪自動車関連製品の共同開発受託・コンサルティング」がある。開発受託・コンサルティングを実現するのは、自動車会社OBをはじめとする松波社長のもとに集まった人材だ。すでに公的機関等から委託を受けて調査活動を行うまでになっている。自動車業界を知り尽くしている強みは、当然のことながら『エレクトライク』にも活かされている。

『エレクトライク』のデビューとなる二〇一三年は、販売台数一〇台を予定している。すでに多方面からの引き合いはあるが、当初は近隣で販売しながら顧客の声を丁寧に拾い上げていきたいと考えている。これは日本ヴューテックでのクレームを宝として製品に反映しながら顧客の信頼を勝ち取ってきた経験に基づく判断である。二〇一四年に一〇〇台、二〇一五年には月一〇〇台の生産を目指している。『エレクトライク』を通じて、CO_2削減、雇用創出など社会への貢献を語る松波社長だが、最後には「何より仕事を楽しんでいる」と笑った。

会社概要

企業名：株式会社日本エレクトライク
創　業：2008年10月
所在地：川崎市中原区小杉町3-239-2
電　話：044-777-2244
代　表：松波　登（マツナミ　ノボル）
資本金：7,000万円
従業員：7名
事業内容：電気三輪自動車の開発・製造・販売、共同開発受託・コンサルティング
URL：http://www.e-tric.co.jp/
認定等：かわさき起業家オーディション大賞

日本エレクトライク社長
松波　登

福島電機株式会社

計測・制御・および情報通信をベースに
エナジーソリューション事業に取り組む技術屋集団

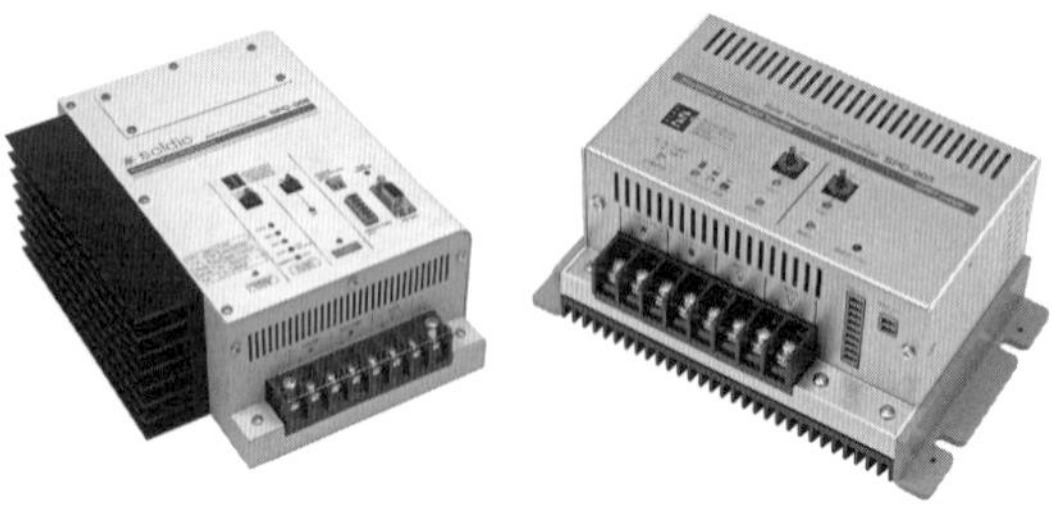

MPPT方式充放電コントローラー

福島電機株式会社はテレビ産業の黎明期よりエレクトロニクス（電子工学）の発展とともに歩み、創立五五周年を過ぎた現在では、長年培ったエレクトロニクス技術を背景に、要求仕様から開発・製造・量産までワンストップソリューションをサポートしている数少ない企業である。

◉新たな価値の創造

同社の創業は一九五三年で、戦前の軍需工場であった東京無線電機㈱の解散を機に初代福島利三氏が独立開業したことに始まる。同社はテレビ放送関連機器の組立配線を請け負うことからスタートし、コンピュータ分野（プリント基板実装）にも進出。エレクトロニクス技術の進歩とともに成長拡大しながら競争力を高めてきた。さらに、工業高校の機械科で教鞭をとっていた秀明氏が同社に入社したことにより、同社はメカニックの分野にも対応できる幅広さを手に入れる。一九八〇年に社長へ就任した秀明氏は、これからの時代は〝物に対して付加価値をつけること〟が重要だと考え、技術者を積極的に採用して大手電機・通信機器メーカーの試作品開発に大きくかかわることで、独自の技術力に磨きをかけていった。福島社長は「現状を維持するだけでは後退」と語り、そこに留まる技術では満足せず、常にさらなる向上に努めている。その中心となるのが二本の柱事業である。

第一の柱は、日進月歩で変化するエレクトロニクス業界の要望に対応した開発・製造の受託事業である。日本を代表する大手・中堅の電機・通信機器メーカーをメインの顧客としており、地上デジタル放送関連では難視聴対策機器などを開発納入した実績がある。

映像・情報通信分野だけではなく、FA（ファクトリー・オートメーション）分野でも通信技術を応用した計測・制御装置の開発を行なっている。

長期にわたる受託開発・設計で培った豊富な技術とノウハウにより、企画開発・設計から製造・検査まで一連の業務をサポートし、お客さまのニーズに合わせて、どの段階からの対応も可能というフットワークの軽さが強みである。

第二の柱は、自社ブランド製品の製造・販売やOEM生産のプロダクツ事業である。従来からの「ものづくりは中間加工だけではなく、完成品としてまとめていきたい」という思いから、蓄積した技術を用いた自社製品開発にも取り組んでいる。これまでに建設現場で使用される『クレーンカメラシステム』や、製本業界向け『乱丁・落丁防止装置』の開発、そして太陽光発電関連機器分野にも果敢に挑戦して二〇〇九年から販売した『太陽光発電&充電学習システム』『ソーラーパネル模擬電源』などの実績がある。

◉創エネ・蓄エネ・省エネ技術を融合したエナジーソリューション事業

常に飛躍を目指している同社が今一番注目している分野が、太陽光発電等の自然エネルギーの有効利用を促すスマートコミュニティ関連製品の開発である。

工場、ビル、学校、店舗といった施設で必要とされるエネルギーを最適管理、制御することを目的として、創エネ(太陽電池など)・蓄エネ(充電)・省エネ(見える化)の技術を融合したエナジーソリューションを提案し、関連機器およびシステム提供を開始した。

東京大学や新エネルギー・産業技術総合開発機構(NEDO)が推進する最先端研究開発支援プログラム「低炭素社会に資する有機系太陽電池の開発」にかかわり製造した温度計測モジュールをはじめ、安価で消費電力が少ないという特徴を持つセンサネットワークを主目的とする無線通信規格ZigBee(ジグビー)を用いた工業センサ用無線インターフェイスモジュールは、通信ケーブル配線工事が不要。また電源接続が困難な場所でも利用可能なため、流量・振動・水質・温度・湿度など工業プラントや製造ラインなどで必要とされる各種データを可視化(見える化)して管理し、省エネの

会社概要

企業名：福島電機株式会社
創　業：1953年8月
所在地：川崎市中原区田尻町68-5
電　話：044-522-4511
代　表：福島　秀明（フクシマ　ヒデアキ）
資本金：1,000万円
従業員：25名
事業内容：映像、情報通信、計測・制御分野の開発・設計製造及び太陽光発電関連製品の開発販売
URL：http://www.tatumikougyou.co.jp/
設定等：試作開発促進プロジェクト

福島電機社長　福島秀明

ための最適な運用制御などを実現する製品である。

蓄エネ分野では、太陽電池パネルなどで発電した電力を効率よくバッテリーに蓄電するとともに、電子機器への電力供給も制御する高効率な最大電力点追尾機能（MPPT方式）付き充放電コントローラー及びその応用装置も開発、製品化した。

同社では、今後ますます重要となっていく環境問題にも前向きに取り組み、これらの製品を通じて社会貢献の一助を担うべく意欲を燃やしている。

◉人財育成が未来へつながる大きな鍵

以前から「技術者の頭脳で勝負する時代が来る」と確信していた福島社長は、教鞭をとっていたころの経験を活かして、人材育成こそが競争力の源と考えて社員教育に力を入れてきた。

人材の育成は一朝一夕にできるものではなく、技術屋集団としての同社があるのは、継続的に人を育成する経営姿勢によるものである。その姿勢がある限り、同社は新たな付加価値を創造する頭脳集団として進化し続けるであろう。

フジクス株式会社

100年企業を目指す
「ウォーター・ジェット工法」のトップランナー

高性能・超高圧洗浄車

フジクス株式会社は〝私たちは誠実・親切・技量を持って飛躍する未来志向の集団です。"We are a Future –oriented Unit Jumping with Integrity, Kindness and Skill"〟を経営理念に掲げ、〝地球環境ありがとう〟を企業コンセプトに、「ウォーター・ジェット工法」を事業の軸に据えて、水エネルギーの用途を洗浄・剥離・研磨・切断と拡大、今後は衛生・再生・安全の分野で抱える問題を解決し、社会環境の改善を目指す企業である。二〇〇四年一二月に九つのグループ会社および事業所でISO14001、二〇一一年六月にISO9001を認証取得した。

設立当初は「フジ高圧洗浄㈱」という会社名でスタートし、一九九一年七月に現在の社名に変更した。社名は前述の経営理念の英文左ルビのアルファベットを組み合わせたFUJIKSとなっている。二〇一〇年に、創業家である竹之内豊会長と二人三脚で同社を支えてきた細田氏が代表取締役社長に就任した。

◉会社の根幹技術である「ウォーター・ジェット工法」

同社は、常に「ウォーター・ジェット工法」を会社の中核となる技術と位置付け、事業の拡大を図ってきた。ウォーター・ジェット工法とは、数十〜数百MPa（メガパスカル）の高圧水を噴射させ、その衝撃力を利用し、洗浄するものである。同社はこの工法を、石油プラント関係に用いていた。その後、国内で初めて建築設備に転用し事業を拡大した。さらに、外壁洗浄・剥離の分野にも拡大するなど高圧洗浄の技術を独自開発して数多くの技術を蓄積し、未知の市場への可能性を追求してきた。この過程で生まれた超高層マンション排水管洗浄『フジジェット工法』は二〇〇五年一二月に特許を取得し、他社の追随を許さず実績を積み重ねている。また、二〇一〇年三月には『川崎ものづくりブランド』として認定されている。このようにして、今もなお、この戦略を貫き現在に至っている。同社の強みは、ウォーター・ジェット専業企業として、さまざまな圧力の高圧水を取り扱うことができる点である。100MPa超のプラントや道路剥離レベルから、数十MPaのマンションなど住宅設備レベル、数MPaの洗車レベルまで、さまざまな分野のお客さまのニーズに細やかに対応できるのである。そこがお客さまからの信用につながっている。

◉お客さまのニーズに応える

市場の拡大や技術開発には、常にお客さまのニーズが裏にあった。非製造業である同社は、製造業よりも顧客に近い立場にいる。この強みを十分に発揮して市場開拓や技術開発に活かしてきた。また、激変する社会のニーズに応えるため、一九九五年に新時代へのウォーター・ジェット開発に向けて、技術研究室を設置した。企業として「お客さまのニーズに応える」姿勢を持ち続け、社員全員の絶え間ない努力の結果、現在の確固たる地位を築き上げてきた。

◉会社の意思を実行する社員の育成

同社は経営資源としての人材の育成にも積極的に取り組んでおり、社員教育は欠かさない。社員にはOJT、職場外研修をうまく組み合わせて実施している。また、資格取得を積極的に社員に奨励し、産業洗浄技能士、建築士、工事施工管理技士などの有資格者が多数在籍する。このことも取引先から信用を勝ち得ていることにつながっている。同社は若手社員が多い企業であり、二〇～三〇代の社員が約七五％を占めているという。対照的に、四〇～五〇代の社員が二五％程度と少なく、次世代の会社の中心的役割を担う人材を若いうちから育成する必要がある。しかしながら、これは逆に会社の長い将来を早いうちから固めていくことができるメリットがあると細田社長は考えている。

会社概要

企業名：フジクス株式会社
創　業：1969年10月
所在地：川崎市川崎区貝塚1-8-2
電　話：044-245-0822
代　表：細田　次郎（ホソダ　ジロウ）
資本金：3,600万円
従業員：150名
事業内容：ウォータージェット業務（各種配管・装置・建物の錆や付着物等の洗浄・剥離・研磨・切削・吸引等）
ＵＲＬ：http://www.fujiks.com/
認定等：川崎ものづくりブランド、かわさき起業家オーディション優秀賞

フジクス社長　細田次郎

また、社員には、究極の目標「クレーム〝ゼロ〟」を求めているという。この目標の達成は極めて難しいが、やり遂げたときは、結果として素晴らしい会社になり、竹之内会長や細田社長が目指す「１００年企業フジクス」の礎が築かれるだろう。

◉今後も社会の要請に応える企業として

これからの同社は水のエネルギーを利用しつつも、環境との共生に重きを置き「衛生」「再生」「安全」を追求していくという。ウィルス除菌、ヒートアイランド対策、悪臭除去、防犯対策に今まで培った技術を複合させ、新技術に取り組んでいく。このように、社会が求めるニーズをキャッチし、さらに技術開発を進め、社会に貢献していく。他のどの企業にも負けない「ウォーター・ジェット工法」は、同社の経営理念に基づき築き上げた成果の賜物であり、今後も社員の力を結集して、新時代のパイオニア的存在となりその姿を変えていく。

同社は、あらゆる経営資源を、強固な芯がある揺るぎない理念で有効に活用している。

株式会社ユニオン産業

バイオ樹脂のエコ商品で社会貢献、産学公・市民グループとの連携や海外展開にも意欲的に取り組む

UNI-PELE（ユニペレ）商品

◉夢中で取り組んだ創業時代

森川社長は二三歳のときに、アルバイトで貯めた資金で中古のプラスチック射出成型機を購入し、株式会社ユニオン産業を創業した。

仕事がほとんど無い時期が続いたが、当時創業したばかりの自動車アクセサリーのトップ企業㈱カーメイトの社長が、注文を出したのがきっかけとなり、今日までの成長の基盤となった。

◉エコロジーを先取りした環境樹脂『UNI-PELE』（ユニペレ）

創業二〇年目を迎えたころ、森川社長はカナダへの自社製品の売

り込みの途中、トウモロコシを主原料にし、微生物で分解できるバイオプラスチック「ノボン樹脂」に出会ったことをきっかけに、環境樹脂の開発を始め、素材メーカーと連携して開発に取り組んだ結果、環境樹脂『UNI-PELE』が誕生した。

『UNI-PELE』の特徴としては、天然の有機廃材を使用しているため、一般樹脂と比較して燃やしても有毒ガスや二酸化炭素の発生が少なく、燃焼カロリーも低いため焼却炉を傷めないことが挙げられる。また抗菌作用があるため食品衛生法による容器衛生規格の取得ができ、家庭用品へ転用可能であり、そして廃材を利用しているため安価で供給面も安定している。

『UNI-PELE』はその後、『川崎ものづくりブランド』に認定され、さらに、二〇一一年一一月に『二〇一一年九都県市のきらりと光る産業技術』で表彰され、二〇一二年七月には『かながわ産業Navi大賞2012』環境（エコ）部門優秀賞を受賞した。

◉産学官公さらに市民グループとの連携でエコ商品の開発

『UNI-PELE』は、食品トレー、箸、花立て、ポット、フェンス、ゴルフティーなど、さまざまな商品へ展開、各所からアイデアを取り込む活動も進めている。

その一例である吸盤付き幼児用食器『Q-Bamboo』（キューバンブー）は〝竹粉配合樹脂を用いた新商品企画〟をテーマに、専修大学三年生をインターンシップとして登用し生まれた商品である。キャッチコピーは「赤ちゃんから子供デビュー」、抗菌作用があるため衛生的であり、テーブルに張り付く吸盤を底に付けることで一、二歳児でも上手にご飯が食べられる食器となった。

二〇一一年夏にも同大と連携し、弁当箱の仕切などに使用する抗菌シート『バンピース』を商品化した。

また、子育てママたちの情報サイト「MAMA-PLUG（ママ・プラグ）」から生まれた離乳食用の弁当箱『Bam Boo Boo（バン ブー ブー）』も衛生面に優れ、臭いがつきにくい特徴を活かしている。箱には保冷剤を入れるスペースがあるため、どろどろの離乳食を夏でも戸外へ持ち出せるという。

企業間の連携では、二〇一〇年、川崎市『知的財産交流会』で出会った富士通㈱と特許のライセンス契約を結び、『UNI-PELE』を活用して『ワンタッチトレーパック』を製作した。電子機器・精密機器などの輸送に使用するこのパックは、包装材の大幅削減、梱包容積の縮小、梱包作業の効率化を実現する、環境に配慮した梱包材である。

◉川崎発、海外へ

二〇一二年六月、同社は、フィンランドのウィパック（WIPAK）フランス支社と食品包装用フィルム向け抗菌性ポリエチレン樹脂に関し、業務提携を結んだ。ウィパック社は食品パッケージメーカーで、チーズやハム、サーモンなどの包装業務を行っている。その包装フィルムに抗菌性を持たせるために同社との提携を希望、交渉の結果今回の提携となった。

会社概要

会社名：株式会社ユニオン産業
創　業：1970年2月
所在地：川崎市中原区井田杉山町2-3
電　話：044-755-1107
代　表：森川　真彦（モリカワ　マサヒコ）
資本金：1,000万円
従業員数：25名
事業内容：プラスチック成形加工全般・環境樹脂・ペレット製造・鮮度保持シート製造・各種オリジナル商品企画製造
URL：http://www.eco-pele.jp/
認定等：川崎ものづくりブランド、かわさき起業家オーディション起業家賞、川崎市知的財産交流事業成約企業

ユニオン産業社長　森川　真彦

森川社長の夢である〝アイデアから自社製品〟が、二〇一三年、世界に向けて発進する。

◉子供たちが安心して暮らせる明るい未来の創造に向けて

CO_2の削減や、原発を含む電力エネルギーの供給、O-157をはじめとする病原菌など、地球環境や命と健康にかかわる課題は多く、森川社長の挑戦は続く。しかし、「当社の使命は環境素材の普及により、地球環境の蘇生を実現することです。そのためには会社そのものの存続が第一の課題。社員ともども頑張っていきたい」と意気込みを語るその表情はいたって楽しそうだ。

アソシエCHACO

誰にでも着やすくおしゃれな服を

ユニバーサルファッション

ユニバーサルデザインとは、身体の不自由な高齢者や障がい者など、できるだけ多くの人が利用可能であるように工夫されたデザインとして、近年よく使われるようになった言葉である。ファッションデザイナーである栗田佐穂子氏が代表を務める「アソシエCHACO」では、単に「着やすい服」ではなく、「〝おしゃれ〟で着やすい服」＝「ユニバーサルファッション」の提供を通じて、〝元気を生み出す服の力〟を多くの人に伝えることを目指している。

◉ボランティアからビジネスへ

身体が不自由になると日常生活

にもいろいろな制約が出てくる。気に入った服が着られないというのもその一つ。「全ての人に自分らしい装いをして生きることを楽しんでいただきたい」と、両親が始めた洋裁学校「登戸ドレスメーカー学院」の副校長も務める栗田氏は熱い想いを語る。

栗田氏がユニバーサルデザインに取り組み始めたのは一八年前のこと。骨折した長男が着替えに苦労する姿を見たことがきっかけである。周りを見渡せば、高齢者や障がい者など身体が不自由で、同じような苦労をしている人がたくさんいることに気付いた。そこで栗田氏は有志を募って病院や施設に足を運び、困っている人たちのためにと既製服の改造から始めたところ、「不便な服に我慢する」「美観を犠牲にすることが当たり前」だと思っていた人たちにとても重宝された。それまで外出を嫌がっていた人が、積極的に人前に出るようになるその姿に栗田氏も感動を覚え、力をいただいたと言う。この時に蓄えられたアイデアが財産となり、二〇〇六年にアソシエＣＨＡＣＯを立ち上げ、研究開発・製作・販売とカルチャー教室をスタートさせた。

一八年前、「必要とする人が喜んでもらえるならば」と、独自のアイデアとデザインによる服づくりを始めた。洋裁学校の卒業生や有志の方々の協力にも恵まれ、それらの多くは無料で提供されていた。経費は持ち出しであったが、洋裁学校の教師として自分の糧にもなるとの思いから続けていた。その後、あることをきっかけに大きく舵を切ることになる。

「差し上げた服を着た方は、これまでの既製服よりは便利なので喜んではくださいますが、こちらに遠慮して不満は口にされない。ファスナーがちょっと引っ掛かりやすくなっているようなのに我慢されていたようでした。考えてみたら私もただでいただいたものに文句は言いにくいですものね（笑）」。

ボランティアの限界を感じた栗田氏であったが、一方で心の中には大きな葛藤を抱えていた。〝高齢者や障がい者からお金をいただく〟という行為に対する抵抗感を簡単に拭い去ることができなかった。そんな思い悩む姿を見たある人物のアドバイスによって栗田氏の目の前が大きく開けた。〝提供したサービスや製品の対価をいただくことは相手が誰であれ当然のこと。むしろ対価によって売る者と買う者は対等になって真剣勝負となる。お代をいただくからには妥協や甘えは許されない〟。

顧客に販売する「商品」として服づくりを見直すと、いろいろな改善点が意識しやすくなり、ユニバーサルデザインは必ずしも高齢者や障がい者のためだけでなく、文字通り全ての人に通用するものであることも分かった。川崎市の福祉製品基準『かわさき基準（ＫＩＳ）』に認定された『らくらくネクタイ』は片手だけで着脱可能なネクタイとしてビジネスマンにも好評である。栗田氏は「素材の選択には気を遣いました。類似品にはゴムを使っているものもあり、使っているうちに伸びてしまいます。一見するとシンプルな商品ですけど、実は細かいところを工夫しています」と人気商品の秘密を語っている。ファッションショーや福祉機器展に出品の際に率直な意見をいただけることが何よりも嬉しいと言う。辛辣な意見を頂戴することもあるが、それも真摯に受け止めて〝より良い服づくり〟〝満足いただける服づくり〟に活かすよう心掛けている。

会社概要

企業名：アソシエCHACO
創　業：2006年5月
所在地：川崎市多摩区登戸2130-2アトラスタワー向ヶ丘遊園2F
電　話：044-900-8844
代　表：栗田　佐穂子（クリタ　サホコ）
従業員：6名
事業内容：衣料品の開発、製造、販売、教育
URL：http://www.a-chaco.com/
認定等：かわさきマイスター（代表栗田氏）、KIS、かわさき起業家オーディション大賞

アソシエCHACO代表
栗田　佐穂子

◉服飾を通じて生きる力の提供

二〇一二年四月に栗田氏は「服飾を通じて生きる力を身に付けてほしい」という想いから、「ユニバーサル服飾高等学院」を立ち上げた。この学校では、さまざまな事情により中学や高校に通うことが困難になった生徒たちが、自分の好きな服飾・ファッション・手芸などの技術を身に付けながら高校卒業資格を取得できる。

栗田氏は、生徒を無事に卒業まで導くと同時に、微力ながらも彼らの活躍の場を提供してあげることが、教師として、そして経営者として、業界に携わる者の責務であると気を引き締めている。

「『アソシエCHACO』を軌道に乗せて、人との交流が不得意な卒業生もビジネスとして携われる環境を作っていきたい」と栗田氏は抱負を語る。その想いに共感する人々や、家族と共に、栗田氏のユニバーサルファッション普及への足取りは、一歩また一歩と着実に踏み出している。

株式会社アルファメディア

人に優しい社会づくりに貢献するIT企業

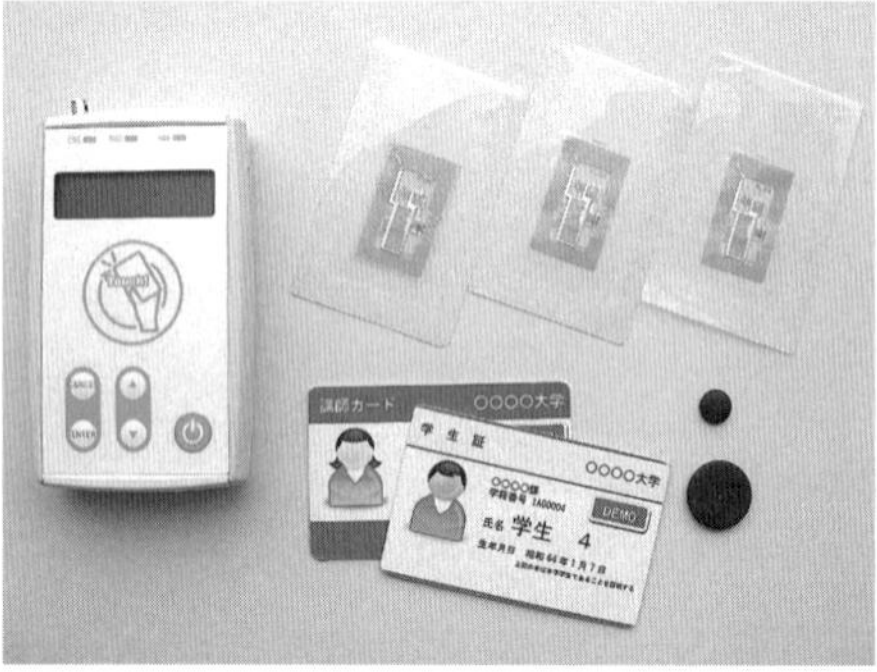

出席管理システム『かいけつ出席』

◉「希望と夢」実現のために創業した会社

株式会社アルファメディアは、一九九二年にソフトウェアの開発業務を主業に設立された会社である。創業者は現社長の小湊宏之氏の父親にあたる基行氏で、伝説の日本語かな入力システム『親指シフト』の考案者の一人でもある。以来、〝人に優しいマルチメディアをあなたと共に創造する〟の経営理念の下、ハードウェアの設計・開発から、ソフトウェアの企画・設計・開発・導入支援、人材派遣、パソコンスクール「富士通オープンカレッジ」の運営まで、ITに関してあらゆるサービスを提供している。

特に福祉と教育の分野に力を入れて製品開発にあたっており、健常者と耳の不自由な人が自由に会話を楽しめるようにと、一九九六年に世界初の日本手話電子辞書『ムサシα』を開発販売し、『神奈川工業技術開発大賞』を受賞する栄誉に輝いた。そのほか、勤務時間（出勤、退勤、外出、再入）の管理・集計を自動的に行うシステム『かいけつ就業』、中小企業支援ツールとして、即戦力の総合人事評価ツール『コンピテンシーマスター』、中小企業のIT化をサポートする『ITCOMPASS』、大学や専門学校に向けた出席管理システム『かいけつ出席』など、数多くの自社製品を開発した。

現在、小湊社長は悲しい事故を減らしたいという思いで、視覚障がい者の歩行を支援するシステムの開発を進めている。

◉苦悩からの脱出～V字回復へ

小湊社長は、業績も順調であった二〇〇八年に、先代より社長を譲り受けた。新社長として、社員の生活を守ること、会社を存続させていく、という一途な想いのもとで仕事を選ばずにガムシャラに働いたが、リーマンショックの影響などもあり、会社の業績は落ち込み二〇〇九年には倒産も危ぶまれた。そんな苦悩の時に、先代の「おまえは何がやりたいんだ」という問いに、経営理念や経営ビジョンが無く、会社の方向付けができていない事に気が付かされる。それからは、原点に立ち返り、とるべきミッションの基軸に福祉と教育を据えて邁進することで、仕事も軌道に乗り始め業績もV字回復を果たしている。二〇一二年は、ソフト・ハードウェア受託開発、パソコンスクール、人材派遣・請負、自社製品などの事業・商品を中心に、過去最高の売上と利益を見込むまでになっている。

◉オープンイノベーションを実践

小湊社長は、二〇一〇年九月に川崎市が開催した大企業の開放特許活用を支援する、『知的財産交流会』に参加したことをきっかけに、自社技術に他社技術を組み合わせて、革新的な商品を生み出すオープンイノベーションに取り組む。その成果が、代返防止機能を新たに付与した出席管理システムである。同社が開発した従来の出席管理システム『かいけつ出席』は、出席管理や集計業務の効率化、退学予備軍の把握など、学内事務の支援で定評を得ていたものの、学生が複数の友人の学生証を持ち込んだ場合、代返の不正を防ぐことができず、ユーザーである学校側から改善を求める声が寄せられていた。そこで同社は、富士通㈱が保有する特許権のライセンスを受けて、代返防止機能を新たに付与した出席管理システムを開発し、二〇一一年九月から販売を開始した。この取り組みが新聞やテレビなど多くのメディアに取り上げられたことで、社員の家族や社会からの信用も高まり、社員の士気や自信の向上につながったほか、出席管理システムへの関心が高まり、従来製品の売上が約三倍に伸びたという。「今後も、自社技術だけでなく他社が持つ技術やアイデアを組み合わせて、社会に貢献できる革新的な商品やビジネスモデルを生み出していきたい」と小湊社長は意欲を語っている。

会社概要

企業名：株式会社アルファメディア
創　業：1992年3月
所在地：川崎市中原区小杉町3-264-3
　　　　ユニオンビル1F・3F
電　話：044-712-7481
代　表：小湊　宏之（コミナト　ヒロユキ）
資本金：4,000万円
従業員：60名
事業内容：各種アプリケーションの受託開発、ハードウェアの設計、制御ソフトの開発
URL：http://www.alphamedia.co.jp/
認定等：川崎ものづくりブランド、川崎市知的財産交流事業成約企業

アルファメディア社長　小湊宏之

◉人に優しく、社会に貢献できる企業へ

現在、同社は、視覚障がい者の歩行を支援するシステムの開発を進めている。きっかけは、目の不自由な人が誤って駅のホームから転落し、電車にはねられる悲しい事故が後を絶たないことを知り、何とか転落を減らせないかという気持ちからである。システムは、眼鏡に取り付けた左右二台のカメラで前方約三mを確認する。遠方、中間、手前の三点の距離を測ることで、崖と階段の違いや、障害物の有無を感知し、振動や音声、警告音で危険を知らせる。神奈川県中小企業新商品開発補助金に採択され、試作品が完成したが、価格や重量、使用時間など課題は多い。しかし、小湊社長は「視覚障がいのある方が安全に外出できるよう、一日も早く世に出したい」と語る。

社員が将来を託すことができる企業として『福祉・教育・個人／企業のIT化』というビジョンのもと、「利益優先では無く、人に優しく、社会貢献できるかという観点で仕事をしていきたい」と小湊社長は熱く語った。

有限会社岩手電機製作所

思いを「かたち」にする企業
―福祉産業への新たな挑戦―

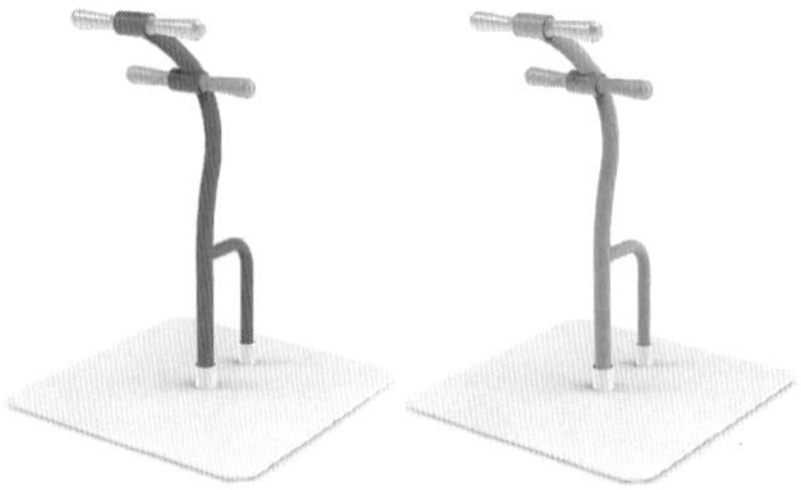

起立補助具『TOMBO（とんぼ）』

有限会社岩手電機製作所は一九五九年に東京都世田谷区で大手電機会社のテレビに使われるチューナーコイルの製造会社として、大塚健社長の父である現会長の大塚清人氏と祖父が設立。チューナーコイルやスイッチ部品などの電子部品の製造・組立と制御盤・計装盤などの設計・製作・設置を手掛ける。市役所向け鍵管理システムの製造や、運転士訓練や博物館向け電車シミュレーターの製造など、社会変化に伴い同社の製品も刻々と変化し、さまざまな顧客ニーズに応えた事業を展開している。

◉福祉との出会い

創業当初から電子機器の製造を行ってきた同社であるが、二代目である大塚社長は「本業とは違う領域で事業の柱を確立したい」と参入する分野を模索していた。そんな矢先、たまたま義手や義足を紹介するテレビ番組で、障がいは十人十色でありその人にあった福祉用具が必要であることを知り、福祉との出会いは始まる。福祉用具といっても車椅子やベッドなどの大掛かりな機器から、自助具や共用品といった小さなものまで多種多様である。その中にはフィッティングやメンテナンスが必要なものもあり、中小企業ならではの小回りの効くスタイルが今後必要とされると直感した大塚社長は、福祉用具専門相談員の資格を自ら取得する。

◉福祉製品の試作プロジェクトへの参画

福祉用具を製造することにしたものの何からはじめるか全く定まらない。そのような状況で国内最大の福祉用具の展示会である「国際福祉機器展」へ情報収集に行ったところ、川崎市が福祉製品のアイデアを一般から募集し、市内中小企業が試作品を製作する事業『福祉製品アイデアコンテスト』を実施することを知り、試作化を行う企業として手を挙げる。

二〇〇九年度に『果物の形をした入れ歯ケース』やベッド用杖ホルダー付起立補助具『TOMBO』、『一人でできるもん☆（高齢者向け靴）』の試作を手掛けたのを皮切りに、翌二〇一〇年度は『高齢者の安心・見守り　買い物カート』の試作を行った。発案者の熱い思い、市場調査や潜在的なニーズの掘り起こし、開発・製造コストなど、さまざまな思いをすり合わせて形にしていく工程の難しさを実感したという。

◉本格的な福祉製品の開発

試作品を製作した四点のうち、ベッド用杖ホルダー付起立補助具『TOMBO』と『高齢者の安心・見守り　買い物カート』の開発を行うことになった。市場調査の結果から、応募者のアイデアのままでは実用的ではないことが明らかになり、開発途中で少しずつ形が変化することになる。当初『TOMBO』は、ベッドに取り付ける起立補助具で杖ホルダーが付いていたが、現在同社が販売しているものは、自立式の起立補助具で杖ホルダーが付いていない実にシンプルなものになっている。また『買い物カート』についても当初はGPS機能や形状を変化させる機能が付いていたが、男性が格好よく使うことのできる『シルバーカー』の開発に変化した。障がいの程度でターゲットを絞り、機能をシンプルにしていくというのが岩手電機流の福祉製品の開発である。

ベッドから車椅子への移乗支援装置の開発では、横浜国立大学と共同で取り組んでいる。大学の研究室から提供される工学的理論とアイデアから、同社の福祉製品の開発ノウハウを活かし製造設計・試作品製造を行う。市場に出回っている移乗支援装置は電動で重く高価なため普及していないが、老老介護が問題となっている現在、必要不可欠な装置であることは間違いないと感じた同社は、電気を使わずお手ごろな価格で小さく軽い移乗機器を目指し、研究開発を続けている。

会社概要

企業名：有限会社岩手電機製作所
創　業：1961年5月
所在地：川崎市高津区上作延370
電　話：044-877-5561
代　表：大塚　健（オオツカ　タケシ）
資本金：500万円
従業員：12名
事業内容：自動制御盤・各種計装盤・試験装置・操作盤・シミュレータの開発、製造、福祉用品の試作、製造

岩手電機製作所社長
大塚　健

電子機器の製造会社である同社が製造する福祉製品は、その強みである電気を使わない力学を駆使したものとなっている。もともと意図したものではなかったが、東日本大震災後の停電などを経て、障がい者や高齢者が停電の際にも問題なく使えるものが良いと、極力電力に頼らないシンプルな福祉機器にするという開発方針を固めた。

◉思いを形にする企業へ

「現在は電子部品の製造、制御盤の設計・製造が主業務であるが、将来的には福祉機器の製造・販売を売上の半分にしたい」と大塚社長は語る。福祉への参入で構築した企業ネットワークが、本業である電機の受注にもつながっており、福祉の扉を開いたことで新たな顧客を獲得している。今後は地域の高齢者施設や障がい者施設と連携した製品開発を予定しており、当初考えていた小回りの効く中小企業の強みを活かした福祉用具のメーカーとして歩みだすとともに、川崎発福祉製品製造のパイオニアとして、思いをかたちにする企業として挑戦が期待されている。

ダンウェイ株式会社

「人生を愉しもう！ 誰にでも必ず可能性がある」
―クリエイティブな仕事で障がい者の就労支援に取り組む

作業風景

現在、川崎市教育委員会の委員を務める一方、企業家として障がい者就労支援事業を柱に展開し、子育て、地域活動と多忙を極める高橋社長。「それでも絶対にあきらめるな。あきらめない奴が最後には勝つ。試練は乗り越えられる奴にしか訪れない」をモットーに、今日も前へ前へと駆け抜けていく。

◉スポーツに明け暮れた学生時代から会社立ち上げまで

高橋社長は幼少からスポーツ好きで、中学時代は陸上八〇〇mで神奈川王者にも輝いたことがある。バレーボール部をかけもちしつつ部長を務め、リーダーとしての能力が発揮される。その素養は今に受け継がれている。

一九七三年生まれ、いわゆる戦後の第二次ベビーブーマーだ。大学を卒業する頃、就職難の大氷河期が襲った。卒業直前に、なんとかバイクのエンジン系部品関係の企業に就職し総務部門に配属された。その後体調を崩して建設関係の企業に転職するが、そこでは仕事に満足できずベンチャー企業の総務・人事部門へと移る。フランスワールドカップ（一九九八年）へ大学生五〇〇人を連れて行くことが最初の仕事だった。特例子会社（障がい者雇用を中心とした会社）の立ち上げにかかわるころ、第一子の長男に発達障がいがあることがわかり思い悩んだ。「これから、そして将来、どうしよう。障がいがあると知ったときは親戚にも言えなかった」と当時を振り返る。

第二子が生まれ、長男が小学校入学するころを目指し独立を決意する。「たまたまテレビで岡山県倉敷市の『プレジョブ』を見た。障がい児が自立を目指し、地域や企業で長い期間をかけて社会経験を積んでいることを知り、やってみたいと思った。夢ができた」と語気を強めた。

二〇〇八年、第二子育児休業中に、今までの経験を活かせる社会保険労務士の資格を取得し、二〇一〇年四月に事務所を開業、翌年一月にダンウェイ株式会社を設立する。

◉たくさんの出会いを求めて・地域と共に

同社は障がい者の就労支援と社会での自立を事業目的とした障がい者福祉サービス事業を実施している。

川崎市のほぼ中間である武蔵新城駅の駅前アーケード街「あいもーる商店街」に事務所がある。一階作業場は道に面してガラス張りで、地域に広く開放され親しみやすいつくりだ。地域との共生を目指す高橋社長の思いが形となっている。「事業所を郊外に設置することで生じる外界との遮断や、障がい当事者や保護者が陥りがちな閉鎖的な生活から脱却したかった」と、障がい児の母としての希望を重ね合わせた。「当社の好立地を活かし、多様な方々が交わるハブ的な役割を意識的に機能させることで、地域共生の実現に必ずつながる」と高橋社長は話す。

その人なりの自立を目指し、個々の得意な分野を伸ばせるよう、オリジナルカリキュラムの活用、企業・団体などからの委託事業や外部実習などを障がい者の就労支援のための訓練とし、独自の評価・マッチング制度を活かして就労先開拓から定着支援まで行っていく。それが同社のやり方だ。

◉『ICT治具』で障がい者の自立・地域コミュニティの実現を

同社がインテル社との協働で開発し、現在力を入れているのが、障がい者らが分業で制作できる、ホームページ製作ソフト『ICT治具』だ。これは、障がい者や高齢者らが、文章の入力や写真の加工など各自が得意な分野で作業をこなし、パーツをつなげて全体をまとめるというもので、パズルのイメージだ。専門用語を使わず、ログイン画面は動物の絵合わせから始まり、指示ボタンは信号の色（青は進む、赤は戻る）などユニバーサルデザインである。同社は、当面、特例子会社、障がい者雇用を目指す会社、中小企業などを中心に、そして徐々によりたくさんの方々に『ICT治

会社概要

企業名：ダンウェイ株式会社
創　業：2011年1月
所在地：川崎市中原区新城1-12-15
電　話：044-740-8837
代表者：高橋　陽子（タカハシ　ヨウコ）
資本金：999万円
従業員：7名
事業内容：障がい者就労支援事業（就労移行支援、就労継続支援B型）、クリエイティブ事業、ICT事業、教育事業
URL：http://www.danway.co.jp/
認定等：かわさき起業家オーディション大賞、KIS

ダンウェイ社長
高橋陽子

具』を広げる予定だ。

高橋社長は、『ＩＣＴ治具』というツールにより、障がい者・高齢者らの自立、さらには地域コミュニティの実現を目指している。「『ＩＣＴ治具』はハブ的な役割となり、子供のころから皆で力を合わせ、一つの成果物をつくり、感性を磨くことで、障がいのある人・ない人がお互いを認め合い、誰もが住みよい地域をつくりたい」と話す。

二〇一二年六月の『かわさき起業家オーディション』では「かわさき起業家大賞」をはじめ三賞を受賞した。八月には、インドのバンガロールで開かれたアジア起業家コンペ「Intel-DST Asia Challenge 2012」（インテル社・インド科学技術庁共催）にノミネートされ、参加一二カ国二四チームと事業モデルを競った。入選は逃したものの「よい経験になった」と振り返る。

二〇一二年四月に、高橋社長は川崎市教育委員に就任した。高橋社長が取り組んできた〝地域と障がい者が共生する真の自立支援〟は、市の教育行政・特別支援教育のみならず、市民の意識にも大きな影響を与えることだろう。

株式会社流体力学工房

眠りからエネルギーまで物理学で人の幸せを考えるベンチャー企業

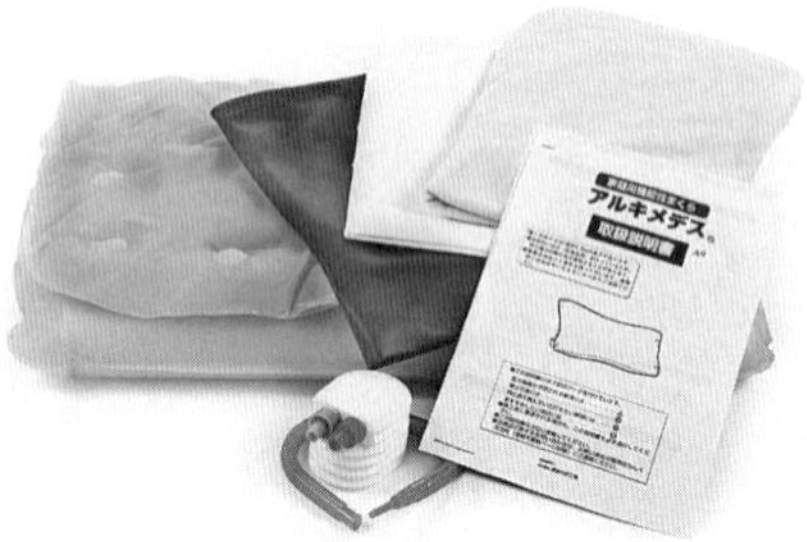

流体力学枕『アルキメデス』

◉物理学で人に役立つビジネスを

佐藤社長は、学生時代、素粒子物理を専攻しニュートリノや宇宙の構造を研究していたが、人に役立つもの、喜んでもらえるものを物理学の知識を活かして作り、ビジネスにしたいという思いが強くなったという。機械メーカーに就職し電気回路の設計を行っていたが、やはり物理学で人に役立つものを作りたいという思いが根底にあり、発明起業塾に参加することを決意し起業のアイデアを模索し始めた。

◉眠りに関するビジネスを物理学で

発明起業塾の中でビジネスモデ

ルを考えていたところ、世の中には眠れなくて困っている人が増加しており、それを解決するのには水に浮いて寝るのが一番だということになった。ウォーターベッドは既にあったが、大きい、重い、高価ということもあり日本には普及していない。軽く取り扱いやすいものがあれば普及するのではないかと一念発起し、機械メーカーに勤めながら研究・実験を続け、一年半後には一〇分の一の軽さにしても浮力が十分に得られる構造を開発し特許を取得する。

しかし最初から事業が上手くいったわけではない。軽くて浮力のあるものという、ある意味矛盾する物性を物理の法則に反しないように実現しなければならず、試行錯誤を繰り返した。また製品化するにあたり、素材を包む袋にも困難が立ちはだかる。水に浮いた感覚を残すために薄くやわらかいフィルムに包むと強度が不足し破れ、また水の蒸発を防ぐために通常用いるアルミなどを使うと硬い触感になるだけでなく、パリパリとした音までしてしまうという、物理学とは異なる分野の課題に直面したのだ。寝具をフィルムで包むノウハウは既存の寝具メーカーにも無く、食品業界や車のエアバッグ製造企業などから情報収集しながら素材を選択したという。

◉起業から現在にかけて

十分な準備期間を経て、ついに株式会社流体力学工房を設立する。『流体力学枕アルキメデス』の販売を開始し、その後、川崎市福祉製品開発補助金を活用し『流体力学ベッドアルキメデス』を開発。『流体力学枕アルキメデス』はエステサロンへの導入を機に、利用者による口コミで人気を博し、現在では、「ロイヤルパークホテルが宿泊者の満足度向上のために一部客室に導入している。これまで三万個程販売したが、大手流通を通した販売ではなく、口コミや利用体験を通じた購入がほとんどである。爆発的なヒットを目指すよりモノを作っている企業の利益を上げることが重要と考えているため、今後も口コミを中心とした広報を続けていくとともに、個人代理店などを増やす予定だ。『流体力学ベッドアルキメデス』は受注生産方式をとっており、医療関係者や障がいがある方からの注文に応じて、きめ細かくカスタマイズし納品している。

◉自然エネルギー事業への参入

水や空気を切り口に事業を展開する同社であるが、近年太陽光パネルの製造・販売にも力を入れている。健康に生きるためには睡眠環境が重要であると考える同社は、非常に大きな熱を蓄えることができ、温まりやすく冷めにくいという水の特性に着目し、水と空気を使い、住環境を整える省エネ住宅の提案を始める。東日本大震災以降、『流体力学枕アルキメデス』は夏場にエアコン無しで快適に過ごすことのできる枕として注目され、「省エネという従来とは異なる付加価値が世間に認められる時代がやってきたことを実感した」と佐藤社長は語る。そして、同社は、エネルギーと健康を事業の軸に据え、太陽光や小水力など現地にある自然エネルギーによる発電を行う産業を興すことで被災地の産業活性化、雇用創出を目指し、一五市町村の太陽光発電所企業組合立ち上げに携わるとともに、中国吉林省に太陽光パネルを生産する工場を二〇一二年九月に設立した。製造して

会社概要

会社名：株式会社流体力学工房
創　業：2002年1月
所在地：川崎市川崎区南渡田町1-1京浜ビル2F
電　話：050-1346-6853
代表者：佐藤　和浩（サトウ　カズヒロ）
資本金：7,040万円
従業員：5名
事業内容：流体を活用した寝具家具の開発製造販売、流体を活用した省エネ冷暖房システム・住宅の開発製造販売、太陽光発電パネルの開発製造販売
URL：http://fldy.jp/
受賞歴：ショーウィンドウモデル事業（6事業体共同）、かわさき起業家オーディション優秀賞

流体力学工房社長
佐藤和浩

いる太陽光パネルは球形シリコンを用いた小さなセル状になっており、パネル自体を軽く曲げることができる。ビニールハウスへの設置や高速道路の防音壁への設置、重量制限でパネルが設置できなかった家屋への設置など、その特性を活かした新しい用途が期待されている。子供向けの立体物を幼稚園に設置し、身近に太陽光発電を感じてもらう事業が『かわさき環境ショーウィンドウ・モデル事業２０１２』に選定されるなど、新たな用途開発から目が離せない。

◉水をキーワードに未来を創る

自然エネルギーを活用した発電を増やすことで、輸入に頼らない電力を得ることができる。太陽光発電や小水力発電といった発電を広めることで、自然エネルギーに対する理解が広がり、未来につながると同社は考える。「省エネルギー住宅の普及や、健康で周囲とのつながりもあるようなまちづくりを、水をキーワードとした事業を展開することでやっていけたらいいな」と語る佐藤社長の夢は大きい。

SCIVAX株式会社

ナノインプリント技術（超微細加工技術）をライフサイエンス分野などの次世代産業に応用する研究開発型ベンチャー

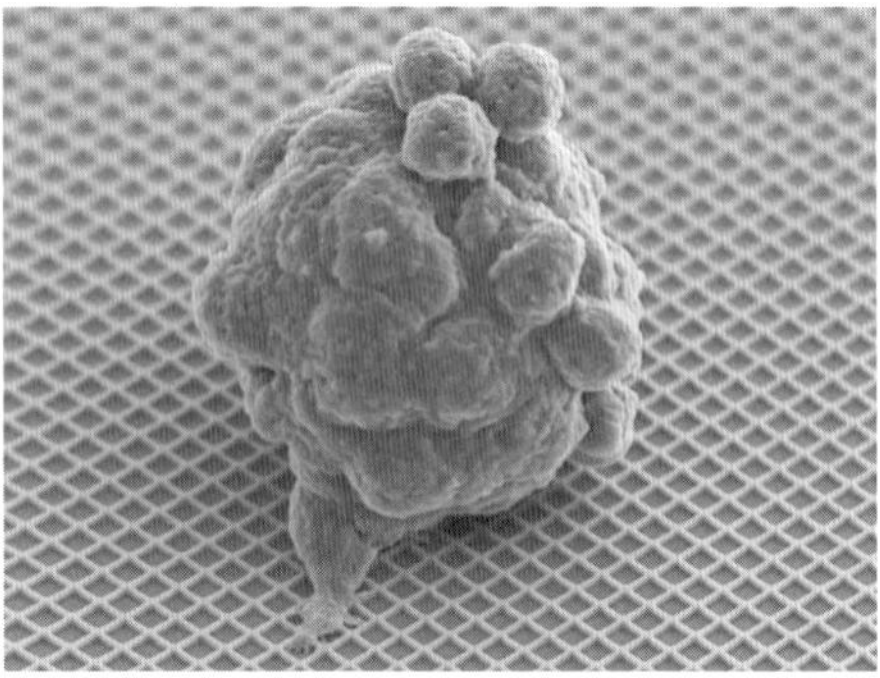
ナノ加工されたフィルムの上で培養されたヒトのがん細胞

「科学の価値を社会の価値に」。田中社長は、経営理念をこう語った。そして、「優れた技術があっても、それを製品につなげていく仕組みが日本は弱い。テクノロジーをインダストリーに繋げるプラットホームとなる役割を果たしたい」と続ける。SCIVAX株式会社は、次世代の超微細加工技術と呼ばれる「ナノインプリント技術」を基盤として、装置の販売・受託成形に取り組むほか、ナノインプリント技術とバイオ、医学等との融合を図ることにより、医療・創薬などのライフサイエンス産業への応用を進める研究開発型ベンチャー企業である。

◉ユーザー視点でナノインプリント技術の実用化を提案

田中社長は、二〇〇一年から三井物産でナノテクノロジーの研究開発事業に携わった。そしてこの経験を活かし「ナノテク」を実用化するため、二〇〇四年に同社SCIVAX株式会社の設立に参画。その後、ナノインプリント技術の実用化に欠くことのできない装置、金型、検査技術などを並行して開発してきた。

ナノインプリント技術は、ナノ（一〇億分の一メートル）レベルの凹凸のある金型を、基板上に塗布した樹脂材料などに押し付けることで微細なパターンを転写する技術だ。「従来は、半導体プロセスでなければ作れなかった微細なパターンが、ハンコのような転写作業でできるようになった」という。ナノレベルの加工技術を用いることで、さまざまな製品の性能が飛躍的に向上することは理解されていたが、コストが何倍にもなってしまうことから、実用化は難しかった。しかし、ナノインプリント技術が生まれ、さらに大面積プリント技術及び金型複製技術が確立されてきたことでコスト低減に目途が立ち、電子材料、光学分野などで実用化が加速している。

今、数多くの企業から、次世代の製品開発にあたって、ナノインプリントを活用したいという相談を受けているという。同社の強みは、ナノインプリント装置のメーカーであると同時に、装置のユーザーでもあること。「自らが製造ラインを構築し、製品製造をしているから、量産するための一連の技術、検査技術までを自社内で持っている。企業からの相談に対し、どのように作り、どのように改善すれば良いかを提案することができる」と田中社長は語る。

◉ナノインプリント技術で細胞の三次元培養を実現

そして、ナノインプリント装置を自らユーザーとして活用し、三次元細胞培養プレート『ナノカルチャープレート』の製造にも力を入れている。医薬品メーカーの創薬研究においては、細胞培養プレート上で培養した生体組織や臓器などの細胞に、医薬品候補物質を投与して、その効果を観察することにより、選別を行っている。従来のプレートでは細胞が単層（二次元）で増殖し、生体内（大半の細胞は三次元状で存在）とは全く性質が異なっているという点が課題となっていた。『ナノカルチャープレート』は細胞培養面にナノメートルサイズの凹凸をナノインプリント装置で成形している。この加工により細胞はその凹凸を足場として三次元状（立体的）に丸まるように増殖する。三次元に増殖した細胞は生体内の細胞の状態に近いため、医薬品候補化合物の薬効を今までより正確に調べることが可能となるのだ。「細胞がプレート上で接着しながら、三次元化していくのは当社のみの特徴。顧客のニーズにマッチし、革新的なソリューションを提供することができる製品であれば、価格が高くてもその付加価値を認めてもらえる」と田中社長は語る。同社は、『ナノカルチャープレート』の販売を本格展開するため、二〇一一年にアメリカ・ボストンに子会社を設立した。バイオ、ライフサイエンスの分野ではアメリカの市場規模は日本の約二〇倍。アメリカでもナノカルチャープレートへの関心は高いという。

会社概要

企業名：SCIVAX株式会社
創　業：2004年2月
所在地：川崎市幸区新川崎7-7
電　話：044-599-5051
代　表：田中　覚（タナカ　サトル）
資本金：184百万円
従業員：21名
事業内容：ナノインプリント事業、3次元細胞培養事業、技術コンサルティング
URL：http://www.scivax.com/

SCIVAX社長　田中　覚

◉ナノテクノロジーで日本の産業を活性化

二〇一二年、同社は、大型のクリーンルームを備えた「新川崎・創造のもり」のナノ・マイクロ産学官共同研究施設『NANOBIC』に本社・研究開発拠点を移転した。ナノインプリントの装置の研究開発、そして、『ナノカルチャープレート』の製造・販売をさらに加速させる計画だ。

「日本産業は少し元気がないと言われているが、日本のナノテクノロジー開発は世界でも一歩前に出ている。日本人のまじめさ、コツコツとやりとげる粘り強さが生きてくる領域だと思う。世界最先端のナノテクノロジーを取り入れ、日本の産業の活性化につなげていきたい」と田中社長は今後の展望を語る。

ナノテクノロジーを基盤に、ライフサイエンス産業への展開を本格化させる同社は、ライフサイエンス分野の国際戦略拠点の形成を進める川崎市の取り組みを牽引する存在となっていくだろう。

公益財団法人
実験動物中央研究所

人類の健康を守るために、
ライフイノベーションの世界標準を作る

社屋

◉六〇年積み重ねてきた基礎技術で、世界の研究開発を牽引

公益財団法人実験動物中央研究所(実中研)は、新薬の開発に欠かせない良質の実験動物を作り出すべく、一九五二年、野村達次医学博士(前理事長兼所長)によって設立された。当時の実験動物は劣悪な環境で飼育され品質も揃わなかったため、実験結果を一定条件の下で正確に比べることができなかったという。東京大学伝染病研究所の研究者だった野村達次博士は、医学研究者のキャリアを捨てて、実験動物を通じて医学の水準を向上させることで人類の健康に貢献することを決意した。

その後六〇年間にわたり、実中研は実験動物の品質を揃え、検証するための仕組作りにひたすら取り組み、マウスの臓器をヒトの臓器に置き換えた「ヒト化動物」や、ヒトと同様の病気を持つ「疾患モデル動物」の研究開発のノウハウを蓄積してきた。

◉実中研による四つの偉大な実績

一つ目は〈ポリオマウス〉だ。小児麻痺（ポリオ）は、罹患すると四肢が動かなくなる後遺症が残ることがある。先進諸国では、高価な不活化ワクチンを注射器で予防接種するが、発展途上国では安価で簡単に経口投与できる生ワクチンが多く用いられている。生ワクチンは、それ自体が感染源にならないよう、出荷前に弱毒化の安全確認が欠かせないが、通常のマウスではポリオに感染しないため、安全確認試験にはサルが用いられていた。実中研では、ポリオに感染するポリオマウスを各国機関と共同で開発、世界で初めて実用化に成功。二〇〇三年ＷＨＯ（世界保健機構）のポリオ撲滅プログラムの安全確認試験に正式に採用され、ポリオ撲滅に大きく貢献した。

二つ目は〈rasH2マウス〉だ。新薬開発の際、発癌性を確認する試験には一般のマウスが用いられていたが、実中研がそのマウスの遺伝子を改変し開発したrasH2マウスを利用すると、発癌性評価試験の結果判定の試験期間が二年から六カ月に大幅に短縮され、使用する動物数や費用を半減できる。rasH2マウスは日米欧の国立機関から高い評価を受け、評価試験の世界標準となり、各国での新薬開発の進展に大きく貢献している。

三つ目は〈NOGマウス〉だ。肝炎や糖尿病、HIVなどヒト固有の疾患への治療法を確立するためには、ヒトの臓器への影響を正確に測定することが必要だが、実験のためにマウスにヒトの細胞を移植しても、免疫機構により異物として排除されてしまう。実中研が開発した超免疫不全マウス〈NOGマウス〉は、免疫機能がほとんどないため、ヒトの臓器細胞を受け入れ、例えば肝臓の八〇～九〇％をヒトの肝細胞に置き換えた実験用マウスとして、ヒトの臓器に及ぼす影響を正確に測定できるようになった。NOGマウスは、特別な無菌飼育システムの開発により初めて実現が可能となった。ちなみに「NOG」は、当時実中研があった「野川」（NOGAWA）から名付けられたそうだ。

四つ目は〈コモンマーモセット〉だ。脳神経系の医薬研究には、ヒトに近い霊長類の実験動物が必要で、遺伝的・微生物学的に規格化された小型霊長類コモンマーモセットの開発を四〇年近く行ってきた。さらに、実中研は、世界初の遺伝子改変霊長類をコモンマーモセットで作出に成功し、二〇〇九年にNature誌特集記事に掲載された。アルツハイマー病、パーキンソン病など脳の研究や筋萎縮性側索硬化症（ALS）など難病の研究に不可欠なものとして、世界で高く評価されている。

◉実中研がこれからの世界標準を

これらの実験動物は、ゲノム解析などの最先端の科学と、実中研が六〇年かけて培ってきた繁殖技術、微生物管理技術など職員の「匠の技」を組み合わせ、システム全体を構築することによって初めて実現したものばかりで、その過程では、国内外の研究機関との積極的な学術・技術交流に

会社概要

企業名：公益財団法人実験動物中央研究所
創　業：1952年5月
所在地：川崎区殿町3-25-12
電　話：044-201-8510
代表者：野村龍太（ノムラ　リュウタ）
従業員：所員約70名、その他客員研究員等50名
事業内容：ヒト化実験動物の開発、実験動物のモニタリング検査など
ＵＲＬ：http://www.ciea.or.jp/

実験動物中央研究所理事長
野村龍太

よって得た知見が惜しみなく盛り込まれている。

二〇一一年七月、実中研は新たに「再生医療・新薬開発センター」をオープンし、慶應義塾大学医学部の岡野栄之教授がｉＰＳ細胞を用いて進めている脊椎損傷の治療法研究をはじめ、世界が注目する研究プロジェクトを推進している。またノーベル賞受賞の山中伸弥教授とも共同研究を行っており、ｉＰＳ細胞を使った再生医療の実用化にも不可欠な存在となっている。

実中研再生医療・新薬開発センターの立地場所を、多摩川を挟んで羽田空港に隣接する「国際戦略拠点ＫＩＮＧ　ＳＫＹＦＲＯＮＴ」に最初の研究機関として進出したのは、「世界でここにしかないものを発信し続けることが、実中研の使命だ」（野村龍太理事長）との思いがあるからだ。

高品質の実験動物の開発を通じて、再生医療技術や新薬開発にかかわる「世界標準」を作り出し、さらにそれを支える最先端研究ツールをも供給することで、安全性試験の面から人類に貢献するという実中研の高い志が常に掲げられている。

テクノガード株式会社

ナノ化技術で溶けない薬物を溶ける製剤に

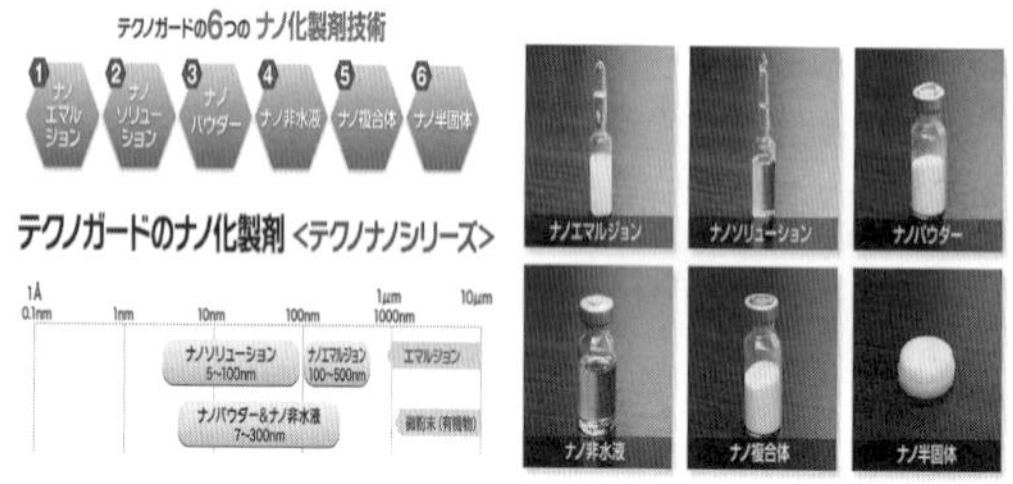

ナノエマルジョン製剤

「議論する時は、社長の私も一研究員」と無邪気な笑みを浮かべ、こう語るのがテクノガード株式会社の鍋田社長だ。「議論が白熱して意見がぶつかり合うこともしばしば。私が謝ることもしょっちゅうだよ」。最終決定は、もちろん社長の役割だが、この毎朝の一時間が良い製品を作るために不可欠だという。議論の相手は六人の女性社員。テクノガードの元気な戦力だ。「川崎市は研究開発都市というだけあって、優秀な人材が豊富で、以前に企業で研究開発に従事していた主婦が集まっている。こうした主婦が当社の研究を支えている」と鍋田社長は語る。

同社はナノ化製剤を開発する企業だが、社員の出身分野は農学部、理学部、工学部と多様だ。測定方法一つとっても薬物ごとに方法が異なるため、自ずと多方面からの視点で意見を述べ合うことができるという。この多様な人材とそれを包み込む社長の人柄こそが同社の強みだ。

◉溶けない薬物をナノ化製剤にするオンリーワン技術

テクノガードは〝ニッチな領域でのオンリーワン事業〟で元気な会社に躍進してきた。基盤技術は「有機物が主体の薬物をナノ化する」ことで、主要事業は薬物を効率的に患部に送り届け、効果的に吸収、作用するための「ナノ化製剤」または「ナノ加工原薬」の受託研究開発と製造だ。

「薬効はあるが水に溶けない」といった課題に対し、製剤粒子の大きさをコントロールする同社の技術は、粒子径を二〇〇nm（ナノメートル、一万分の一㎜）程にしたナノエマルジョン製剤（白濁した乳剤型製剤）を生み、既に注射製剤として製品化している。これに続き粒子径をさらに一〇〇nm以下に小さくコントロールするナノソリューション技術を確立し、乳剤型製剤においても透明化が実現した。このナノ化技術を応用することで、薬物の溶解性を向上させたり、体内に対する吸収・分布・代謝・排泄（ADME（※1））で今までになかった効果を生み出した。

さらに、その先の技術としてナノ化薬物を封じ込めたナノパウダー、水や酸素などに不安定な薬物を安定化させるナノ化非水液、徐放性や耐圧性に優れるナノ複合体、ナノ化薬物を包含し外用剤や坐剤に適するナノ半固体など、それぞれの薬物の特性に合わせたさまざまな形態のナノ化製剤およびナノ化薬物を含むナノ加工原薬を開発している。顧客は、同社の製造したナノ加工原薬を注射剤、錠剤、点眼剤、吸入剤、内用剤、外用剤に広く製剤化することも可能となった。

「ナノ領域をやろうと思っていなかった。でも、小さいものをやったら面白いだろうなと思ってやった結果、できてしまった」と鍋田社長は語る。

◉成長までの軌跡

鍋田社長は以前、大手製薬メーカーの一研究員だった。ステロイド製剤などの技術開発に取り組む中で、〝水に溶けない薬物を水に溶けるようにするには〟という課題のもと研究を重ね、世界で初めて水に乳化するステロイド製剤の開発・製品化に成功した。しかし、今までの常識を覆す画期的な発明をしても、その成果は一研究員には反映されず、研究員をずっと続ける事も叶わなかった。

四九歳で独立。その後は苦労に苦労を重ねたという。

「それまで大企業の研究員として研究に没頭してきたが、独立当初はしばらくどこからも見向きもされなかった」と鍋田社長は振り返る。企業の技術顧問などをしつつ食いつなぐ厳しい時期も続いたが、二〇〇五年に転機が訪れる。地道な研究活動の成果がアメリカ企業の目に留まり、共同開発に取り組むこととなった。その後、数々の独自製品を開発し、今では日本の大手製剤メーカーからも引き合いがある。独立から一五年、川崎市の元気な企業として成長を遂げた。

会社概要

企業名：テクノガード株式会社
創　業：1988年1月
所在地：川崎市中原区丸子通1-653-7-205
電　話：044-435-6273
代　表：鍋田　喜一郎（ナベタ　キイチロウ）
資本金：1,000万円
従業員：6名
事業内容：医薬品のナノ化製剤、ナノ加工原薬の受託開発製造。自社開発製剤の導出
URL：http://www.technogrd.co.jp/

テクノガード社長
鍋田喜一郎

◉夢のあることを、チャンスがあるなら何でもやってみたい

「マーケットが小さいことを理由に大企業ができない研究もある中で、当社みたいな小さい会社だからこそできる領域もある」と鍋田社長の目線はあえて、誰もやらない領域へのチャレンジに向いている。現在はナノ化技術を使って少量で皮膚に浸透させる製剤、小児科領域の稀少製剤、ペプチドや蛋白製剤の開発を数年内に目途を付けるよう自社研究に拍車をかけている。

同社は、今後もより良い製剤を開発し、病気の予防、治療に貢献することを目標に掲げている。薬を待っている患者さんに喜ばれるように、そしてこの製剤技術とこれを応用したさまざまな分野で、未来の子供たちに残せる技術となるようにと、鍋田社長の想いは熱い。「市場性がないものの方が競争もなく、じっくり進められる。本当に支援したい人を支援できる」。

川崎発の「ナノ化技術」。同社の技術が、優れた医薬品となり、私たちの手元に届く未来もそう遠くない。

（※1）ADME：吸収（Absorption）、分布（Distribution）、代謝（Metabolism）、排泄（Excretion）の英語表記の頭文字からなる略語。投与された化学物質の薬理活性と効用に関係する重要な項目。

株式会社
日本システム研究所

先端技術で顧客満足を追求する
検査・制御システムのスペシャリスト

肌診断機

◉肌診断装置のパイオニア

株式会社日本システム研究所は画像処理やセンサーの技術を使った検査システムの受託開発企業で、自動生産ラインにおける飲料缶の良否判定や、コスメ向けの肌診断機に至るまで顧客の要望に沿った幅広い領域をカバー。卓越した技術・開発力に裏打ちされた顧客中心の事業姿勢が、同社の発展を支える原動力だ。

「乾燥肌」「肌のうるおい」といった基礎化粧品の広告でよく見かけるフレーズ。こうした言葉が一般的に使われだしたのは二〇数年前のテレビCMからで、街を歩く女性の肌状態を測定するCMは当時話題となった。実はこの〝肌測定装置〟を開発したのが同社だ。化粧品ブランドの立ち上げを進めていた花王㈱からの依頼で、第一号機を製品化したのが一九八二年。それまで肌状態を測定するという発想はなかったが、うるおい＝「水分量」、てかり＝「皮脂量」という見地から、この二つを電気的に測定することで「肌状態の数値化」に成功。以降は、六〜七年に一度の割合でバージョンアップを行い、過去五世代累計で約一万台を出荷したヒット製品である。

また、ＣＣＤカメラを用いた画像処理技術をいち早く日本に導入したのも同社だ。約三〇年前に東洋製罐㈱から製缶ラインの全数検査のスピードアップを依頼され、米国からＣＣＤ二次元素子を購入し、独自に画像処理エンジンを構築した。

このような取り組みはすべて顧客の要望を受け「無」から「有」を生み出してきた。〝もし世の中に適したセンサーがなければ、自分たちで学術的思考に基づき設計開発し、世に役立つものを創る〟という、創業者で現会長の松下昭氏が掲げる基本精神が同社のバックボーンだ。

◉顧客と一体となったモノづくり

同社は一九六八年に、松下社長の実父で、大学で教鞭をとっていた昭会長（神奈川大学名誉教授）が、実業界で役立つ製品づくりを目指し松下技術事務所を設立。いわば大学発ベンチャーの先駆けで、その後、法人化して日本電材工業研究所を経て、現在に至っている。昭会長は電気磁気材料分野の研究の第一人者で、半導体が実用化される以前に、世界で最も小型で高密度な記憶素子だった

『ワイヤメモリ』の発明者としても知られる。

創業時は、経済産業省（当時通商産業省）からの最先端技術の開発研究などを主体としていたが、昭会長が技術士試験の指導講師として招かれていた㈱関電工から、システム開発の依頼を受けたのを機に、検査システムの受託開発の比率が高まっていく。さらに、東洋製罐㈱や花王㈱といった大口取引先と出会い、顧客と一体のモノづくりを実践していった。「当社の強みはお客さまと一緒になりモノづくりを進めることで信頼を得てきたこと。今後もこのスタンスは変わらない」と松下社長は強調する。顧客の要望に沿って最適な装置、技術を選択し、コストに見合うシステムを構築していくことが同社の特徴。ハイエンドの画像処理検査システムでは、肝となる照明技術の延長として、カスタマイズした照明も開発する。また、音や光といった各種のセンシング手法を組み合わせ、顧客に付加価値あるサービスをもたらすことをモットーとしている。既存の技術を組み合わせ自動車関連分野などにも進出し、システムハウスとしての役割を果たしつつ顧客の新規開拓にも取り組んでいる。

◉『人間の感性評価の数値化』で新分野に挑戦

同社もバブル崩壊以降の受注減に経費削減が追い付かず厳しい状況が続いたが、松下社長が前職の日立精工㈱（現日立ビアメカニクス㈱）で、経理部門に在籍した経験を活かし財務体質改善に取り組み、二〇〇六年には無借金経営を実現した。その後、二〇〇七年一一月に社長に就任。「当社

会社概要

会社名：株式会社日本システム研究所
創　業：1968年4月
所在地：川崎市中原区下小田中5-11-21
東計電算中原ビル1F
電　話：044-740-3351
代　表：松下　幸夫（マツシタ　ユキオ）
資本金：5,000万円
従業員数：12名
事業内容：電子計測・制御及びコンピュータを応用した検査システム、光学センサ、磁気センサ等の各種センサ及びその応用機器の開発・設計・製造・販売
URL：http://www.nsr-web.co.jp/
認定等：試作開発促進プロジェクト

日本システム研究所社長
松下幸夫

の持つポテンシャルをいかに具現化していくかが今後の課題」と松下社長は語る。これまで培った技術力を活かせば、まだまだビジネスチャンスがあり、現状はそれを顕在化しきれていないとの認識から、これまでの既存顧客を中心とした仕事だけでなく、新たなニーズをつかみつつ新分野に挑戦する体制づくりを進めている。

学術的な裏付けを伴う開発姿勢をモットーとする同社は、大学と連携した知的財産の製品化・事業化にも積極的だ。その一つは、日本医科大学と連携し、肌診断装置で培った生体の表面およびその内側における変化を測定する技術を進化させた、『ケロイド治癒評価システム』である。また東京大学発特許に基づいた『感性評価の数値化』という命題に沿った開発案件にも取り組んでいる。

「感性評価の数値化を通じ、いろいろな業界で役立つセンサーを用いたシステムに基づいたサービスを提供し、住みやすい世の中づくりに貢献することが当面の目標だ。今後、FA分野、美容分野に加えライフサイエンス分野を開拓し新たな飛躍を目指す。

株式会社
ネオ・モルガン研究所

進化の加速に挑むバイオベンチャー

若き研究者たちと育種技術

「生物の進化は、突然変異と自然選択の繰り返しによって起きる」（ダーウィン：進化論）。その後、たくさんの科学者が進化理論の発展に寄与してきたが、生物の進化には長い時間が必要であると考えられ続けてきた。

「大腸菌が人間になるのに三八億年かかったが、三八億年必要だった訳ではなく、たまたま三八億年かかっただけで、短くしようと思えばいくらでも短くできる」。

世界的に著名な理論進化学者である古澤満氏が提唱する「不均衡進化理論」は、進化の驚くべき仕組みを紐解く理論であり、生物を改良する「育種技術」を飛躍的に進歩させるものである。

◉革新的育種技術『不均衡変異導入法』

「育種」とは、人間に役立つ生物を作って育成、増殖を図ることを指す。古澤満氏を創業者・最高科学顧問とする株式会社ネオ・モルガン研究所では、遺伝子組み換え技術ではなく、突然変異を誘発する技術を用いることにより、バイオマテリアルやバイオマス原料、創薬や肥料など化学、環境、医薬、農業をはじめ幅広い分野で役立つ、微生物の育種を目指している。

地球上に現存する全ての生物は、長い年月にわたって、いくつもの突然変異を積み重ねたものである。われわれの食生活を支える家畜や農作物は、そのような動植物にさらに人為的に突然変異の発生頻度を高めることで、品種改良を進め、味や安定供給を追及したものが多い。

そもそも生物の特性は細胞内に存在するDNA（遺伝物質）で決定する。相補的な二本鎖であるDNAは細胞分裂の過程で一本鎖に解かれ、それぞれを元に二つに複製されるのだが、この際に起こった複製ミスが突然変異となる。

同社の育種技術の礎ともなっている「不均衡進化理論」とは、これら二本鎖のDNAの役目として、それぞれの鎖が、①完全複製して現状能力を保存する役目と、②不完全複製することで多様性を拡大する役目があることを提唱するものである。生命が元本を保証しつつ多様性を能動的に生み出すことで、自然環境の急激な変化に対応している、と同理論では説明される。役目の違いは、二本鎖間で複製ミスが起こる頻度が不均衡であることに由来すると考えられ、この現象を人工的に誘発することにより、高度に遺伝的に多様化した集団を作り出すことに成功した。多様化した突然変異体の中から有用なものを選別していくスクリーニング技術も確立した。

育種とスクリーニングを繰り返すことで極めて能力の高い微生物を短時間で作り出す、いわば「進化の加速」とも言える育種が可能になる。同社の開発した微生物を用いることで、医薬品や化成品などの目的物の収率（理論的に得られる量に対する実際に得られた量の比率）を一〇〜一〇〇倍にすることは容易だと言う。

◉技術だけでなく企業としても日々進化を目指す

確立した技術をビジネスにつなげることが二〇〇八年に代表取締役社長に就任した藤田朋宏氏の役目である。「当社は育種技術を使って微生物を作ることができる会社なので、その微生物が医薬品を作れば医薬品事業、化成品を作れば化成品事業となります」と藤田社長が語るように、同社が活躍するフィールドは幅広い。その中でも、いま最も勢いある分野が、バイオプラスチックやバイオエタノール製造などにかかわる化成品事業である。石油などの化石資源の採取と利用に伴い、資源の枯渇や環境破壊が問題となっている。そこで微生物を使って代替物を作る研究が世界各国で進められているが、生産性の低さから実用化が遅れていることもあって、生産効率を高める微生物を開発できる同社の育種技術には大きな期待が寄せられているのであろう。

会社概要

企業名：株式会社ネオ・モルガン研究所
創　業：2002年11月
所在地：川崎市宮前区野川907
　　　　生物工学研究センター 2F
電　話：044-741-2168
代　表：藤田　朋宏（フジタ トモヒロ）
資本金：1億3,160万円
従業員：50名
事業内容：産業用微生物・細胞・藻類の開発研究受託・コンサルテーション
U R L ：http://www.neo-morgan.com/

ネオ・モルガン研究所社長
藤田朋宏

これまでの受託研究や共同研究では微生物を作って提供するだけということが多かったが、㈱IHIとのジョイントベンチャー（IHI NeoG Algae合同会社）を立ち上げるなど、プロジェクト全体にかかわれるようにもなった。業容拡大に伴って本社とラボの統合拡大や研究員の新規採用など、充実した日々を送りながらも経営者として判断しなければならない新たな課題も増えてきた。それらを乗り越えたとき、同社はまた一歩大きく成長するであろう。

ユースキン製薬株式会社

長く愛される高品質な製品で
〝あなたのお肌〟を守り続ける

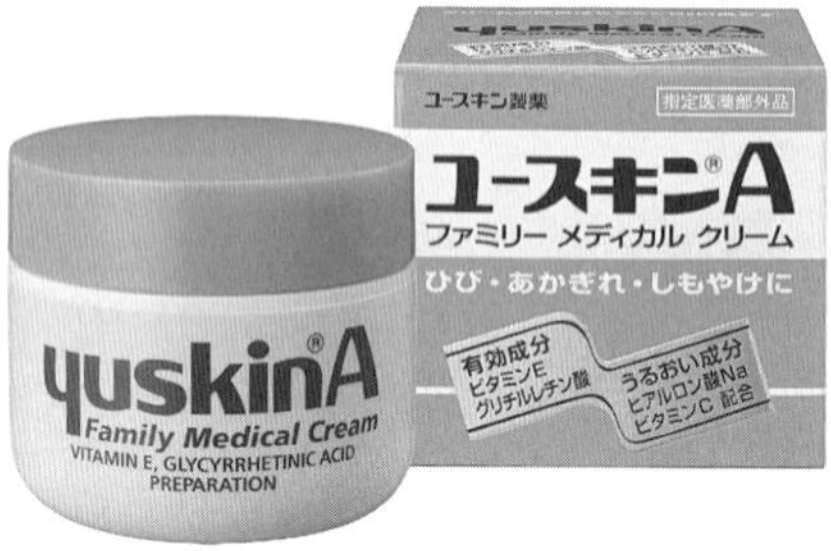

スキンケア製品『ユースキンA』

昔から変わらない黄色いクリーム。五〇年以上も変わらぬ品質でお肌を守るハンドクリームを作り続けている企業が川崎にある。常にお客さまの声に耳を傾け幅広いスキンケア製品の開発、製造、販売などを行うユースキン製薬株式会社である。

広告で展開している『がんばる手に〝ありがとう〟』のキャッチコピーからは、お母さん、八百屋さん、大工さん、ケーキ屋さん、いろいろな仕事、どんな生活の中にも手があり、そんな〝手〟をいたわる同社の想いが伝わってくる。

◉人の出会いから生まれたロングセラー

同社の歴史は、野渡和義現社長の父親であり、創始者である野渡良清氏が一九五五年に前身となる瑞穂化学工業株式会社を設立したことから始まる。良清氏が「この人との出会いが無くして、今日の『ユースキン』は無い」と語る綿谷益次郎薬学博士との運命的な出会いをしたのもこのころである。

さらにもう一つ、『ユースキン』誕生のきっかけとなる出会いがあった。ある日、手荒れに悩み店頭を訪れた婦人が〝べとつくワセリン〟を渋々購入する姿を見た良清氏は、〝べとつかずによく効くハンドクリームを作れば売れる〟とのヒントを得たのである。さっそく油脂と乳化に造詣の深かった綿谷博士に新製品の開発を依頼し、二人で試行錯誤を重ねたのち、ビタミン配合のため黄色い色が特徴のハンドクリームを開発。「あなたのお肌」を意味する『ユースキン』と名付け、一九五七年に販売を開始した。その後、地区ごとに代理店ができ、製品の知名度も定着したことから、一九六八年に、社名にブランド名を入れることを決心し、ユースキン製薬株式会社に社名変更した。

◉目標を明確化させ、社員の努力で見事達成

同社は三年前に「二五億円の売り上げを三年で三〇億円にする」という明確な目標を掲げている。売り上げを増やすために一般的に考えられることは、新製品の投入やマスメディアを使って広告を増やすことであるが、同社は営業のやり方を変えることで目標の達成を目指したという。全国の

薬局やドラッグストアの中で、同社の商品が置かれていない店舗や、陳列量が少ない店舗をリスト化することで、営業が入り込めていない店舗を把握し、そこに重点的に営業をかけて空白店舗を減らしていった。また、在庫を減らすために、各店舗に足繁く出向くといった地道な営業活動を行ってきた。そして営業だけでなく、開発や生産部門も含めた全社員が一致団結し、目標に向かって努力を重ねていった結果、三年後の二〇一二年八月期には売り上げが三〇億円を突破し、見事目標を達成することができたのである。また、同社は医療現場のニーズから、抗菌作用の高い緑茶カテキンを使い、独自技術で舌に渋みを感じさせない「口腔ケア製品」を、日本医科大学と数年にわたり共同開発し、このほど完成させた。同社では初となる、スキンケア以外の製品で、さらなる飛躍を目指している。

◉格言集カレンダーで〝強い絆〟で結ばれたお客さまを

同社は、毎年オリジナルの格言集カレンダーを作成している。一般から格言を募集し、全国各地の選考会を経たのち最終決定することとし、今年で一四年目を迎える。愛用者との交流会を兼ねた選考会は、約半数がリピーターであり、毎年選考会を楽しみにしているという。完成したカレンダーは、販売店や格言選考に携わった方々に特別に配布されている。「出会い」を何よりも大切にしていたという創始者の意志は、この格言集カレンダーに受け継がれ、現在も同社とお客さまとの心をつなぐ絆となり、同社にとっての〝強い絆〟で結ばれたお客さまを生み出す基になっている。

会社概要

企業名：ユースキン製薬株式会社
創　業：1955年3月
所在地：川崎市川崎区貝塚1-1-11
電　話：044-222-1412
代　表：野渡　和義（ノワタリ　カズヨシ）
資本金：8,000万円
従業員：89名
事業内容：医薬品・医薬部外品・化粧品の製造販売及び輸出入販売
URL：http://www.yuskin.co.jp/

ユースキン製薬社長
野渡和義

◉実体験から学び仕事に活かす

同社は、持続可能な会社にしていくために、人材育成にも力を入れている。「山歩き」「論語」「書道」といった社内のクラブ活動を推奨するなど、さまざまな活動の企画・運営を全て社員に任せることで、実体験からリーダーシップなどを学ぶ機会を与えている。

そのほかにも、格言選考をはじめ、一一月一〇日の「いい手の日」に合わせて全国のイベント会場や薬局の店頭で、無料のハンドマッサージを実施する「ハンドマッサージキャラバン」といったイベントを実施している。こうしたイベントには社員は必ず年に一回以上は参加することになっており、顧客の生の声を聞く機会が社員の仕事への意欲を高め、商品の改良や商品開発にもつながっている。同社の創業時からの経営理念である〝お客さまの生の声を大切にした製品開発〟のため、「これからもお客さまとの接点を大切にしていきたい」と野渡社長は語った。

株式会社沖セキ

地域シェアNO.1を足場に、挑戦し続ける墓石メーカー

かわさきガラスのお墓

株式会社沖セキは一九九一年、大手銀行および総合商社を経て独立した緑間社長が設立した。独特の社名は、緑間社長の実家が沖縄で石材店を営んでおり、当初はその支社として起業したことから「沖」の漢字を使用していたが、これを中国語で伸びるという意味のある「冲」に転じた。「セキ」は石材のセキだが、将来的に石以外の素材や分野に進出する可能性を残したいという想いからあえてカタカナにしている。

同社は現在、神奈川の墓石卸売業界で約二〇％のシェア（売上ベース）を誇る。その売上高は二〇一二年五月決算時で六億三千万円。二〇一二

年一〇月時点での緑間社長の見込みでは、二〇一三年五月決算は八億円を超えるとのことだ。

しかし、成長を続ける同社にも苦難の時代があった。設立当初は土木建築業界への石材卸売りを主な事業内容としていたが、緑間社長は売上が数社に片寄った受注スタイルに不安を持っていた。そこで墓石卸への業態変更を模索していたところ、二〇〇四年ダンボール梱包開発に成功し、墓石卸に参入。二〇〇六年に一〇〇％墓石卸に移行した。

◉〝地域密着〟という足場

このような業態変更を乗り越えた緑間社長の経営方針には、こだわりがある。それは徹底した〝地域密着〟だ。売上高が三億円を超える同業他社は全て広域展開をしているが、冲セキは神奈川県内の石材店、および神奈川県の霊園と付き合いのある東京・千葉・埼玉の石材店のみを取引先としている。その理由について緑間社長は、「地元であることによる商習慣の親和性という要素もあるが、重視しているのは地域NO．1であること。不況下には地域NO．1しか生き残らず、また狭いエリアであればより厚くスピーディーなサービスが続けられる事が強みとなる」と語る。

◉〝社員〟という足場

地域密着と連動し、同社の強さを支える要素は、その〝社員〟だ。社員数は社長を含め一二名。そのうち女性四名は、墓石という重量物を扱うという商売柄、現場には出ないが、男性社員は全員がフォークリフトや小型移動式クレーン・玉掛けの免許を持ち、営業から納品まで全てを行うことができる。通常、墓石卸業者は営業と配送は別の担当が行うが、同社は違う。このような体制により、同社の社員は実際に墓石を販売する石材店の担当者と一緒に汗を流して墓石の搬入を行う。そうして石材店との信頼関係を築くとともに、石材店のリアルタイムな情報を収集するのだ。

このような信頼関係の構築は、石材店との間だけではない。同社は中国に加工工場を持っているが、この工場は業界の通例である外部委託ではなく、合弁会社として設立した。加えて、日本人社員の派遣も定期的に行っており、人的交流を図るとともに、クレームや細かな注文を工場にフィードバックし、そのノウハウを蓄積している。その甲斐あって、二〇一二年の尖閣諸島問題に際しての反日暴動時にも品質・供給体制に揺らぎは無かったという。

◉二つの足場からさらなる飛躍へ

〝地域密着〟、そして〝信頼関係を重視した社員教育〟という方針だけを捉えれば、同社は堅実な会社に思えてくるが、そこに安穏としてはいない。それらを強固な足場として、積極的に斬新な独自商品の企画開発を行っているのだ。二〇〇六年には『免振金具付きの墓石』、二〇〇八年に〝影が作る墓石〟をコンセプトに、『Silhouette（シルエット）』を発売した。『Silhouette（シルエット）』は『かわさき産業デザインコンペ２００８』で優秀賞を受賞した商品で、墓石をアーチで囲み影を作り、そのアーチ天井部の孔から差し込む光によって文字や絵を墓石に映し出すというものだ。

会社概要

企業名：株式会社冲セキ
創　業：1991年9月
所在地：川崎市川崎区砂子1-10-2
　　　　ソシオ砂子ビル11階
電　話：044-221-1114
代　表：緑間　浩市（ミドリマ　コウイチ）
資本金：3,500万円
従業員：12名
事業内容：御影石・大理石等の墓石の輸入・卸売り、石材を用いた新商品開発
ＵＲＬ：http://www.okiseki.com/
認定等：川崎ものづくりブランド

冲セキ社長　緑間浩市

そして二〇一二年、『Silhouette（シルエット）』に続く新商品が、『かわさきガラスを用いたガラス墓石』だ。お墓の一部に石ではなく、フュージングやサンドブラストという技法で加工したガラスや、ステンドグラスを用いるものである。川崎市内に多くのガラス作家・工房が点在していることを活かし、同社が中心となって地元のガラス工房・川崎市・川崎市産業振興財団と「メモリアルガラス研究会」を設立。同研究会として二〇一二年二月に経済産業省の地域産業資源活用事業計画の認定を受け、共同で商品開発を行っている。

このように次々と新商品を開発することは相当な努力・苦労が伴うはずだが、「個人の趣向が多様化する中、お客さまが本当に欲しいと思えるような墓石を作りたい」と熱く語る緑間社長の顔は明るい。ガラス墓石についても、今後さらに改良を重ねデザインを増やしていくそうだ。地元密着・信頼関係を重視した社員教育という足場から、同社がどのような飛躍を見せるのか、目が離せない。

株式会社
神奈川こすもす

「シンプル葬儀」によるイノベーション

社屋

　葬儀は、しきたり、地域慣習や宗教といった伝統・文化的な性格を有するが、株式会社神奈川こすもすは、法的に義務付けられた「火葬」に着目し、「火葬」に利用者が希望する葬儀サービスを加える『火葬のダビアス』ブランドを立ち上げ、飛躍的な成長を遂げている。

◉老舗のノウハウと先進的な取り組みの融合

　人の最期を締めくくる場である葬儀は、従来、「お隣と同じ」的な発想で執り行われることが多く、利用者も精神的に余裕の無いことから葬儀について正しく理解されず、葬儀業は不明瞭なイメージが強かった。

しかし、核家族化・高齢化社会の進行、親族・地域との関係の希薄化、価値観の変化等を背景に、葬儀業界では家族葬といわれる小規模な葬儀の需用が高まり、大きな変革期を迎えている。同社はその傾向をいち早く捉え、先進的な取り組みを次々と展開している。

清水社長は、横浜市で葬儀業を営む家に生まれた。家業を手伝いながら葬儀やマネジメントを身につけ、二〇〇一年に独立して同社を設立した。当初は返礼品などのギフトを取り扱っていたが、二〇〇四年の南部斎苑開設を機に川崎市に進出し、葬儀業を始めた。川崎市では、土地勘、人脈、地縁などは無く、ゼロからのスタートだったが、その環境によって、老舗のノウハウと新しい取り組みが融合した画期的な事業が生み出された。

◉シンプル葬儀のパイオニア

同社の大きな飛躍のきっかけとなった『火葬のダビアス』は、シンプル葬儀のパイオニアと位置付けられ、従来の葬儀プランと一線を画している。ブランド名の『ダビアス』は「明日、荼毘に伏す」という意味で、元々は葬儀プランとしては商品価値が低かった「直葬」という宗教儀礼を行わず近親者のみで火葬する葬儀から、希望するサービスを付け足すことで、家族が故人を悼み偲ぶことができる「シンプルでも尊厳のある送り方」を実現し、利用者が高い満足度を得られる高付加価値の葬儀プランに昇華したものである。当初は経済的に苦しい生活者への社会貢献的な色彩のプランだったが、結果、全国から一五〇〇件を超える資料請求を受け、驚異的な注目を集めた。「シンプル葬儀」によるイノベーションを起こした瞬間である。特筆すべきは、「葬儀」と「シンプル葬儀」のブランドを分けていることである。予めブランドを分けることで、利用者が低料金のプランを依頼する心苦しさが生じないように利用者心理にも配慮しているのである。

同社の先進的な取り組みはそれだけではない。他社に先駆けてコンセプトショップを構え、葬儀品のミニチュアやカットモデル、手元供養品などを展示して葬儀を目に見える形で提案し、葬儀に関する相談窓口の設置、遺体を生前に近い状態で衛生的に保全する技術「エンバーミング」の導入や遺体安置施設の設置など、利用者の不安を解消し、要望に応える新しいサービスを次々と提供している。さらに、老後生活やエンディングについて考える「終活」という言葉が日常的に使われるようになったことから、同社は二〇一二年九月に川崎で「終活フェア」を開催し、四〇〇〇人という多数の来場者を迎え、マスコミなどでも大きく取り上げられた。

◉さらなる成長を目指して

地域密着型である葬儀業界はすみ分けが強く、従業員三〇人に満たない企業が業界の約九割を占める。規模の拡大が難しい業種ともいえるが、同社は二〇〇四年以降、平均二三%増加という驚異的なペースで業績を伸ばし、二〇一二年三月決算で六七〇件の葬儀を手掛け、売上約五億円を達成した。同社は現在約三〇人の体制だが、従業員の育成や組織力の強化にも注力している。葬儀業界

会社概要

企業名：株式会社神奈川こすもす
創　業：2001年4月
所在地：川崎市川崎区渡田1-6-10
電　話：044-328-2727
代　表：清水　宏明（シミズ　ヒロアキ）
資本金：1,000万円
従業員：28名
事業内容：葬儀の請負・関連事業
URL：http://www.kanagawacosmos.com/
認定等：かわさき起業家オーディション大賞

神奈川こすもす社長　清水宏明

は一人前になるまで時間がかかるが、清水社長は「葬儀サービスだけを提供する人材ではなく全人的に成長することで、エンディングを総合的にサポートできるようになって欲しい」と考えている。前述の「終活フェア」は二〇代の新人が中心になり手がけたもので、日常業務の合間に準備をすすめたという。

また、同社はシフト体制を敷いているが、従業員間のコミュニケーション促進のため、ミーティングで「褒めトーク」という従業員がお互いの長所・良い点を褒める場を設け、従業員の誕生会の開催などを通じて、組織の結束の強化に努めている。

現在、『火葬のダビアス』は、全国的なチェーン展開・ネットワーク化を進めている。全国共通のコールセンターを設け、商標使用を認められた全国四二の加盟企業が、利用者の依頼に対応している。全国的なネットワークを構築することで、将来は保険業など異業種との提携などを検討している。同社が二年前に策定した五カ年計画では、二〇一四年の売上目標は一〇億円を掲げているが、毎年の目標は順調にクリアしており、いよいよ現実味を帯びている。さらなる成長に向け、挑戦は続く。

株式会社ココラル・インターナショナル

IT企業家が口腔微生物学に魅了され歯磨き粉で社会貢献

ココアを配合した歯磨き粉ココデントとマウスウォッシュ

「ＩＴ企業の経営者が歯磨き粉を開発」。一見何もつながりがないように見えるＩＴと歯磨き粉。ＩＴ企業の経営者でありながら、ココアを配合した歯磨き粉『ココデント』を開発し、〝健康維持は口腔ケアから〟をモットーに被災地支援など社会貢献活動にも力を入れている、株式会社ココラル・インターナショナル代表取締役会長の石田進氏を紹介する。

◉二六歳、一〇万円でＩＴ企業を興す

石田会長は学生時代、光応用通信工学の研究に没頭していた。光応用通信工学といってもなじみが

ない方も多いと思うが、飛行機の予約や発券がクレジットカードで至極簡単にできるようになったのは、石田会長の研究成果である。

大学院卒業後、知り合いの司法書士から「一〇万円あれば会社が作れる」と言われ、会社を立ち上げたのが二六歳の時、これがＩＴ企業株式会社アイ・シーの母体となった。会社設立後も石田会長は「光がなければ日本が沈没する」と考え、光分野の研究に注力、今や当たり前になったバーコード読み取り機や高速・高画質ファックスなどを世に送り出し、イノベーションを創出してきた。

◉諦めは最低の敗北

そんな石田会長にある日転機が訪れた。鶴見大学歯学部の副学長が、「光で口の中のケアができないか」と石田会長へ持ちかけたのである。〝諦めは最低の敗北〟というのが信条である石田会長はこの申し出を受け入れた。

その後、試行錯誤を繰り返し、ワインなどに含まれるポリフェノールが歯周病を抑えるのに有効であることを発見した。そして石田会長はポリフェノールを含む約六〇種の成分を比較検討し、ココアから抽出した抗菌物質が最も良好であるという知見を得、ココアを含んだ世界初の歯磨き粉『ココデント』を製品化、同社を設立した。光応用通信工学の研究者でありＩＴ企業の経営者でもありながら、自ら歯磨き粉を開発し、販売に乗り出したのである。

『ココデント』を発売する前は、研究仲間から「色が黒い歯磨き粉が果たして売れるのか」という声もあがったが、発売後はニュースなどマスメディアにも多く取り上げられ、東急ハンズやロフトなどの店頭にも並び、一個一八九〇円という高価格にもかかわらず日本全国四七全都道府県で売られ、『ココデント』を推奨する歯科医も増え続けている。「日本国内には行き渡った。今後は海外へも広げたい」として、日本のほか、海外五カ国でも特許を取得した。

◉父の志を受け継ぎ、社会貢献活動にも注力

石田会長は学生時代に父親を亡くしている。「父は、車いすの人がいれば真っ先に駆けつけて助ける人でした」と語る石田会長は、社会貢献にも大変熱心である。学生のころからボランティア活動にも積極的に参加し、災害があれば真っ先に駆けつけていたという石田会長は、長野県の工場では障がい者を雇用し、東日本大震災の被災地であり母親の生まれ故郷でもある福島県へは、川崎市を通じて二万本の『ココデント』を寄付している。また国内のみならずフィリピンなど海外の貧困層へも『ココデント』を寄付、口腔ケアを通じて生活の質・個人の活力・生産性の向上を手助けする。

『ココデント』を寄付した福島県のある児童施設からは、満面の笑顔でココデントを持った子供たちの集合写真が、石田会長のもとへ送られてきた。その写真を見た石田会長は「この仕事をしてきて本当に良かった」と胸を熱くした。

会社概要

企業名：株式会社ココラル・インターナショナル
創　業：2011年10月
所在地：川崎市川崎区駅前本町10-5クリエ川崎10F
電　話：044-280-7230
代　表：石田　進（イシダ　ススム）
資本金：1,000万円
従業員：10名
事業内容：予防医療・健康維持を促進する製品・サービスの研究、開発、販売
URL：http://www.cocoral.co.jp/
認定等：かわさき起業家オーディション優秀賞

ココラル・インターナショナル会長
石田　進

◉川崎市をインキュベーション都市へ

生まれも育ちも川崎市である石田会長は、「福島県へ『ココデント』を寄付できたのも川崎市の協力があってこそ。どんなに会社が大きくなっても本社を川崎市から移転する気はない」と言う。「川崎市をインキュベーション都市として作り、イノベーションを起こせる起業家を数多く輩出するのが夢」と語る、自ら光応用通信工学分野で若くして数々のイノベーションを起こした石田会長の飽くなき挑戦は、まだまだ続きそうだ。

最後に石田会長よりあずかったメッセージがある。「人が死んだ後に残るものは集めたものではない。与えたものである」「腐ったおとなに寛大である社会は、純真な子どもに対して必ず残酷である」「命は人に見過ごされるほど安いものではなく、何よりも高価な尊い魂である！」「志は高尚な科学である」。

GOKOカメラ株式会社

カメラからトマトへ！ 高まる、ものづくりへの情熱

GOKO樹なり甘熟トマト

◉工業から農業に挑戦 ―無借金経営の理念を守りながら―

GOKOカメラ株式会社は、川崎市幸区で長年にわたり八ミリフィルム編集機やコンパクトカメラなどの光学分野製品を中心に手掛け、世界のトップメーカーとなった企業である。その後、デジタルカメラの普及によるフィルム用カメラ市場の縮小をきっかけとして、新たな事業として、農業(トマト栽培)への挑戦を決断した。

社長の後藤佳子氏は二代目であるが、創業者である父・正氏(現・会長)が定めた①経営者として、また会社として一切の見栄を排すこと、②自らで考案した製品

のみを作り、徹底した合理化を推進すること、③無借金経営を原則とし、常に余裕ある経営を維持すること、の三つの基本目標を継承し、農業（アグリ）部門を軸に会社を発展させたいと意気込んでいる。

トマト栽培への挑戦は、わが国の食料自給率の低さを嘆き〝農業を何とかしたいという創業者の思い〟から始めたものだ。かつてのカメラ工場跡地である信州・伊那谷に『GOKOとまとむら』というトマト栽培用ガラスハウスと加工工場を建設した。一万六千坪の敷地に建つ七千坪のガラスハウスの建設には約一〇億円を要したが、カメラ事業での収益を投じ、無借金経営の原則を守っている。

◉従業員の心遣いから生まれたトマトたち。だから、真っ赤に熟し、魅力的！

ハウス内では、オランダ発祥の養液栽培法を採用し、棟内のセンサーで毎日、温度・湿度などのデータを収集しながら、栽培に適した条件でコンピュータ管理している。しかしながら「三日間曇天が続けば収穫に大きな影響も出るし、燃料費の高騰も悩ましい問題。一次産業としての農業は決して利益率の良い商売ではない」と後藤社長は語る。

トマト栽培を始めた当初は、カメラ事業の統括部長をトマト生産の工場長に任命するなど、光学の技術者集団ばかりで農業のノウハウが全くない状態からのスタートだった。それでも既成概念に縛られない「新しいスタイルを確立する」、すなわち、「チャレンジ精神こそがベンチャービジネスにとって最も重要」という創業者の方針により、工夫と勉強を重ね、トマト栽培は一〇年目を迎えた。

「それでも毎年生育状況が異なるし、新たな課題・疑問も見つかる」と、トマト栽培は奥が深い。

そのような苦労と工夫を重ねて栽培した大玉トマト、高リコピントマト、カラフルな数種類のミニトマトは、産地（自社社屋）直売やWebサイトでの販売、北は青森、南は広島まで、全国各地のレストラン、スーパーマーケット、一般ユーザーに年間を通じて納入され、納品先は数十社を超えるまでになった。各スーパーのバイヤーからの評価も非常に高く、ほぼ一〇〇%のリピート率を誇るという。

その理由には、味と鮮度があげられる。通常であれば収穫時には青かったトマトが流通過程を経て店頭に並ぶ頃に赤くなるということが多いが、GOKOとまとむらでは、樹で真っ赤に熟したトマトだけを収穫し、二四時間以内に各地のスーパーやレストラン、個人宅に届けられている。

そこには、〝徹底的な合理化によって、少人数で日本人の嗜好に合った安全な農作物をできるだけ多く作る〟という理念がある。工場内部には五万本ものトマトの木が育成されているが、木をつっているフックを自社独自のものとして開発し、作業効率を大幅に高めるなど、カメラメーカーとしてのノウハウも活用している。

また、「オペレーター」と呼ばれるパート従業員もこの理念を支えている。大豊作のときには、朝から夜まで収穫作業を続けても終わらないこともあるが、皆が協力的で、オペレーター自身が効率を追求し、現場での改善に対する提案も多い。

会社概要

企業名：GOKOカメラ株式会社
創　業：1953年11月
所在地：川崎市幸区塚越3-380
電　話：044-544-1311
代　表：後藤　佳子（ゴトウ ヨシコ）
資本金：6,400万円
従業員：40名
事業内容：トマト栽培・販売、トマト加工品の製造・販売、電子映像関連機器の製造・販売
ＵＲＬ：http://www.goko.co.jp/

GOKOカメラ社長
後藤佳子

◉従業員への感謝の想い、そして、トマトの可能性は無限大！

後藤社長はこのような従業員の努力に「いつか必ず報いたい」と語る。「当社の強みは一年を通じて安心安全高品質な商品を供給できるところ。しかし、日照不足や燃料費の高騰など、われわれの努力だけでは対処できないリスクもあることから、トマトの加工品の数を増やし、より安定的な収益を確保できるようにすること」が重要と後藤社長は考えている。

現在は、トマト加工品として、ジュース、寒天ゼリー、ケチャップ、ジャムなどがあるが、後藤社長はスイーツや簡便なパスタソースの開発への挑戦にも闘志を燃やしている。商品開発には、栽培責任者である長男を始めとして後藤社長本人や野菜ソムリエの資格を持つ次女が取り組んでいるが、オペレーターも自発的に試作品作りに挑戦するなど、社内の志気は高い。

カメラ生産で培ったノウハウや、創業者の定めた基本目標を継承しながら、トマト栽培の経営を着実にするための努力と挑戦を惜しまない後藤社長や従業員の情熱は、川崎から信州・伊那谷、そして全国に伝播するに違いない。

日本理化学工業株式会社

キットパスで、キャンバスは広がる。
人と環境にやさしい〝らくがき文化〟を世界へ

フランス・パリのインテリア＆デザイン見本市

◉チョーク業界トップ企業が手掛ける新たな文房具

学校の教室で欠かせないチョークの製造を手掛けて七五年、日本理化学工業株式会社は国内チョーク業界でトップシェアを誇る。同社のチョークは健康・環境に配慮したダストレスチョークであり、再利用が難しいとされていたホタテ貝殻を原料に配合している技術は、『農林水産大臣賞』（二〇一〇年）・『文部科学大臣発明推奨賞』（二〇一一年）・『エコプロダクツ大賞審査委員長特別賞』（二〇一一年）を受賞するなど高く評価されている。

そして、新たなタイプの筆記具

として、同社が力を入れているのが環境固形マーカー『キットパス』である。口紅などの原料であるパラフィンを使用しているため、安心・安全かつ粉が飛散せず、ホワイトボードをはじめ、ガラスや鏡などにも描いて消せるのが大きな特徴である。お絵かきというと子供のモノと考えられがちだが、オフィスでも一つ絵があるだけで職場の雰囲気はがらりと変わるものであり、『キットパス』の活用場面は多様である。広報については、全国各地で体験イベントを地道に続けており、『キットパス』を通じて子供から大人まで〝らくがき文化〟が広まることを目指している。

◉七割超の障がい者雇用率で安定経営を目指す

同社を語るうえで欠かせないのは、障がい者雇用への取り組みである。一九六〇年から障がい者雇用を開始し、〝全従業員の物心両面の働く幸せの実現〟を事業目的に掲げ、働く意欲のある知的障がい者の道を開くべく、彼らが働きやすい環境づくりに注力してきた。当初採用した若者は、同社へ訪問するとまず最初にお茶出しをしてくれる名物社員として五〇年以上務め上げ、昨年、卒業した。現在、知的障がいのある社員は全体の七〇％以上を占めるまでとなっている。

自分の仕事に一生懸命に取り組む姿勢はまさに職人そのものであり、彼らから働くことの意味について気付かされることは多い。純粋で周囲を気遣う優しさをもつ彼らと接するなかで、人として大切なことを学ばせてもらっているという。また、同社の美唄工場（北海道）も、彼らが縁となり設立に至った。一九六五年、当時の労働大臣が障がい者雇用に取り組む同社川崎工場を視察し、その紹介記事を見た美唄市長が同社を誘致したのである。

ここ数年、大手企業のCSR部門による同社視察も増えてきているが、「障がい者雇用に取り組むうえで重要なことは、安定経営を維持することだ」と大山社長は語る。理念は素晴らしくても、利益をあげられず潰れては仕方がなく、理念を持ちながら正当な利益をきちんと出していくことが大事であり、社員を路頭に迷わすわけにはいかない。七割以上の障がい者雇用率であっても、しっかりした企業経営を行えることを今後も示していくことで、障がい者雇用に取り組む企業が増え、障がい者のさらなる社会参加につながることを期待している。

◉新たな挑戦〜ヨーロッパ進出

チョーク業界のトップシェアを占めるとはいえ、そのマーケット規模は決して大きくなく、少子化や教育現場における授業の形態変化にも影響を受けて厳しい状況にある。国内市場だけでは限りがあるため、同社は海外展開への第一歩を踏み出した。フランス・パリのインテリア&デザイン見本市「Maison&Objet」への出展(二〇一二年)である。

海外で勝負を賭けるために選んだのは『キットパス』。チョークは単価が安く、諸外国との価格競争に負けてしまうため輸出には不向きであるが、『キットパス』には海外でも通用する可能性を感じていた。進出先にフランスを選んだのは、ずばり大山社長の〝勘〟。ヨーロッパはエコに対する意識が高く、なかでも芸術文化性の高い国がフランスと考えて決定した。日本貿易振興機構(ジェトロ)

会社概要

企業名：日本理化学工業株式会社
創　業：1937年2月
所在地：川崎市高津区久地2-15-10
電　話：044-811-4121
代表者：大山　泰弘（オオヤマ　ヤスヒロ）、会長
　　　　大山　隆久（オオヤマ　タカヒサ）、社長
資本金：2,000万円
従業員：75名
事業内容：文具・事務用品製造販売、
　　　　プラスチック成形加工
URL：http://www.rikagaku.co.jp/
認定等：川崎ものづくりブランド

日本理化学工業会長
大山泰弘

の支援もあり、初の海外見本市への出展を果たしたが、課題も多かった。訪れるバイヤーは大半が小売店であったが、小口での流通体制が整っていなかったため、商品自体は好評であったが、ビジネスチャンスを逃してしまう場面が多く見られた。

しかし、一方で収穫もあった。ベビー&キッズ部門での出展であったが、訪問するバイヤーの業種はさまざまであり、その中には美術館関係者がいた。『キットパス』を「面白い」と評価してくれたが、これもまたその場限りの話で終わってしまうかと思っていた。だが、帰国直後にそのバイヤーからメールでの問い合わせが入っていた。かくして、スペインの「国立プラダ美術館」のミュージアムショップでの『キットパス』販売が実現した。

次回もパリ見本市への出展を予定している。前回の経験から、どのような準備が必要なのかも見えてきた。遠く離れたヨーロッパの地でも『キットパス』を通じた〝らくがき文化〟を広めていくべく、日本理化学工業の挑戦はこれからも続いていく。

旭光通信システム株式会社

蓄積された技術力を軸に発展し続ける
通信システムのトータルコーディネータ

高速道路向け非常用電話機（緊急災害用電話機）

鉄道指令システムをはじめ、列車接近表示器、高速道路の非常電話機、駅などに設置されているインターホンシステムなど、公共性の高い場所で危険の予防や緊急時の対応に旭光通信システム株式会社の製品やシステムが利用されている。「当社の製品は決して最先端の知識や技術が詰まったハイテク製品ではない」と謙虚に語る酒井社長。しかし、いざという時の安心を確保する数々の製品は、創立六六年を迎えた歴史の中で積み上げた経験と実績そのものだ。

◉終戦直後の会社立ち上げ

同社の歴史は終戦直後の一九四

六年、目黒区洗足で酒井社長の祖父酒井栄氏が旭光電気工業㈱を設立し、進駐軍関係の電話交換機設備の修理と通信工事を手掛けたことに始まる。交換機の中核部品である継電器（けいでんき）の組立・修理も行うようになり戦後の満足に部材調達ができない時代、〃ないものはつくる〃同社のものづくりがスタートした。一九六六年に主力商品となる音声呼出電話機（テレホンスピーカー）が誕生し『テレポン』として商標登録を取得。ある列車事故の現場検証で偶然『テレポン』が使用されたのを機に、現場のノウハウが詰め込まれた同社製品が好評を得て、JRと取引が始まった。その後、改良された後継機がJRの規格品となるなど、信頼と実績を重ね、通信システム全体まで任されるようになり、飛躍の足掛かりとなった。一九七五年に本社を川崎市高津区へ移し工場を拡張、神奈川県優良モデル工場に指定された。現在は一九九四年に開設した青森県八戸事業所を製造拠点とし、一〇〇〇点を超える自社製品の多くを内製化している。

◉スタートはものづくりの現場から

二〇一一年二月、二代目社長酒井不二雄氏（現会長）から酒井元晴氏が社長を引き継いだ。酒井社長の入社は一九九七年。当時、製造拠点を本社工場から移行しつつあった八戸事業所がスタートだった。入社前は鉄道会社向け発券システムのソフトウェア開発を行っていた酒井社長は、IT技術を活かし社内業務の合理化を図る基幹ソフト導入から着手した。ものづくり現場の意見を聞き、社内のIT環境整備を推し進めた。地元採用の若い従業員を増やし新しい文化ができ始めていた八戸事業所では、環境の変化が受け入れられＩＴを活用した業務体制が浸透するまで、時間はかからなかった。

酒井社長は若手従業員の育成にも力を入れている。長年にわたり鉄道通信向けに製品やシステムを供給してきた実績から、積極的な営業をせずとも安定して仕事が来る時代があった。技術と開発に自信を持つ会社だが危機感を持っていた酒井社長は、自ら全国のお客さまを訪問し営業を行うとともに、時間と費用をかけ外部講師を招き意識改革のための研修などを行っている。さらに、八戸事業所で採用した若手従業員に一定期間本社勤務を経験させ、直接お客さまの声を聞く機会も積極的に作っている。こうした意識と取り組みが、お客さまの細かなニーズを正確に把握し、蓄積された知識と経験、技術に反映させ、新製品を開発する同社の力の秘密かもしれない。

◉私たちの安心を支える確かなものづくり

同社の基本技術は、直流パルス方式による長距離の伝送技術だ。直流電圧信号を使うことで交流電圧信号に比べ伝送路の電気抵抗が少なく、直径〇・九㎜という極細の通信ケーブルを使って二〇㎞の距離を伝送できる。また、同一回線上に数十の電話機を連結することが可能で、当事者の会話を周囲の人も聞きながら状況を知り、話し中の会話に割り込むことも、全員に伝えることもでき、緊急用電話としての利用に特に適している。鉄道の電話設備は、多数の駅や施設に対し指示連絡を確実かつ迅速に伝えるという業務上の要求と、数の限られた通信路をいかに有効に使うかという経

会社概要

企業名：旭光通信システム株式会社
創　業：1946年6月
所在地：川崎市高津区坂戸2-25-7
電　話：044-833-7281
代　表：酒井　元晴（サカイ　モトハル）
資本金：2,520万円
従業員：80名
事業内容：各種情報通信機器、装置のシステム開発・設計販売ならびに電気工事業
ＵＲＬ：http://www.kyokko-tsushin.co.jp/

旭光通信システム社長
酒井元晴

済的要求に対し、一つの回線に多数の電話機を並列接続させる独特の発達を続けてきた。

〝緊急時に確実に使用できる〟ことが求められる、これらの製品は最先端技術の詰め合わせではない。むしろ、確立された同社の通信技術を軸に、これまでさまざまな利用環境で使用され、蓄積された多くの経験やノウハウ・技術が詰め込まれている。いざという時の確かな安心を実現するため、製品はもちろん部品の確実性も求められる同社のものづくりは、生産拠点として八戸事業所の位置付けを確立し、日本で続ける考えだ。そのため、生産施設の拡大も視野に入れ二〇一〇年に隣地一五〇〇坪を購入した。

〝鉄道通信〟という市場で築いた信頼、ノウハウ、技術力、開発力を基に、〝鉄道の信号〟〝高速道路〟の市場に活躍の場を広げている。「今後はこの三つの市場で事業を育て上げ、自社の三本柱として確立したい」と穏やかに語る酒井社長からは、老舗メーカーらしい風格と、未来に向かって地道に確かなものづくりを続けて行く実直さを感じた。

アドバンスデザイン株式会社

データリカバリーのトップランナー

最先端の技術で社会に貢献

泥まみれの被災ハードディスク

◉東日本大震災で注目を集めたデータリカバリー技術

東日本大震災。津波で大破し、泥まみれになったHDD（ハードディスク）。このデータ復旧で、世間の注目を集めたのが、アドバンスデザイン株式会社である。

本田社長は当時の状況について次のように語る。

「皆さまのお役に立てればと思い無償でデータ復旧サービスを行いました。震災直後の一カ月は三割程度の復旧成功率でしたが、日が経つにつれHDDの腐食が進み、復旧率も低下していきました。当社に届いた段階で既に日が経ち過ぎている物もあり、診断が困難を極めるようになりました。『被災地の力になりたい』と毎日疲労困憊で診断を続ける社員に感謝しつつも、力不足を感じずにはいられませんでした」

リカバリー活動を進め、震災復興に大きく貢献した同社はどのような企業なのだろうか。

◉世界最先端の技術をカナダで習得、日本で事業展開

同社は、一九九五年に日本で唯一のデータリカバリー専業の会社として設立されて以来、データリカバリー技術・サービスで業界をリードしており、米国シーゲイト社と業務提携し、シーゲイト社のアジア極東地区のサービス展開を担当している。創業者の本田社長は、一九八〇年代、自身が当時経営していた会社のデータを喪失してしまった経験から、データリカバリーに対する社会ニーズを感じ取り、米国で同事業を展開している全三〇社を調査し始めた。優れた技術を有する三社の中から、カナダのアクションフロント社の社長に頼み込み、一九九三年～九五年の二年以上にわたり技術を学んだ。この会社は、のちにスイス航空機墜落事件のフライトレコーダー解析や米国の大手エネルギー企業が起こした事件の捜査用データ修復を行っている。米国の同業他社も難度の高いデータ修復は同社に依頼するほどで、その優れた技術を本田社長は習得した。

一九九五年当時、日本ではデータ復旧サービスはまだ普及しておらず、国内で同事業を展開していた企業は同社の他には一社しかなく、専業は同社のみであった。

二〇〇二年、雪印乳業などの不祥事の際に情報の内部漏えいが問題となる。情報管理に対する社

会的関心が高まり、データ消去に関する需要も高まったという。同社は、既に二〇〇一年よりデータ消去事業を展開していた。当初は、データ消去した実機上で消去結果の可視化が可能という特徴を持ち、データ上書きによりHDD内データを消去する『DataSweeper』のみだったが、壊れたHDDのデータ消去にも対応すべく、磁気（斜め磁界）による効率的なデータ消去（特許取得済）を行う『MagWiper』を開発。新たな事業展開の主要製品となっている。

二〇一〇年には、HDDを丸ごとコピーできる商品を上梓し、クローン事業に乗り出した。同年五月、大量のHDDコピーができる『DataSweeper&Duplicator』を開発。データコピーは、生産ラインではHDDへのアプリケーションのインストール作業を省略でき業務効率化に寄与し、不正調査や証拠物押収時などでは証拠性を担保しつつHDDのクローンを作成できる。これによりデータのライフサイクル（出荷時のコピー→トラブル時の復旧→消去）に一貫した製品およびサービス提供が可能となったという。二〇一二年には小型軽量HDDコピー装置『DupEraser』をリリースした。

◉あと五～一〇年は盤石なデータデリバリー事業、その後は次世代に

今後の展望や海外について、本田社長は「近い将来、後継者がこの会社を経営し会社の方針はその人に委ねられるだろうが、主力製品の『MagWiper』『DupEraser』には五年近い研究開発と相応の投資をしており、他社に対し優位性はある。パソコンの大容量化により、〇・一秒でデータを完全消去できる『MagWiper』のニーズは高まっている。今後は将来に向けて潜在的市場をいかに掴むか

会社概要

企業名：アドバンスデザイン株式会社
創　業：1995年6月
所在地：川崎市川崎区浅野町4-13
電　話：044-333-3935
代　表：本田　正（ホンダ　タダシ）
資本金：3億6,460万円
従業員：27名
事業内容：データリカバリーサービス（復旧・修復・復元）、データ完全消去サービス、ネットワーク・通信・制御ソフト制作/コンピュータ関連機器の設計開発/オプティカルファイバーセンサー研究開発
URL：http://www.a-d.co.jp/
認定等：川崎ものづくりブランド

アドバンスデザイン社長
本田　正

が課題だ。海外では、欧米のデータ消去の潜在的市場規模は日本の少なくとも二倍以上とみている。現在、高セキュリティ水準が求められる米国国家安全保障局（NSA）の製品調達リストへの掲載申請中で、認められればアジア初となり、欧米の製品安全に関するUL／CE規格も取得している。当社の技術は、独自技術で、海外でも競争力を保持できる」と語る。

◉技術への自信「他社でリカバリーできたら五万円進呈」

アクションフロント社が実施しており、「われわれもやらねば」と始め、今も続けている理由は二つ。一つは、技術者として自らの仕事にそれだけの自信と誇りを持つ必要があり、もう一つは、同社にできず他社にできるリカバリーがあれば、もっと勉強しなければならないからだが、このサービスを創業以来一八年間続けているがまだ、一件も申し出はないという。

本田社長は、「お客さまに喜ばれること、データ処理の分野で、お客さまの困りごとを解決することが第一だ」と語る。

エレックス工業株式会社

真の宇宙の姿を捉える
電波信号処理のオーソリティー

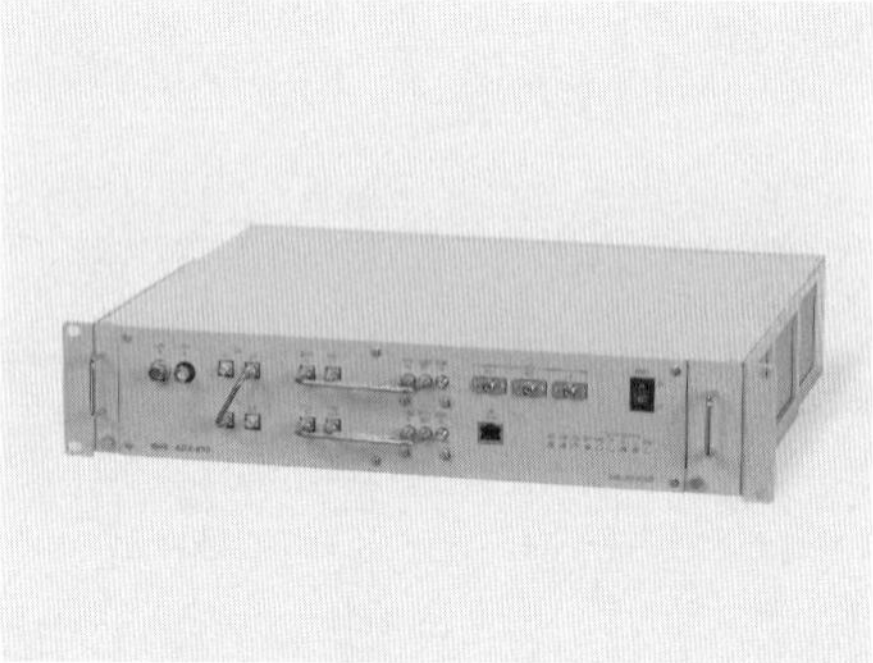

ADX-830　超高速AD変換装置

電波天文学とは、天体の微弱な電波を捕捉し解析することによって、宇宙の姿を明らかにする学問分野だ。それには、アンテナで捉えた膨大なデータを高速に信号処理するシステムが欠かせない。エレックス工業株式会社は、コンピュータによる信号処理における卓越した技術によって世界最高レベルの信号処理装置の開発に成功するなどして、電波天文分野に大きく貢献している。

◉コンピュータの可能性を直感して起業

内藤社長は一九六五年に沖電気工業㈱に入社した。電話交換機関連の開発部門に所属し、当時最先端であったコンピュータのハードウェア開発に日々没頭していた。そのころ出現したマイクロプロセッサの汎用性を直感した内藤社長は「これからはコンピュータの時代、これは商売になる」と考えた。

まだ見ぬ需要だけを確信して、三四歳の内藤社長は一九七六年に電子機器の設計・製造を事業とする同社を総勢四名で設立した。創立当初は苦労もあったが、次第に同社の技術力が顧客に認められ仕事が順調に増えていき、三年目ぐらいで事業として安定してきたという。同社が沖電気工業㈱に協力して開発した市町村向けの防災通信システムは、他社に先駆けてコンピュータ化したもので、両者にとって大きな成果を生むことができた。防災関連事業は今でも同社の主要事業となっている。

◉〝やってみる〟の精神で入り込んだ電波天文の世界

同社は、制御システムでの実力を見込まれ、取引先からの依頼で一九八三年に初めて電波天文用の装置を開発した。それが国内初の相関器（複数個所から集められた電波望遠鏡データを分析、合成する装置）『K3型』である。汎用では考えられなかったギガヘルツ帯の電波を扱うには、高速応答性が求められるため、回路設計だけでなく実装設計にも苦労したという。この相関器の実績が認められ、一九九二年に国立天文台向けの可搬型相関器を開発し天文分野へ深くかかわる事となる。二〇〇九年には、東アジア地区の観測局のデータを高速処理（二〇一三年一月時点でVLBI（※1）観測用では世界最大最速）できる『東アジア相関器』、そして〇・一～三〇GHz帯の超高周波アナログ信号を八Gsps（八〇億回／秒）でデジタル変換する『超高速A／D変換装置』などを立て続けに開発し、電波天文における信号処理のトップ企業としての地位を確立した。天文分野から要求される仕様は常に世界最高レベルであり、それが同社の技術力を押し上げた。

電波天文で開発した大容量記憶装置などは、さまざまな分野での応用が可能な技術である。それらの技術をいかに市場展開できるかを全社横断的な課題として認識し、さまざまな新しい伝送技術なども取り込んで応用可能性を模索している。

◉良い設計を追求するための体制変更と課題設定

内藤社長は「今後は、高速処理と通信技術を併せ使ったOEM受託開発を事業の一つの柱としていくことを構想している」と語る。そのためには、〝良い設計〟への追求姿勢を貫かなくてはならないと考えている。課題は、ずばり若い世代への継承だという。内藤社長は二〇〇九年に技術者の管理体制を変えた。〝本当のチーフ〟を作り、自主的判断を促すのが目的である。若い世代へ、まずは判断する場面に慣れさせることから始めている。

「つま先立ちをやらせないと人は伸びない」というのは、内藤社長の持論だ。そのため、社員にできる事ばかりをやらせ続けるのではなく、ジョブローテーションを実施している。また、下請けでやっているという姿勢だと意識改革が難しいので、社員が自主的な発想で新製品を見つけ、張り

会社概要

企業名：エレックス工業株式会社
創　業：1976年10月
所在地：川崎市高津区新作1-22-23
電　話：044-854-8281
代　表：内藤　勲（ナイトウ　イサオ）
資本金：1,200万円
従業員：38名
事業内容：コンピュータ応用を中心とする電子機器・通信機器の開発および製造
URL：http://www.elecs.co.jp/

エレックス工業社長　内藤　勲

合いをもって新技術開発に取り組めるようにも配慮している。

技術開発投資は重要視している。もちろん無尽蔵の予算があるわけではないが、「今やっておかなければならないこと」に対する投資は重要だ。それを怠ると、未来はじり貧になる。単純に何%の開発投資をすれば良いというようなものではなく、自分たちに必須なものが何かを考え、決定するようにしている。『超高速A/D変換装置』の開発費は自社負担したが、良い製品に仕上げれば世界の市場で買ってもらえるということが支えになって積極的に取り組むことができたという。

「当社の開発成果の積み重ねによって、今年は新型の製品も発表予定である。世界に出せるシリーズ化を目指し勝負をしていきたい」と内藤社長は熱く語る。

エレックス工業によって、今後も宇宙の真の姿が解き明かされていくだろう。

（※1）VLBI：Very Long Baseline Interferometry（超長基線電波干渉法）とは、はるか数十億光年の彼方にある電波星（準星）から放射される電波を、複数のアンテナで同時に受信し、その到達時刻の差を精密に計測する技術

タイジ株式会社

夢ある社員と共に、おしぼり文化を未来へ
電機タオル蒸し器トップメーカー

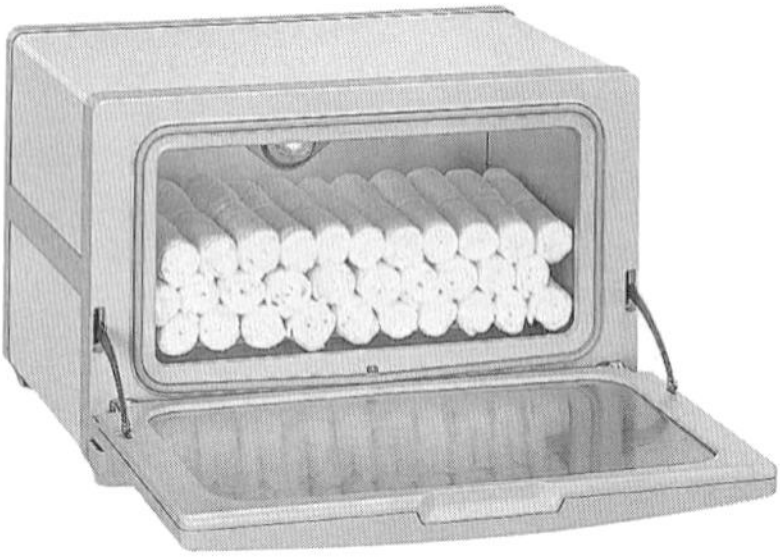

電気タオル蒸し器「ホットキャビ(殺菌灯付)」

身近なおしぼりも〝おしぼり〟という商品である。しかし、それを〝温める〟〝冷やす〟ことで、「おしぼりでおもてなしをする」というホスピタリティーが生まれる。この「ひと手間」に着目したのが、タイジ株式会社である。

◉タイジのホスピタリティー
商品は、いつも皆さんの身近に

同社は、電気タオル蒸し器「ホットキャビ」や「酒燗器」「保温ショーケース」などを開発する専門メーカーである。二〇〇五年に二代目社長に就任したのが、一〇年以上有能な金融マンの道を歩んできた堀江裕明氏だ。一九六四

年に義父の本間泰治氏が創業して以来、「ホスピタリティー」をテーマに商品を世に出してきたが、機器開発の基本は①業務用サービス、②小型、③電源は一〇〇ボルト使用とし、大手企業があまり足を踏み入れない分野に特化して、商品開発に取り組んでいる。例えば、フードコートでは「食品保温ケース」や「おでん鍋」、居酒屋では「酒燗器」など、身近に同社のホスピタリティー商品を見ることができる。

◉わが社の自慢は、意欲と努力に満ち溢れたパワフル社員です！

「自社のペルチェユニットを完成させたのは、なんと、今まで化学に携わっていた女性社員なんです」と笑顔で話す堀江社長。ペルチェユニットには「ペルチェ素子」という、冷却部に使用する冷却用半導体素子が使用されている。タオルを冷やす「クールキャビ」などに使用していたが、一方の面が冷え、反対面が発熱するため、熱膨張を起こし変形しやすく故障しやすいことが課題だった。そこで、外注していたものを自社開発しようと決意。堀江社長は、入社当時から〝ものづくりをやってみたい〟と意欲を示していた女性社員を抜擢し依頼した。この分野は未経験の彼女だが、努力は本物だった。あらゆる素子・ユニットメーカーのデータを収集し、一年半もの間、最適な素子の形を地道に追い続けた。故障のメカニズムの解析や、素子に負荷が掛からないようユニット化するなど、部品メーカーと協力しながら試作を繰り返した。そして、ついに独自の〝壊れないペルチェユニット〟が完成した。「薄型」のメリットを活かし、ペルチェユニットを使用した製品は置く場所を選ばずデザインも多様な冷却装置「クールプレート」へと展開している。

そして二〇一二年、デザインが統一された冷蔵&温蔵のショーケースが誕生。これは、温かい料理と冷たい料理を隣りあわせに、かつコンパクトに設置できる仕組み。独自の技術により、見事に冷温の調和に成功した。シンプルで合わせやすく、商品の見やすさに配慮した「おもてなし商品」の逸品だ。また、ビュッフェなどで、調理品をカウンターで保温するための「ランプウォーマー」のデザインも社員が手掛ける。自主的に社員がヨーロッパの展示会でデザインを学び、感性を磨き、スタイリッシュな商品を作り上げる。近年、ビュッフェスタイルの店舗で厨房の見える化、オープンキッチン化が進み、厨房設備のデザイン性が求められている。同業他社と差をつけやすく、社員の腕の見せ所だ。

堀江社長は、社員の成長が本当に楽しみだと話す。「担当の仕事は、未経験でも責任もってやる。周りも協力するが、中心は自分。自ら考え、学ぶスキルを身に付けるため、さまざまな分野にトライさせている」と語る堀江社長の下、「いろんなことをやってみたい！　もっと成長したい！」と、全社員が夢を持って仕事に取り組んでいる。

◉最高品質のタオル蒸し器が完成！　海外でも賞賛された、日本のおしぼり文化

同社は、海外展開も積極的で、現在直接貿易で五四カ国へ展開。四割が中東を含めたアジア圏、残りの三割ずつを米国と欧州が占める。そして、二〇〇〇年ころから、アメリカや欧州各国の展示

会社概要

企業名：タイジ株式会社
創　業：1964年10月
所在地：川崎市川崎区東田町5-3ホンマビル
電　話：044-211-5881
代　表：堀江　裕明（ホリエ　ヒロアキ）
資本金：3,250万円
従業員：46名
事業内容：電機タオル蒸し器、食品温蔵庫、全自動酒燗器など業務用サービス機器の製造、販売
URL：http://www.taiji.co.jp/

タイジ社長　堀江裕明

会へ出展し続け、PRを欠かさなかった。さらに、海外へ浸透させるために、世界各国の決められた安全規格や環境規格、リサイクル義務などをクリアした。努力の末、おしぼり文化は、日本食ブームと共に世界の飲食業界へ広がり、同時に美容、医療福祉業界の分野でも注目を集めるようになった。これらの業界では、おしぼりは濡れたタオルをそのまま蒸し器へ投入するため、蒸気で蒸す外国製は水滴の多量発生により壊れやすい。そのため、電気式で壊れにくく、衛生的な同社製品は、同業界で認められたのだ。現在、医療福祉業界のほとんどのパンフレットに、同社製品が掲載されている。

近年、中国製のコピー製品が大量に出回っている。しかし堀江社長は、自社のブランド力に揺るぎない自信を持ち、海外展開にさらに力を入れていく。「温かいものを温かいまま、冷たいものは冷たいまま提供するこの文化を、もっと世界へ広めたい」と夢を話す堀江社長。たくましい社員と共に「ホスピタリティー」を大切に継承するまっすぐな姿勢は、夢が現実になる日も遠くないことを強く物語っている。

TMCシステム株式会社

ロボットから試験機まで、メカトロニクスによる設計・開発のエキスパート

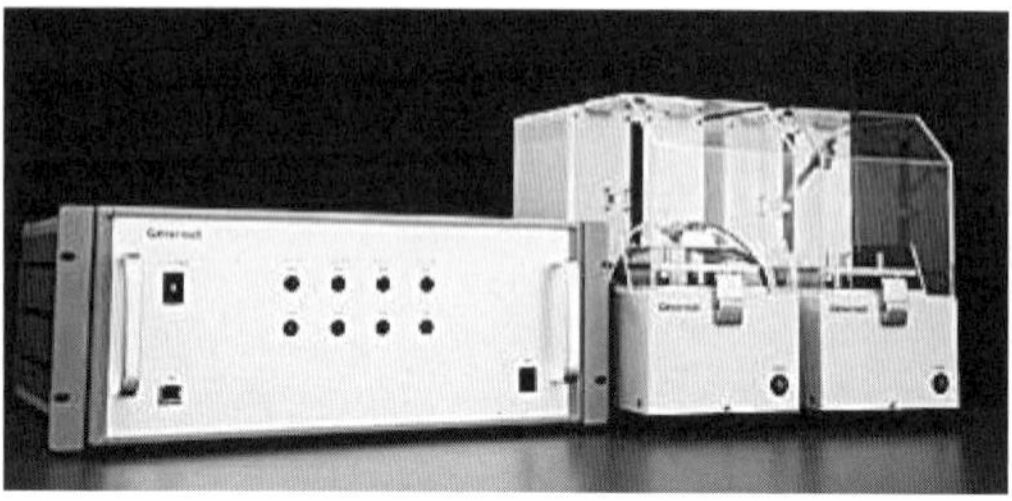

ハンマリング微加振装置

ＴＭＣシステム株式会社は、長年にわたり各種機械設計で培った技術を活かし、ハードウェア設計とソフトウェア設計を融合して、メーカーの研究部門へ、開発用試験機、精密測定器、実験観察機などの機械システム機器をオーダーメイドで提供している。顧客の難しい要望も決して断わらない。固有技術を取り込み、受注に結びつけるのが同社の強みである。近年は、自主ブランド製品の開発に力を注いでいる。

◉機械設計から総合システム開発に発展

同社は、一九六〇年に先代の社

長が機械設計事務所として創業し、鉄鋼会社の生産設備を設計する仕事を中心に機械設計を受託してきた。八〇年代には、CADを導入、設計図面のコンピュータ管理を進め、受託業務が拡大していく。さらに、顧客先からの要望で、自社の技術者を顧客の工場や研究所へ派遣することも増えるなど、顧客からの期待に応え、鉄鋼、電気機器、精密機器、自動車と京浜地域の名だたる大手企業から高い信頼を得ていった。現社長の松本氏は、一九九一年に先代社長から事業を引継ぐ。先代からの高い精度を誇る機械設計を継続しながら、会社の将来を見据えた事業計画の策定に取り掛かり、単独機器からシステム機器へ、ハードからソフトへと開発の幅を広げていく。順調に事業が拡大していく中、九〇年代後半に株式の店頭公開を検討したが、幹事会社から同社の強みである製品や技術を聞かれ、松本社長は答えに窮したという。同社の製品は、顧客からの要望を受けて開発し、アプリケーションを加えることにより、製造している。そのため、製品は大手メーカーのブランドになってしまうのだ。この経験から、株式上場より先に、下請けから自立した特色のある企業への成長を思い描き、自社ブランド製品の開発・製造・販売できる事業体制を築いていった。

◉機械設計・回路設計・制御設計を社内で一貫して行い、顧客の課題解決に挑む

同社では、顧客から開発したい装置の構想図一枚から、具現化するアイデアを絞り出し、設計から製造までのプロセスを社内一貫して行う。「機械設計」「回路設計」「制御設計」ができる技術者を抱え、顧客の設計開発や試作機開発を担当する部門が二チームある。各技術を有する技術者をバ

ランスよく配置し、顧客からの依頼に対して、チーム一丸で取り組むことが強みになっている。

同社は、企業だけでなく大学からの開発依頼も積極的に受け入れている。東京工業大学から、「遠隔操作ロボットのエア供給源の製作」依頼を受け、小型・軽量・高出力を実現したハンディタイプのエア・コンプレッサーの開発をした実績もある。

◉人創り、技術者創りのための充実した社員教育

松本社長は「人創り、技術者創りが、企業を育てるための最重要課題だ」と語る。技術者には、入社直後から徹底した基礎教育を行い、配属先でOJT教育を継続的に行うことで、実践的な知識と技術を身に付けさせている。また、技術者ごとに階層式・個別スキルチェックシートを作成、各種の設計に必要な技術をマトリックス状にまとめ、技術者個人の技術力を把握、複合的な技術の習得につなげている。管理者教育では、経営的な視点からの思考を身に付けるため、リスク管理や不確実性などの最新の経営課題をテーマに、グループディスカッションを行っている。管理者教育を担当している久保田専務は、「総務部門、営業部門、技術部門を問わず、同じ研修を受けることにより、相互理解が深まり、部門間の壁を取り払い、縦割りにならない組織風土づくりにつながる」と語っている。

◉自社ブランド製品『ハンマリング微加振装置』の開発

念願の自社製品の開発が現実となったのが、二〇〇八年に製造した『ハンマリング微加振装置』

会社概要

企業名：TMCシステム株式会社
創　業：1960年10月
所在地：川崎市川崎区本町1-6-1
電　話：044-211-6551
代　表：松本　寛（マツモト　ヒロシ）
資本金：5,000万円
従業員：164名
事業内容：精密試験機・実験観察機他自社開発製品、機械設計開発、ソフトウェア開発、電気・電子設計開発
URL：http://www.tmcsystem.co.jp/
認定等：川崎ものづくりブランド、試作開発促進プロジェクト

TMCシステム社長　松本　寛

である。携帯電話などのモバイル機器が、外部からのさまざまな振動により、動作不良を起こすリスクがあるという。「微振動が与えるコネクタの接触抵抗などの影響を調べる試験装置を造ってほしい」とのニーズを受け、開発・製品化した。『二〇一〇年度の川崎ものづくりブランド』に認定され、多くの展示会に出展され、製品の認知度も向上している。また、この装置を用いた実験・研究成果を、国内外の学会で社員が継続的に発表している。微振動が電気製品に与える影響を、大学教授や有識者に認識してもらい、この装置を使った微振動試験が、電気製品の開発時検査のスタンダードとなることを目指す取り組みである。

松本社長は、今後もさらに自社ブランドの製品開発に力を注いでいくという。将来的に需要が見込まれる省エネルギー関連分野、介護や健康福祉分野での市場ニーズに注目している。自社ブランド製品の製造・販売という新たな路線での成長に向かって、今後も挑戦を続け、中断していた株式上場を目指す日もそう遠くないだろう。

株式会社テクノローグ

電気と光の測定技術開発を進める
LEDテスターメーカー

LEDテスター　LX4691A

社名のテクノローグとは技術（TECHNO－）との対話（LOGUE）」を意味する。株式会社テクノローグは創業以来四〇余年、その名が示すとおり電気計測の技術や光の測定技術と、正面から向き合い開発を続けてきた。LED（発光ダイオード）が世の中に出始めた一九八二年七月に、LEDテスター一号機を出荷したのを皮切りに、LEDテスターメーカーとしてLED業界へ貢献してきたのである。

◉製造に計測が不可欠なLED（発光ダイオード）

不要な紫外線や赤外線を発生し

ない、低電力で駆動する、長寿命などの特性から地球温暖化対策、省エネ対策として注目されているLED。だがその一番主要な特性は直接電気を光に変えることだろう。エネルギー変換効率が非常に良いため省エネにつながる一方、電流が一定でないと光の強さも一定にならない。また素材によって発光色が異なり必要な電力も異なる。CIE（国際照明委員会）では光について世界的な標準化を目指しているが、日本ではJIS（日本工業規格）の定めた、CIEの標準に準拠した光の規格と、さらに照明器具としての規格を満たさなければ商品として出荷できない。つまり、質の安定したLEDを開発・製造するためには電気と光の両方を計測することが不可欠となる。同社は今後新たな世界の照明器具のスタンダードになると考え、創業当時からの計測器製造技術を応用しLED計測器を開発した。

◉高精度計測器のラインナップ

同社の製品には、LEDテスター、トランジスター、トランジスター&FETテスター、フォトダイオードテスター、LPH光像測定機、酸化膜評価装置などのほか、高精度の計測器がズラリと並ぶ。その中でもやはりLEDテスターが主力で売上の七〜八割を占める。

LEDの生産工程は、一般的に前工程と呼ばれる、LEDの発光部分を形成するウェハー形成工程と、後工程と呼ばれる、ウェハーをチップへと加工し、リードフレームへ接合・ワイヤーの接合・モールディングなどの、実際に照明部品としての組立製造過程に分かれる。

同社のLEDテスターは、前工程ではウェハーの形成を検査する「ウェハープロービング用LEDテスター」が活躍する。後工程ではウェハーをチップに加工した後の適性検査に「ウェハーチップソーター用LEDテスター」が、組立後の最終検査では「分類機用LEDテスター」が実力を発揮する。高信頼性を要求される場合は「エージング装置」が使用される。そして出荷前のテーピング又は袋詰めでは「テーピング用LED色選別器」が厳しくチェックする。

同社ではこの中でも特に組立工程以後の工程におけるLEDテスターが得意でシェアが高い。

●「テクノ（技術）」と「ローグ（対話）」の精神

同社は、これまで計測器のリーディングカンパニーとしての実績を長年積み上げてきた。それを可能にした理由は同社の社風にある。同社は技術を先駆けるために技術者たちが自由にアイデアを発想し、意見を交わし実現に向けて取り組める環境を培ってきた。星野社長（二〇一二年一〇月取材時）も技術畑出身だが、「社員には何事も真摯であること、そして技術を自分のものにしてほしい。技術を『知っている』のではなく、『自身のものにする』ことが大切。一つの技術を身に付けることは新たな技術を身に付ける際の基準になる。もちろん採算性もあるので技術だけでは経営がなりたたないが、そのバランスをとる判断力が付くのも技術を自分のものにしてこそだ」と語る。

〝技術と語り、技術を以って語り、技術を以って学ぶ〟。技術を中心とした創業以来の企業魂が、四〇年以上計測器メーカーとしての地位を維持させている。

会社概要

企業名：株式会社テクノローグ
創　業：1970年4月
所在地：川崎市麻生区栗木2-8-18
電　話：044-980-1261
代　表：星野　房雄（ホシノ　フサオ）
資本金：4,100万円
従業員：43名
事業内容：半導体を主とする計測器の設計、製造および販売
URL：http://www.teknologue.co.jp/

テクノローグ社長　星野房雄
（2012年10月取材時）

◉海外も視野に入れた今後の展開

同社の技術の高さは海外でも注目されている。韓国の光関連の生産技術開発に特化した研究所である光技術院（KOPTI）は二〇〇八年、同社とLEDの信頼性向上に対する研究協力で合意した。同社はLEDテスターを用いて電気的特性、光特性や熱抵抗値などを測定、LEDの寿命など信頼性のデータを収集し長寿命化の研究に取り組んだ。また発展が目覚ましいバングラデシュやインドネシア、タイなどアジア圏の生産施設でも同社製のテスターが採用されている。今後は培ってきた電気・光の計測技術を基軸とし、生産施設へ組み込んだシステム化や、少し違う分野の計測器製作を手掛けていくという。同社の掲げる〝DO NEXT!（技術を先駆ける）〟精神は、世界を相手にした今もなお健在だ。

森田テック株式会社

着実に高めた技術を結集したEMCスキャナーで電磁波ノイズを可視化する

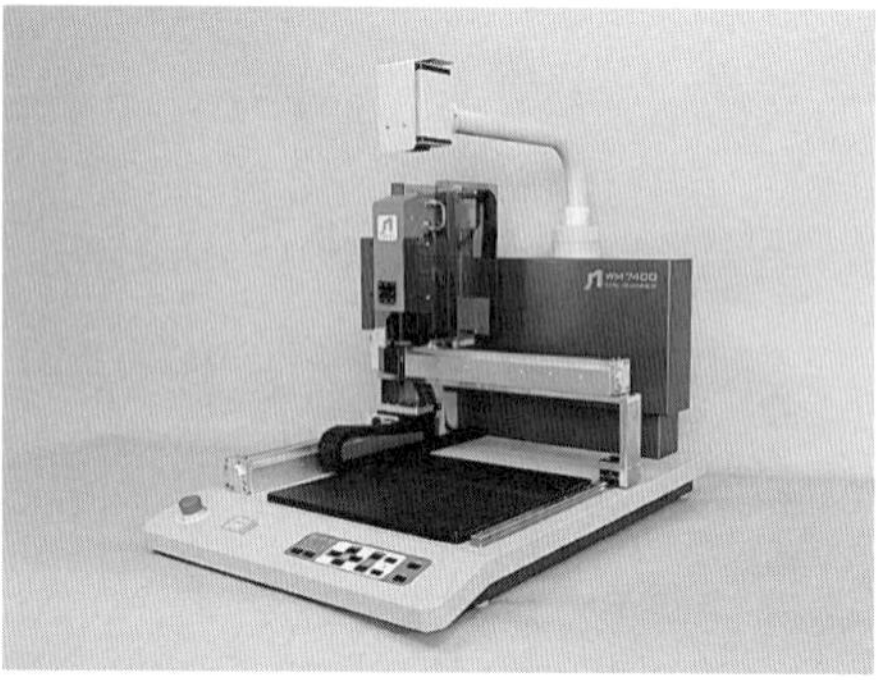

EMCノイズスキャナー

機器から発生する電磁波ノイズは機器相互の干渉により誤作動の原因となってしまう。そのため、各電子機器は、自分の放出するノイズの総量を抑え、かつ、ほかからのノイズに対しても一定の耐量を持たなければならない。それらの機器設計の際に使われるのが『EMCノイズスキャナー』で、電磁波に感度を持つセンサープローブを、ICなどの素子や回路基板の近傍へと位置決めして、電磁界分布を測定しマップ形式で表示する装置である。麻生区の森田テック株式会社では、少人数ながら高周波技術とメカの技術を両立させてコストパフォーマンスの高いスキャナーを開発・製造している。「ど素人から起業しました」と自称する森田社長氏は、チャンスを的確に捉えて同社を成長させてきた。

◉ステップバイステップで高めてきた高周波技術

大学で電気工学を専攻した森田社長は、実家の変圧器製造会社に入社して製造を担当していたが、先行きを見通した父に独立を促される形で三九歳の時に同社を設立した。しかし、携わってきた変圧器から離れたため顧客がついているわけではなかった。それでもワイヤーハーネス製作などの軽作業的な仕事を振り出しにして、数年後には計測器システムのラック組立業務を請け負うようになった。当初は、知り合いのつてで始めた仕事であったが、着実な仕事ぶりが評価され次第に高周波関連の仕事が増えてきた。手さぐりの起業であったが、数年を経て〝高周波〟に事業領域が定まり、一九九八年には初の自社開発品である『インターフェイスボックス』を手掛けた。

インターフェイスボックスは、高周波の信号切換や周波数変換をする装置で、携帯電話の端末や基地局の評価をするのに計測器とともに使用され、携帯電話が急速に普及した当時は計測システムに多く使われていた。何とか満足する性能を持つ製品を作り上げると、堰を切ったように仕事が舞い込み携帯電話端末や基地局メーカーへ多数納入され、会社は順調に成長した。最初は二名で始めた会社も、成長と並行するように人材が集まってきた。機構設計、高周波、ロジック・アナログ回路設計などメカや電気のハードウェア技術が一通りカバーできた。そして次なる目標を、ソフトウェア技術者を採用して、システム全体を作ることに定めた。

◉敬意を持って専門家集団を率い、EMCノイズスキャナーを形にした

そんな時、ある計測器メーカーから、電子機器から漏えいするノイズを測定したいという依頼を受ける。それが三次元の位置決めをする精密機構と電磁波ノイズを測定するプローブを組み合わせたEMCノイズスキャナーの原型であった。外部の技術者の力も借りながらスキャナーを改良し、商品として遜色がないものに仕上げた。その時、森田社長は確信した。「高周波もできて、メカもできる会社はほかにはあまりないのではないか?」。改めて自社を俯瞰してみると、少数ながらも優秀な技術者が集い、いつのまにか強みが醸成されていた。一般的には、専門家集団により競争力は形作られるものの、会社の方向性に沿ったマネジメントは難しい。そんな中、森田社長は、「社員は私の持っていない技術や能力を持っている人たちなので、彼らには敬意を持って接しています」と懐深く構えている。ただし敬意を払いながらも、顧客からの難しい注文に対しては〝できる方法は無いか〟と徹底的に考えるよう促すなど厳しい面も大事にして、しっかり舵取りしている。

◉外部との連携も強化して、開発型の企業としてブランド力をつけていく

同社は、競争力である技術開発に常に磨きをかけている。二〇一〇年に発売したEMCノイズスキャナー『WM7400シリーズ』は、8GHz帯域超まで測定できるなど、業界で最も早い時期に

会社概要

会社名：森田テック株式会社
創　業：1993年3月
所在地：川崎市麻生区栗木台3-8-1
電　話：044-980-8139
代　表：森田　治（モリタ　オサム）
資本金：1,000万円
従業員：18名
事業内容：EMCノイズスキャナー、RFモジュール試験システム 他
URL：http://www.morita-tech.co.jp/
認定等：川崎ものづくりブランド、川崎市知的財産交流事業成約企業

森田テック社長　森田　治

CISPR（国際無線障害特別委員会）の二二規制「情報技術装置からの妨害波の許容値と測定法」に対応した。また、産業技術総合研究所や東京大学とのプロジェクトに携わるなど産学連携も進めている。これらの取り組みが関係業界にも知られるところとなり、同社の知名度が確実に向上してきていることを森田社長も感じているが、そういった評価に安住することなく、外部からの技術導入も積極的に進めている。

二〇一二年四月には、『川崎市知的財産交流会』において日本電気㈱の『光電磁界プローブ』の特許ライセンス許諾を受けて、次世代の商品開発にもいち早く手を打っている。顧客の多様なニーズに応える製品を同社はこれからも作り上げていくことであろう。

株式会社八潮見製作所

船舶レーダ・管制用レーダシステムを支え、メカトロ機器開発で新たな事業を開拓

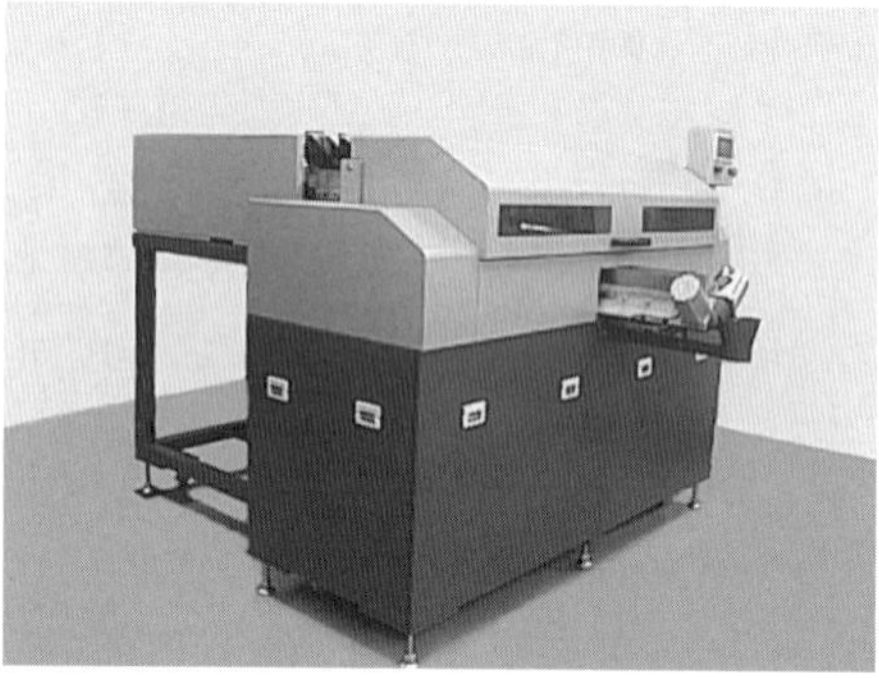

青果類計量・包装機

当社は、船舶レーダ・管制レーダ機器の修理、整備調整を通じ、安全を陰で支えて半世紀。「事故のニュースを聞くとドキッとします」と語る家亀規社長は、無事故を願わない日は無いという。メカトロニクスで第二創業、研究開発型企業へと進化している。

◉海路・空路の安全を支える

株式会社八潮見製作所は、規社長の父で現会長の家亀繁氏が一九六一年に大田区羽田に設立した。

繁会長は一九三八年に東京計器㈱へ入社。「東京計器ではモノづくりの基礎を学ばせていただき、大変感謝しています。船舶レーダ

を始めとしたさまざまな精密機器の試作開発や製造に携わりました。船舶計器の製造現場ではチームの責任者として、当時はまだ珍しかった分業制を導入して、生産性を大きく向上させることができました」と繁会長は会社員時代を振り返っている。そして、一九六一年、東京計器㈱の協力工場として同社を創業した。大手企業が苦手とする多品種少量の電子機器に着目し、船舶レーダやロラン（長距離航法用の自位置測定器）などの電子機器の組立、配線、オーバーホールなどの仕事を手掛けた。一九六三年には社内に航空特機部を設置し、管制用サイトレーダの整備を実施、一九七二年に航空自衛隊第二実科学校に探索レーダを請け負い装備した。一九七五年には航空機材、管制レーダ機器の修理受注を柱とする那須工場を栃木県に設立。その後、一九八四年にアメダス信号回路網監視装置、医療用探触子、医療用透析器を次々と受注するなど業況が拡大、一九八八年、川崎本社・工場ビルを建設、操業を開始した。一九九〇年には、ジェットフォイル（高速旅客船）の操縦システムのライセンス生産を受託し、高速航行を支えるなど、同社は、海路・空路の安全を支えている。

◉第二創業・メカトロニクス分野へ

第二の事業の柱、FA・ロボットシステム事業を育て上げたのは家亀規社長。ソフトウェア会社で経験を積んだ後に一九七三年に当社に入社した。創業当初からの事業は、管制レーダシステム機材の整備調整を中心に、同社の柱となり育っていることから、第二の柱を作るべく半導体向けのハンドリングや検査装置の事業化に注力した。

当時、取引銀行から紹介された大手企業のニーズに合わせた装置を製造し納品したことが、半導体向け事業に取り組む大きな契機となった。〝誠実な経営〟をモットーに顧客の要求にきめ細かく対応し、現在では多くの大手企業への販路獲得に成功している。

さらに、家亀社長は、シリコンサイクルによる半導体不況に備え、三本目の柱として環境とエコロジー分野に注目、独自性の高い製品の開発にも取り組んでいる。

例えば『プレスフィットコネクタ圧入装置』は、基板の穴に仮挿入したプレスフィットコネクタ(端子)を自動圧入し、穴と端子の変形を利用して〝接続〟させ〝はんだ〟を使わない鉛フリーで、環境負荷物質の低減を実現した。さらに特徴として、圧入の荷重やストロークなどを細かく設定可能で、履歴が記録できることから、最適な圧入条件を把握、万が一の不良品にも簡単に追跡、検証ができる。

また、トマト農家、トマト工場で評判になっているのが、青果類計量・包装機『TM-3500M』(=写真=)。この装置の搬入口にトマトを投入し、指定の重さを入力すると、次々とパック詰めされたトマトが搬出されてくる。不思議なことに重さが異なるトマトが複数組み合わされて、指定した重さに〝ピッタリ〟計量してパック詰めされる。その秘密は、計量ゾーンを通過したトマトの重さを計測し、複数のトマトの中から、最適な組み合わせを瞬時に計算、指定した重さにパック詰めする仕組みになっている。一日三人がかりで四〇〇パック袋詰め作業が、今では一人で三二〇〇パック詰めを可能としている。

川崎大師名物「くず餅」工場の自動化にも取り組んでいる。蒸し上がったくず餅を職人技の包丁さばきを超える『くず餅ロボットライン』が間もなく誕生する。

◉デザインインを推進

同社の強みは、金属などの加工や部品の組立など装置を製造する生産技術、独自製品の機械、電気回路およびソフトウェアを開発するための設計力を併せ持つことである。取引先から「こんなものできませんか」の声に、社員一人一人が誠意を持って真摯に応え、企画・設計段階から〝デザインイン〟で、顧客と一体となって開発を進めている。顧客の懐に飛び込むところから全てが始まる。絶大な信頼を勝ち取っているからこそできる開発スタイルだ。家亀社長は、「お客さんから『ありがとうございました』という言葉をいただくことが、代えがたい喜びです」と語り、子息の徹氏も社業に加わり、次なる事業展開に確かな手応えを掴んでいる。

会社概要

企業名：株式会社八潮見製作所
創　業：1961年5月
所在地：川崎市川崎区日ノ出2-6-7
電　話：044-288-2215
代　表：家亀　規（ヤガメ サトシ）
資本金：1,200万円
従業員：30名
事業内容：航空機管制レーダシステム機器の整備、各種制御・FAシステム機器の設計開発
URL：http://www.yashiomi.co.jp/
認定等：試作開発促進プロジェクト

八潮見製作所社長　家亀　規

株式会社
ルートレック・ネットワークス

ICT利活用の栽培技術で国内農業の発展を目指す

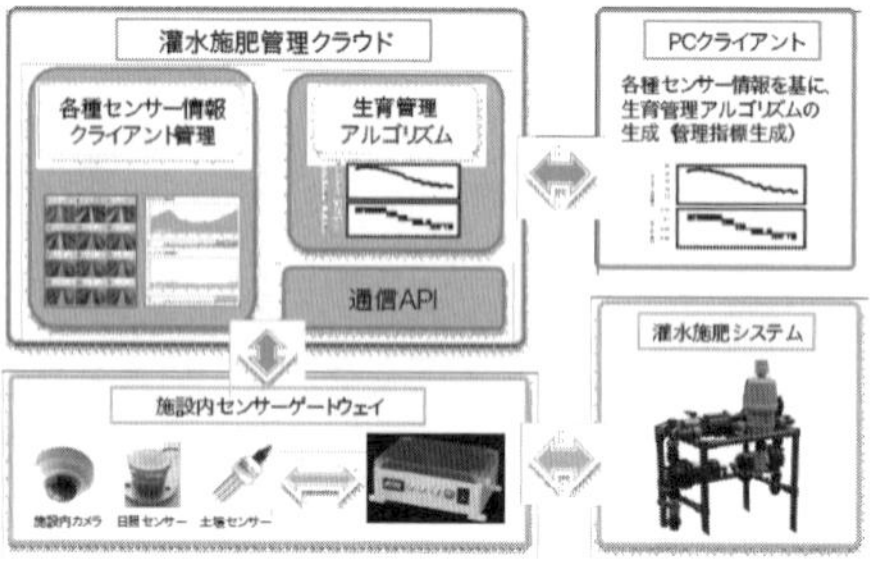

ICT養液土耕システム（ZeRo.agri）

株式会社ルートレック・ネットワークスは、〝ICT is My Friend―私たちは「つなぐ技術で」豊かな生活を創出します〟をミッションに掲げる研究開発型ネットワーク関連機器メーカーだ。同社の高いネットワーク技術を応用したリモート管理製品『RouteMagic』は、システムのトラブルや停止が許されない省庁・銀行・携帯キャリアなどのミッションクリティカル分野に幅広く採用され、さまざまなソリューションを提供している。その同社が、明治大学農学部黒川農場と連携して取り組むのが、ＩＣＴと農業を融合させた新たな農業ビジネスの構築である。

◉シリコンバレー仕込みのベンチャースピリットで挑戦し続ける

佐々木社長は、本格的なIT時代の到来の前からIT業界でのキャリアと日本国内やシリコンバレーのPCベンダーとのネットワークを築いていた。その後、自身も経営者としてITの仕事をすることを決意。一九九〇年にシリコンバレーのベンチャー企業の日本進出を支援する会社に参画、後に代表取締役に就任し、一〇年間で八〇社もの米国企業の日本展開を支援した。

その後、二〇〇〇年にグループ会社の投資先の一つであった同社の社長就任。ネットワークへのアクセス管理やログ収集を自動化する有線型の主力製品『RouteMagic』をはじめとして、顧客の視線に立った製品を提案することにより、導入実績を着実に増やしてきた。

そして、二〇〇五年にMBO（マネジメントバイアウト）を行い、新生ルートレックをスタート。無線で「ヒトとモノ」「モノとモノ」をつなげてリモート管理する「ワイヤレスM2M（machine to machine）」に取り組み、事業の大きな柱に成長させた。無線化とプラットフォーム化により応用の幅が広がり、「ワイヤレスM2Mプラットフォーム」の製品ラインナップはますます充実している。

◉「ICT×農業」により、農業を再び魅力ある産業に

二〇一〇年に総務省広域連携事業「ICTを利活用した食の安心安全構築事業」のプラットフォームとして同社製品が採用されたことを契機として、翌年末に「M2Mビジネス」を事業者が

簡単にスタートすることができ、農業・環境分野や産業機器分野、エネルギー分野での応用が可能となる「M2MプラットフォームZeRo」を完成させた。

今なぜ農業分野へ参入するのか。地域の生産者と二年にわたりICT農業の課題について議論・情報交換を重ねてきた佐々木社長は、「二〇一一年東日本大震災以降、消費者が『食の安心・安全』をより重視するようになっていること、日本品質の農産品はグローバル市場にも通用すること、わが国のブロードバンドの普及率の高さと通信費の低下などにより農業分野へ参入する環境は整ってきている。ICTを農業に上手く活用すれば、農業の参入障壁が低下し、若い農業従事者が増え、農業は再び魅力ある産業分野になる」と言う。

◉明治大学農学部との産学連携で「川崎発のICT農法」を

では、長年の経験を通じて培った技術や暗黙知が、農作物の品質を差別化する上での重要な要素となる農業にICTをどう活かすのか。同社は明治大学農学部との連携により、ICTを活用した農業ビジネススキームである「ICT養液土耕システム」の構築を目指している。

1 明治大学から技術指導が受けられ、水耕栽培と比較して大幅に初期費用を抑えることができ、収穫量アップと品質向上を実現できる新しい農法「養液土耕栽培」を対象とする

2 明治大学の協力を得て、センサーで収集した情報から必要最低限の情報を抽出し、管理指標を作成する。このことにより、生産者の創意工夫の余地を残しつつ経験の浅い農業従事者であっ

会社概要

企業名：株式会社 ルートレック・ネットワークス
創　業：2005年8月
所在地：川崎市多摩区三田2-3227
　　　　地域産学連携研究センター 201
電　話：044-819-4711
代　表：佐々木　伸一（ササキ　シンイチ）
資本金：3,560万円
従業員：10名
事業内容：ネットワーク機器等の情報通信機器の開発・販売
URL：http://www.routrek.co.jp/

ルートレック・ネットワークス社長
佐々木伸一

ても一定水準の品質と生産性を担保する

3　ＩＣＴへの抵抗感がなく、やる気のある若い施設土耕栽培従事者をＩＣＴ農法のユーザー対象として絞り込む

4　安定供給できる農作物に絞り込むことなどによりバイヤーの買いやすさを提供すること、販売先の確保やブランド戦略など、出口戦略を明確にする

ルートレックの「つなぐ」技術と明治大学農学部の「つくる」技術を融合させるこのシステムは、既存の施設土耕栽培に、最小限の投資で単位面積あたりの収穫量を向上させ、若い就農者の増加と環境保全型農業の拡充を図ることができる画期的なシステムである。

農業の活性化は「日本再生戦略」の重要項目であり、ＩＣＴ技術を活かして農業生産の新たなサプライチェーンの構築を図る「川崎発のＩＣＴ農法」の普及は、農業活性化のあり方の一つを提示することとなるだろう。

有限会社
相和シボリ工業

卓越した技術と誠実な人柄、
そして家族の絆がオンリーワン製品を生み出す

ステンレス製ビアタンブラー

へら絞りとは、平面状や円筒状の素材となる金属材料を回転させ、「ヘラ」と呼ばれる棒を押し当て、局部的な塑性変形を徐々に繰り返し与え、全体の製品形状を創成していく加工方法である。『かわさきマイスター』の称号を持つ大浪忠社長をはじめ、家族で仕事に取り組まれる有限会社相和シボリ工業の業務に対する姿勢は、まさに〝相手と和をもって接する〟社名の由来そのものだ。

◉設立時からその技術と誠実さで顧客の信頼を掴んでいく

一九八二年創業当初は、新規顧客開拓のため、夫婦で営業活動を行っていた。第三京浜のインターチェンジが近く、交通量の多い道路に面した同社には、通りがかりに気付いた人から突然依頼が舞い込むことも多く、アピールのために、真冬でも工場のシャッターを開けて操業をしていた。

「良いものを作れば、お客さまが喜んでくれる」との想いで一つ一つの依頼に丁寧に対応し、どんな短納期でも品質の高い製品を提供してきた仕事ぶりは、顧客の厚い信頼を得るところとなり、三〇年経った今でも、創業当時からの顧客との関係が続いている。

◉『かわさきマイスター』に輝く熟練のへら絞り技術

同社の主な生産品目としては、照明カバー・機械カバー・送風機の吹き出し口・船舶の燃料タンク部品・半導体製造装置の部品などがあり、身近な例としては横浜スタジアムの照明用反射板が挙げられる。他社がさじを投げたような依頼でも親身に相談にのり、手絞りによる単品の試作から自動絞り機による量産まで、顧客の多様なニーズに応えている。

通常、大きな金属板を絞って成型する場合、「なまし」と呼ばれる熱処理を加えながら絞るのだが、忠社長はその卓越した技術によって「なまし」を施すことなく加工することが可能で、これにより、製造時間の短縮に伴う短納期化・低コスト化を実現している。あるとき、その技術を目の当たりにした大手製造業の顧客から次々と難しい依頼が舞い込むようになった。嫌な顔一つせず依頼をこなす社長の人柄にもほれ込んだ当該顧客からは、今でも受注が絶えないという。

そんな忠社長は、二〇一一年に川崎市から『かわさきマイスター』に認定された。かわさきマイスターとは、極めて優れた技術・技能を発揮して産業の発展や市民の生活を支える「もの」を作り出す現役の技術・技能職者に贈られる称号のこと。市内最高峰の匠という評価を受けている忠社長は「今後は地域に貢献できるようなこともしていきたい」と語り、地元の学生の職場体験や各視察の受け入れ、美大の卒業制作への協力など、さまざまな活動にも精を出している。

また、忠社長を支え、同社の看板でもあるのが美津江夫人だ。創業時から会社を切り盛りしてきた夫人は、自身が絞ることもあり、「広報担当でもあるんです」と語るその笑顔と明るさはまさしく同社の顔だ。「できた製品を受け取って嬉しい顔をしてくれるお客さまのことを想像しながら手を動かすんです」と笑顔で話す彼女のほがらかさから、同社には、週に一度は近所の工業者たちが自然と集まり、町工場が憩いの場へと変わる。

◉自社ブランド商品の作成

忠社長の熟練の技は、長男の友和氏へと受け継がれていく。現在、友和氏は工場長として、会社の運営から自動絞り機を用いた量産品のへら絞り加工まで、一手に担っている。もちろん、手絞りの技術も相当なもので、型の設計から、大物の絞り加工時には忠社長、美津江夫人とともに取り組むこともあり、何でもこなしている。「製品を受け取る時にお客さまに喜んでもらいたくて、一手間かけて綺麗にしてから納品しているんです」と語る友和工場長は、相手と和をもって接する同社

会社概要

企業名：有限会社相和シボリ工業
創　業：1982年8月
所在地：川崎市高津区新作3-3-2
電　話：044-888-6361
代　表：大浪　忠（オオナミ　タダシ）
資本金：300万円
従業員：4名
事業内容：へら絞り加工
URL：http：//aiwasibori.com/
認定等：かわさきマイスター（大浪社長）

相和シボリ工業（右から）
大浪忠社長、美津江夫人、友和工場長

のアイデンティティを体現している。

そんな友和工場長が中心となり現在、新しい事業の柱とするため取り組んでいるのが、自社ブランドでのオリジナル商品の開発である。デザイナーと組んで、ステンレス製のビアタンブラーなどを開発・製品化した。本製品は国際的な展示会にも出展し、大変好評を博した。また、別の大規模展示会へも出展し、そこで出会ったコーディネータのもと、国内で屈指の技術を誇る磨き事業者や、工芸家として非常に高い評価を受けている漆塗り職人とのコラボレーションを実現し、他には類を見ないオリジナル商品、漆塗りのビアタンブラーを製品化した。

「今回の自社商品を作るにあたっても、多くの方々との出会いがあり、ご協力をいただいており、大変感謝しています。これからも、こうした出会いを大切にし、また、自らも交流の場へ積極的に参加し、つながりを広げていきたいです。そして、今回の自社商品作成のように、他には真似できないような新しいことに取り組んでいきたいです」と今後の展望を語る友和工場長の目は、相和シボリ工業のさらなる躍進を見据えている。

株式会社
イクシスリサーチ

顧客ニーズの本質を追及するロボット専業メーカー

超遠隔地監視ロボット『ZigZag』

◉学生ベンチャーからの成長

株式会社イクシスリサーチは、一九九八年に山崎社長が大学院在学中に起業し、ロボット開発専業メーカーとして、ヒューマノイド・ロボットなどの開発を進めてきた。最近では道路や橋梁などの社会インフラや工場設備など、人による点検が困難な場所での点検・検査用ロボットの開発を中心に事業を展開している。

ロボット技術は「統合技術」と言われるように、複合的な技術をうまく融合することが求められるが、「当社は、機械設計、電気回路設計、組み込み機器開発、アプリケーション開発などを社内で一手に手掛けており、顧客のニーズにきめ細やかに対応できる点が強み」と山崎社長は語る。ロボット化は、顧客側にとっても新しいテーマであることが多いため、顧客と一緒にニーズの本質を見極め、仕様をつくり上げていく「共同開発型」を得意としており、企業理念として、〝使える、使い続けられるロボット開発〟をテーマに事業を進めている。

従来、ロボットは、より高度な技術を投入し、より複雑な作業ができるように、技術志向型、研究志向型の開発が多くを占めていた。ここではヒト型ロボットに代表されるような、これから五〇年後、一〇〇年後を見据えた技術開発が主流で、メディアなどでも先端技術の象徴として常にクローズアップされてきた。

こうした中で、同社も創業以来、二〇〇五年の愛知万博までは、この時流に乗って大手電機メーカーや通信会社、重工メーカーなどが企画した『サービスロボット』といわれるコンシューマ向けロボットの開発を進め、常に最先端の技術を追求してきた。特に大学や研究機関といったアカデミックな業界とも関係が深く、顧客の知的欲求を満たすロボットづくりに邁進し、業界内でも一定の認知度を得るに至っている。

◉顧客ニーズの本質を追求したロボットづくり

同社では、顧客の知的欲求やニーズの本質を見抜くため、毎日、全社員で約一時間会議を行っている。これは各自の日々の業務の進捗管理だけでなく、顧客からの要望やクレームなども、取りこぼすことなく全社員が共有し、解決策を議論する場であり、その結果、顧客ニーズの本質を見抜く場としても機能している。

近年、このような「ロボット」のニーズが大きく変わってきている。そのひとつにメンテナンス業界があり、同社が今後の主力事業として位置付ける分野である。高度経済成長期から半世紀を迎え、社会インフラや工場設備は老朽化の一途をたどっている。また、昨今のグローバル化による新興国との競争などにより、コストダウンの圧力も強まり、設備投資から設備維持へと時代が変遷し、点検・検査のニーズが高まってきている。さらに、団塊の世代の大量退職の問題から、既存の点検・検査の品質維持すら危ぶまれており、ますます重要性を増す点検・検査業務が危機にさらされている。

このような社会的問題が浮き彫りになり、従来の技術開発型、研究開発型のロボット開発ではなく、今すぐ必要なロボットが求められるようになってきた。これは単にロボットの形状がヒト型から走行型などに変化したというものではなく、「試作機」から、毎日動く「実用機」への変化であった。これまで研究開発型のロボットを多く手掛けてきた実績から、求められる技術的要件については問題としていなかったが、「実用機」に求められる要件が、直接技術にかかわる部分ではなく、「確実に動作する」「現場作業員でも直感的に操作できる」「運用が容易」といった顧客の見えざるニーズに対応できるかが求められている。

会社概要

会社名：株式会社イクシスリサーチ
創　業：1998年6月
所在地：川崎市幸区南加瀬5-18-16
電　話：044-589-1500
代　表：山崎　文敬（ヤマサキ　フミノリ）
資本金：1,000万円
従業員：8名
事業内容：研究用・ゲーム用ロボットおよび電子機器部品の開発、販売コンピュータソフトウエアの開発、販売
URL：http://www.ixs.co.jp/
認定等：川崎ものづくりブランド、かわさき起業家オーデョション起業家賞、試作開発促進プロジェクト、川崎市知的財産交流事業成約企業

イクシスリサーチ社長　山崎文敬

◉使える、使い続けられるロボット開発を目指して

同社は、〝Robot Technology for Your Safety Lives〟という理念の下、ロボット技術を通じて、生活および生命の「安全・安心」を実現すべく、常にニーズの本質を探る姿勢を徹底し、全社員が感度良く、きめ細やかに応対してきたことで顧客との信頼関係を築いてきた。また、メンテナンスロボットにおいては、現場の設備が一様でないため、大量生産型の機器開発は難しく、現場ごとに一品一様のロボットにしなくてはならない。こうした業界では大手企業の参入は難しく、技術力、提案力、実績も求められるため、同社のようなロボット専業メーカーの参入が可能となっている点も大きい。

「当社が開発するロボットは、顧客にとっては目的ではなく、検査のための手段。とかくロボットは目的化しやすいが、手段に徹するモノづくりを今後も続けていきたい」と山崎社長は語った。

株式会社グリーンテクノ

静電気の応用技術で顧客のニーズに応える

キノコ増産マシン『らいぞう』

〝環境に優しく、お客さまと心の通う最高の商品により、社員と共に豊かなみらいを築きます〟

これが株式会社グリーンテクノの経営理念である。一九九七年に地球環境に優しい事業を目指して社名を「ヤコー通信工業株式会社」から「株式会社グリーンテクノ」に改名した。「グリーンテクノ」は、環境負荷の低減に少しでも貢献したいという田中社長の基本的な考え方を反映する。静電気の応用技術および設計業務の受託企業として、その高い技術と知恵とノウハウでは他社に負けないユニークな会社である。

◉青年時代の開発製品が現事業の基礎

田中社長は、電力系のメーカーで五年間旋盤、フライス盤など工作機械を使って多種多様な治工具を製造してきた。その後、技術部門に移ったが、その部門の先輩たちと新会社のヤコー通信工業㈱を設立した当初は、松下通信工業㈱の標準化信号発生装置などの工業計器類の設計を積み重ねた。その後、小野田セメント㈱から静電紛体塗装機のOEM生産を開始し、同社の主要事業となった。

静電紛体塗装機とは、有機溶剤のような液体を塗布するのではなく、紛体の塗料を塗装面に吹き付ける装置。吹き付ける塗料に高電圧を加えてガンから発射させ、静電気の力で塗装面に付着させる仕組みになっている。

この紛体塗装機心臓部を改造して、商品化したのが小型高電圧電源『GTシリーズ』。静電気を活用したさまざまな作業を行いたいという要望に応える装置で、紙や箔をいろいろなものに吸着させる機器、静電気の帯電による植毛、火花放電実験機用の電源などに使われている。

◉小型高電圧電源を使ったキノコ増産マシン『らいぞう』

小型高電圧電源を使った製品の中でもユニークな製品が二〇一〇年一二月に誕生したキノコ増産マシン『らいぞう』である。きっかけは愛媛県中予地方局産業振興課から「シイタケの原木に高電圧刺激をかけることで増収効果が期待できるか」という相談だった。同社は小型高電圧電源を活用した『高電圧火花放電式電気刺激電源』を試作し、愛媛県で原木シイタケ、菌床シイタケの栽培実験を行った。

五〇〜一〇〇キロボルトの高電圧を数秒印加することで、原木シイタケ栽培では、収穫量が一・五倍〜二・五倍、菌床シイタケでは一・五〜二倍の収穫量が増加するという、驚くべき実験結果が示された。

また、「かみなりキノコ研究」の第一人者である岩手大学の高木教授に電気刺激とシイタケの収量増加の因果関係について尋ねたところ、「キノコが成長するのは、電気パルスの刺激によりキノコの菌糸が切れ、危機感を抱いたキノコが子孫を残そうと、菌糸の形成が促進されたからではないか」という見解をもらった。愛媛県での実験データの評価と大学の研究成果に基づいた解説から、農家の役に立つと考え、持ち運び可能なコンパクトサイズのキノコ増産マシンである高電圧火花放電式電気刺激電源『らいぞう』を開発した。

『らいぞう』を実際に使用した農家からも「電気刺激を与えることで、実際に収量が増加した」といったコメントが寄せられたことで、新聞、テレビをはじめとするマスコミにたびたび取り上げられるようになり、川崎だけでなく、全国の農家から注目を集め、注文が舞い込んでいる。

◉静電気を使った実験で次世代教育

同社は元々、静電気を使った実験番組などにもテレビ出演していたが、川崎市が発行している中学生向けの理科等副教材『川崎サイエンスワールド』への掲載や、小学生や中学生向けに、同社の小型高電圧電源を活用した出張授業を行うなど、次世代育成にも積極的に取り組んでいる。これ

会社概要

企業名：株式会社グリーンテクノ
創　業：1969年12月
所在地：川崎市高津区子母口438
電　話：044-755-2431
代　表：田中　實（タナカ　ミノル）
資本金：2,600万円
従業員：25名
事業内容：高電圧電源の設計製造、静電気応用アプリケーションの設計製造、電荷量計の設計製造、機構デザインの製造、各種メカ製品の設計製造
ＵＲＬ：http://www.greentechno.co.jp/
認定等：川崎ものづくりブランド、かわさき起業家オーディション優秀賞

グリーンテクノ社長　田中　實

は、「子供たちに科学を楽しんでもらい、感動を与えたい」という田中社長の思いから実施しているもので、参加した子供たちからも「楽しかった」「感動した」「興味がわいた」といった感想が出るなど、大変好評を得ている。

◉中小企業の良さを活かして新たな分野を開拓

同社は、「いかにお客さまの求めている製品を提供するか」という田中社長の考え方の基、現在提供している製品にある課題や改善点を工夫し改良していくことで、顧客に欲しいと思ってもらえる付加価値の高い製品を提供していこうと、日々努力している。

また、自分では想像もつかなかったキノコ増産装置を開発した経験から、高電圧は、まだ利用されていない新しい分野がたくさんあると考える。そこで、小回りの利く中小企業の良さを活かして、大企業が参入しない新たな分野を開拓することで、顧客の悩みを解決する新製品の開発に挑戦していくつもりだ。

神津精機株式会社

世界最高精度の位置決めステージメーカー

社屋

二〇一〇年、探査機「はやぶさ」が、世界で初めて地球重力圏外の小惑星イトカワのサンプルを持って地球に帰還した。宇宙開拓史に刻まれたこの快挙のドラマは映画化もされたのでご存知の方が多いだろう。そしてこの「はやぶさ」が持ち帰ったイトカワのサンプルの分析に神津精機株式会社の製品が使用された。同社が長年培った研鑽の成果が世界最先端の分野でひときわ輝いた瞬間である。

◉各国の研究所も認める高性能の実験研究装置を開発

同社は角度を測定するトランシット測定器の修理業として一九

四五年スタートした。その後自動車ランプ類検査装置、レーザー光学機器全般の製造を通して技術を蓄積した。発展の契機となったのは一九七五年、原子核物理研究所へ日本初の本格的放射光専用分光器を納入したことだ。それからは国内だけでなく、米国・欧州などの行政機関や大学の研究所などのための、高い精度を要求される特注の実験研究用機器を作り続けた。その成果の極みが放射光用の実験研究装置の設計製造である。特に二結晶X線分光器（※1）については、「はやぶさ」が持ち帰った微粒子を分析した日本（兵庫県のSPring-8）だけでなく、アメリカ（シカゴのアルゴンヌ国立研究所）、フランス（グルノーブルの欧州連合放射光研究所）の世界三大放射光施設をはじめ、各国の実験研究施設へ導入された。二結晶X線分光器は放射光光源から入射するあらゆるX線から特定の高分解可能な単色光を取り出し、後続の実験機器に送る。物理、化学、医学、生物学、精密光学など、幅広い分野の研究に必須のものであり、同社は科学の発展に貢献している。

◉ステージメーカーとしての立脚

同社の製品設計・開発は実験研究用機器のみにとどまらない。産業用で身近な製品ではコンパクトディスクやDVDの光ピックアップ組立・検査装置、液晶プロジェクター組立調整装置、CCDカメラ貼付調整装置、自動車ランプ類配光測定装置など、精密機器製造装置についても高いシェアを誇る。そしてこれらの精密装置で要素部品として必須なのが位置決めステージ（※2）であり、同社は実験研究用装置開発の過程で獲得したノウハウを元に、精密位置決めステージを規格化し『モンブランシリーズ』として開発した。現在ではこのシリーズがデジタル家電メーカーの生産設備を中心に採用され、同社の主要製品として実験研究用の放射光製品と双璧をなしている。

◉ハイクオリティの秘訣

同社の製品群の質の高さは徹底して顧客の要望を重視することにある。同社では国内・海外問わず顧客との打ち合わせに必ず技術部門の社員が参加する。技術に明るい者がいなければ顧客のニーズを製品に正しく反映できないからだ。注文受注の窓口は直接同社ではなく商社が仲介することもあるが、その場合も必ず同社の技術職員が同行する。主な顧客である研究所とは毎週のように意見交換を行っている。時には難度の高い注文もあるが、これを受け止め実現する。より高い次元で製品を提供しようという姿勢だ。一見受身のようでいて攻めの姿勢。それが神津精機流である。

「うちには設計力がある」と静かに穏やかに、しかし確たる自信に満たされて発せられた内藤社長の言葉には、今まで課せられたハードルを顧客のために社員一丸となって研鑽を積むことで、真正面から乗り越えてきた技術者の誇りが込められている。

◉今後の展開

今や世界を相手にする精密機器メーカーに成長した同社。次の一手をどこに指すのか。内藤社長は「ステージメーカーとしての地位を確固たるものにする。位置決めステージは実験研究施設だけでな

会社概要

企業名：神津精機株式会社
創　業：1945年9月
所在地：川崎市麻生区栗木2-6-15
電　話：044-981-2131
代　表：内藤　利明（ナイトウ　トシアキ）
資本金：9,965万円
従業員：116名
事業内容：精密測定機器、光学測定機器、各種試験機、精密機器部品などの設計、製造、販売
ＵＲＬ：http://www.kohzu.co.jp/

神津精機社長　内藤利明

く、精密機器の生産施設において需要がある。高い精度を持った『モンブランシリーズ』をうちの設計力でカスタマイズし、基軸としてさらに、生産設備に統合・システム化することは、必ず顧客に満足していただけるものになる」と力強く語る。新製品開発のために、営業・製造・『モンブランシリーズ』とは別の技術職員を加えたチームが編成され、自由闊達な議論を展開している。システムを効率よく稼動させるソフトウェアの開発も課題の一つだ。一人よがりにならず、多角的な視野でより顧客のニーズに合った使いやすいものを求めていく。比類ない精度の製品製造技術を誇っている同社。技術と顧客重視の職人魂を双翼として、より大きな市場へと雄々しく羽ばたこうとしている。

〝higher and higher より高みへ〟

技術者集団の挑戦は尽きない。

（※1）光の回折現象を利用して、さまざまなエネルギーが混在した状態のX線から、ある特定のエネルギーをもったX線だけを取り出す装置。
（※2）X軸（左右）方向とY軸（縦）方向に動くステージを重ねることで任意の場所へ位置決めを行う機構。産業用ロボットや半導体製造装置に位置決めに使用される。

光明理化学工業株式会社

世界の安全・安心を守り続ける「ガス検知管」のトップメーカー

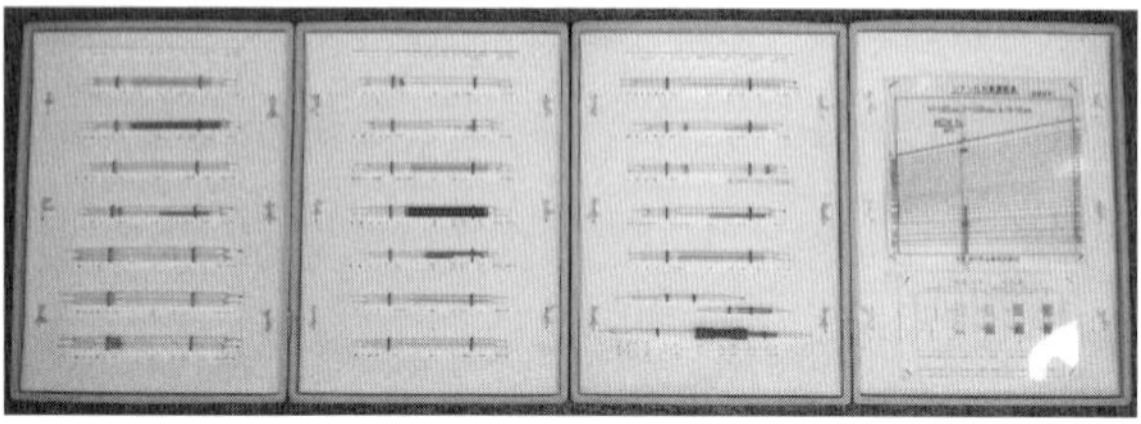

科学遺産に認定された北川式検知管

光明理化学工業株式会社はガス検知管の草分けであり、トップメーカーとして走り続けている世界的な企業である。「一九四七年の創業以来、ガス検知管を通じて労働環境改善に寄与してきた」と北川不二男社長が自負する同社の歴史は、戦後の労働衛生史とも重なる。

◉国産初の原理に基づくガス分析機器の開発

同社の基盤となっているのが『北川式』で知られる北川式ガス検知管である。大型の注射器に似た形状で、検知管とガス採取器の二部で構成された測定器具である。ガス採取器に接続した検知管を通して試料空気を吸引し、検知管の変色層の長さで濃度を測定する仕組みだ。測定時間は約二分。化学分析における多くのステップを検知管とガス採取器の結合とガス吸引の二つのステップに集約し、濃度の読み取りまで数分の作業に凝縮されていることが特徴である。

二〇一二年八月には国民の生活・経済・教育・文化に貢献した分析技術・機器として、製品化された当時の検知管が分析機器・科学機器遺産に認定されている。

◉戦後間もなく創業し、産業の発展を支えた

終戦直後の食糧難時代に化学肥料「硫安」（硫酸アンモニウム）の製造工程で、反応を阻害する有毒ガス硫化水素の迅速な分析法として一九四六年に開発されたのが北川式検知管だ。発明者は当時商工省東京工業試験所（現在の産業技術総合研究所）に勤務していた北川社長の実父・北川徹三博士である。短期間にアンモニア、亜硫酸ガスなど四種類の検知管が完成し、これを工業化したのが北川博士の岳父にあたる津村清太郎氏であった。

小型軽量で誰が使っても精度が高く、動力源も不要と現場での使いやすさが評価され、検知管の市場は一気に広まった。労働基準法の制定により「安全および衛生への取り組み」が進められると活躍の場が広がり、当時の国最優先事業の炭鉱・製鋼現場で一酸化炭素濃度監視用に採用。さらに空襲で破壊された都市ガス供給網の整備に安全管理用として導入された。

危険・有害ガスによる中毒、爆発災害の防止を目的とする同社のガス検知器は日本だけでなく米国、欧州、中国などへも普及し、一九五六年には検知管法の発明と産業界での実績に対して、生産工学・生産技術で優れた業績を表彰する『大河内記念技術賞』を受賞している。

◉安心して暮らせる環境づくりを目指したものづくり

「化学肥料の時代から石炭、重化学工業の比重が高まり、その後が石油・ガス、自動車の時代と変わってきているが、使用される化学物質も次々と変わってきており、これらに対応した製品開発が当社のビジネスモデルで、この経営方針は今でも変わっていない」と北川社長は語る。検知管の種類は測定対象物質、濃度範囲の違いを含め三〇〇種類を超えている（二〇一二年現在）。

検知管にとどまらず、日本初の接触燃焼式可燃性ガス検知警報器や赤外線式ガス測定器などオリジナル製品を次々に投入。赤外線式ガスセンサを発展させた自動車排気ガステスター、これから発展した車検機器コントローラーなどにも積極的な展開を図っている。ユニークなところでは飲酒運転取締用の呼気中アルコール測定や、犯罪鑑識でも同社製品が使用されているほか、地球深部探査船「ちきゅう」のガス検知警報システムにも同社の製品が採用されており、最近では美術品を保護する目的で、ケース内のアンモニア、酸の測定器として美術館でも使用されている。

創業時から蓄積された研究・技術・製造のノウハウを幹に、時代のニーズに応じ研究開発・製品の枝を広げ、私たちの安全・安心を守り続けている。

会社概要

企業名：光明理化学工業株式会社
創　業：1947年8月
所在地：高津区下野毛1-8-28
電　話：044-833-8900
代　表：北川　不二男（キタガワ　フジオ）
資本金：1億円
従業員：200名
事業内容：測定機器、警報機器の製造販売
URL：http://www.komyokk.co.jp/

光明理化学工業社長　北川不二男

◉世界に信頼される製品を〜ものづくりは日本で、市場は海外

需要拡大に合わせ工場も川崎市に玉川工場、福島県会津坂下町に子会社の会津光明を設立するなど生産体制を固めてきた。二〇〇六年七月には測定器の生産を会津光明に移転し本社を目黒区内から玉川工場に移転。二〇一一年一〇月には会津美里町に新工場を建設し震災後の福島県の産業復興にも一役買っている。生産工程はガラス管内径の精密測定、充填後の溶封、目盛印刷などは全て自動化が進んでいる。多くの種類の危険・有害ガスについて微量濃度の信頼性の高い試験用ガスを作製することが最も重要なプロセスであり、検知管に封じ込む薬剤として、これらの微量ガスを瞬間的に吸着させ鮮やかな呈色反応を示す反応試薬、反応場のコントロールが、高度な品質を保つのに不可欠な技術だ。この製造プロセスを海外に出すことは考えていない。むしろこの技術を他の製品に活かす方向で検討中だ。

今後の重点戦略は、ガスセンサの海外市場への展開だ。米国の販売子会社、代理店網の協力を得て、検知管以外の製品についてもKITAGAWAブランドのグローバル化を急ぐ考えだ。

今野工業株式会社

匠の技「へら絞り加工」、
オンリーワン自社技術を守り育てる3代目社長

へら絞り加工

今野工業株式会社は、機械加工、板金、表面処理、組立など、ものづくりの基盤技術を持つ工場が集まる川崎市高津区下野毛にある。へら絞り加工ができる企業は全国でも数百社ほどという希少な存在だ。

◉多品種少量に最適な金属加工技術「へら絞り」

へら絞り加工とは、金属板と型を旋盤に取り付け、金属板を回転させながら、金属棒の先端につけたヘラで、型に押し付けながら成形する板金加工の一種である。プレス加工といった成形加工もあるが、しっかりした金型が必要となるため生産数が少ない試作品や一点ものでは割高になる。それに対し、へら絞り加工は簡易な金型や木型ですむことから、まさに多品種少量生産に最適である。さらに、へら絞り加工の魅力はその仕上がりにもある。型に貼り付ける内側部分は、素材そのものの美しさが残り、照明器具やアンテナなどの反射板に適する。同社の得意先は、年間で二〇〇社以上にのぼる。大手メーカーから照明関係、個人住宅のシャンデリア、直径数ミリのカメラ部品や直径一・五mのパラボラアンテナまでへら絞り加工の大きさや製品もさまざま。変わったものではロケットの先端部分や美術大学生から加工依頼を受けたこともある。加工する金属材料も、一般的な鉄・アルミ・ステンレス・真鍮に加え、ジルコニウムや特殊な合金まで千差万別だが、熟練技術者が先端材料にも対応する。

◉「かわさきマイスター」が伝承する職人技

へら絞り加工技術は、ものづくり基盤技術の中でも一〇〇%職人の腕に頼るところが大きい。川崎市には、極めて優れた現役の技術技能者を「かわさきマイスター」として認定する事業がある。毎年認定されるのは数名であるが、この道四五年を超えるベテランで同社の工場長鍵屋清作氏もその一人だ。工場には自社製のシボリ旋盤、へら絞り加工をするCNC自動スピニング機やパワープレスといった各種機械が所狭しと並ぶ。へら絞り加工に使う木型・金型はほとんど自社製だ。熟練技術者は多様なへら絞り製品の発注に臨機応変できる。機械メーカーの担当からは「通常こういう機械の使い方はしない」と驚かれることもあるそうだ。数百個単位の加工においても誤差はプラスマイナス〇・一㎜程度の高い精度で仕上げることができる。製品のへら絞りを任せられるまでに五年、一人前と呼ばれるまでに一〇年。技術を教えても四～五年で辞めてしまう人も多いといい、技術習得まで根気がいる。

◉社員に慕われ続ける社長親子

同社は、創業者今野辰五郎氏が創業後早くして亡くなってから、社員に請われるまま辰五郎氏の妻で現会長の今野タネ子氏が三五年以上にわたり社長として会社を築き上げた。二〇〇九年に長男辰裕氏が三代目社長に就任し、へら絞りの熟練技術者としてもへら絞り技術を守っている。経営は、タネ子会長が会社を引き継いだ時から変わらず、決算の内容を社員全員に公開しガラス張り経営を目指すことによって、社員に「自分の会社」と意識してもらうようにしている。当時の社員は、ほとんどが今もこの会社で働いている。

◉海外には出せないメイドインジャパンの技術

同社の匠の技は、今野社長も含めた熟練技術者が育て守ってきた。海外生産に頼る製造工程が多い中でも、へら絞り加工は一〇〇％メイドインジャパンの技術だ。

「自社技術があれば、自社製品が無くてもいい」と今野社長は言う。匠の技は、まさにオンリーワンの自社技術。三代にわたり技術を磨き守り続けてきたことに裏打ちされる力強い言葉である。

会社概要

企業名：今野工業株式会社
創　業：1967年6月
所在地：川崎市高津区下野毛2-14-18
電　話：044-811-7204
代　表：今野　辰裕（コンノ　タツヒロ）
資本金：1,000万円
従業員：10名
事業内容：金属へら絞り加工、溶接加工、プレス加工、旋盤加工など
URL：http://www.herashibori.com/
認定等：かわさきマイスター（社員の鍵谷氏）、KIS、試作開発促進プロジェクト

今野工業社長　今野辰裕

◉下野毛の強みを活かしたものづくりの新しい展開

最近はへら絞りを知らないところからも、インターネットや口コミを通して全国各地から仕事が舞い込む。自社で分からない技術や単独で加工が難しい場合には、隣近所の現役社長に相談し合う。一九九六年に今野社長ら下野毛地区の金属加工業九社が立ち上げた「ものづくり共和国」では、単独では難しい受注でも複数の企業が技術を補完し合い成果を上げている。へら絞り加工の受注は、大幅な拡大はなくても、需要は確実にある。緩やかに連携できるネットワークを活かし、ものづくりの新しい展開がはじまっている。

三和クリエーション株式会社

保証精度±0.0001㎜サブミクロンを超える領域に挑む技術力

社屋

「当社の強みは、超硬合金、セラミック、CBN（立方晶窒化ホウ素）、ダイヤモンドなどの硬質で難削材の各種ピンをプラスマイナス〇・〇〇〇一㎜（サブミクロン）の高精度で小径化する技術力であり、小ロットから量産まで対応できます。今後は、LED・次世代通信端末・医療分野・環境分野などの先端技術分野での超小型・超高精密化に対応するとともに、新素材開発や、出資先との新規事業に取り組んでいきます」と、二〇一一年に移転した新社屋において、手塚社長はさわやかな笑顔で語る。

◉飽きることのない向上心で新技術・新分野を追求し続ける

「独立志向が強く、三一歳のときに脱サラしました」と語る手塚社長は、元金融マンである。従業員五名、年商六〇〇〇万円の㈲三和超硬に取締役として約二年間勤務し、営業・人事・経営・財務・製造のすべてを担当した後、勤務した会社を事業吸収し新会社として一九九九年一二月に三和クリエーション株式会社を設立し、社長に就任した。

主力製品である超極細ピン・シャフトなどのセンターレス丸棒製品を製造するために、当時、日本に数台しかない「ロロマティックCNC 148P4」を導入するなど加工技術に磨きをかける。光ファイバーのフェルール（継手）測定用ピンゲージについては、現状の外径保証精度は±〇・一µm（±〇・〇〇〇一㎜）を達成し、〝ピンゲージ・シャフトといえば三和クリエーション〟とまで言われるようになり、一部品質規格は一〇nm（〇・〇〇〇〇一㎜）単位まで保証精度をクリアしている。

ここまで同社の技術が向上した理由として、手塚社長は「取引先であるメーカーから課題を与えられ、社員が一丸となり〝微細かつ高精度な研削で貢献する〟を合言葉にその課題に応えていくことで、当社の技術力は飛躍的に向上しました。また、この高い研削技術を水平展開し、セラミック・CFRPなどの新素材に広げることで、新しいマーケットにも出会えました」と振り返る。

ダンボール市場で、裁断用のスリッターナイフにおいては、業界NO.1の耐摩耗性を実現する製品開発に成功した。

また二〇一二年一〇月に新規事業として、予防医療・代替医療分野の商品開発・販売を柱とするウェルネス事業を出資先と新しく立ち上げた。産学連携で大学の医歯学部と連携し、オーラルケア商品やサプリメント商品などをすでに製品化している。

手塚社長は、「一〇〇億を超える市場で大手企業と競争することは厳しいが、数一〇億というニッチ市場でのNO.1サプライヤーを目指す」と意気込んでいる。

◉マーケティング志向の提案営業でお客さまの信用と信頼を勝ち取る

販売については継続的な新規開拓と取引先の分散で対応しており、一番売上の多い取引先で約一五％である。また、対象とするマーケットは半導体・電子部品、自動車、測定機器、通信端末、事務機器、医療と多方面にわたっている。取引メーカーからの紹介先が新規取引に発展するケースが多いという。〝お客さまからの難しい注文にもできる限り応えたい、チャレンジもしないで断ることだけはしたくない〟というお客さま第一主義を徹底している。

「今後は製品価値の向上のため持続的なVA・VE提案していくことが、社内の品質・工程改善につながり、さらにお客さまから求められる企業へと進化しなければならない」と手塚社長は語る。

◉さらなる飛躍を目指し、最大の課題は組織リーダーの育成

今後、強化したいと考えている分野・課題としては、加工技術については①サブミクロンから一〇ナノ保証へ加工精度のレベルアップ、②素材開発やコーティング技術の改良による製品の高寿命

会社概要

企業名：三和クリエーション株式会社
創　業：1999年12月
所在地：川崎市中原区宮内1-26-8
電　話：044-740-6800
代　表：手塚　健一郎（テヅカ　ケンイチロウ）
資本金：1,000万円
従業員：31名
事業内容：①高精度ピン・シャフト②精密金型部品③工業用刃物・特殊切削工具④ダイヤモンド製部品・治工具⑤精密ノズルの製造・製品開発・販売
URL：http:/www.sanwa-creation.co.jp/
認定等：川崎ものづくりブランド

三和クリエーション社長
手塚健一郎

化への貢献、③CFRP、シリコン合金、チタンなどの新素材・未開拓素材への水平展開、だという。

また、販売戦略については、①『知的財産交流会』や産学連携を活用した新製品開発、②二〇一一年に認定を受けた『川崎ものづくりブランド』をはじめとするCI戦略によるブランド力の向上と情報発信、③海外マーケット開拓やウェルネス事業での海外進出、を挙げている。役員を含む従業員数は三一人で、平均年齢は約三一歳と企業全体が若手従業員で構成されおり、課題としては、組織リーダー人材の確保・育成があるという。「社員の育成においては、マネジメント研修など年間を通じた研修プログラムを用意している。製造にあたる社員は専門職的技術者が多く、当社の経営課題を理解し、部下を指導できる組織のリーダーを育てて行く必要がある」と手塚社長はさらなる飛躍を目指し、日々新たな取り組みを続けている。

株式会社JKB

不可能に立ち向かう技術革新
精密プレス加工技術の最先端を突き進む

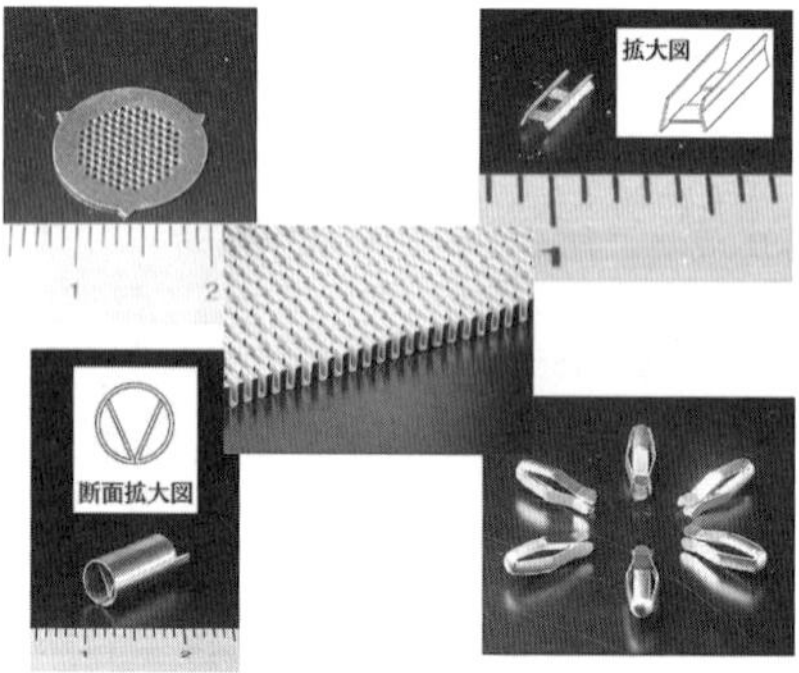

超精密微細プレス加工

プレス加工の概念を超越した極微細加工技術『無限∞プレス』は、二〇〇八年度『川崎ものづくりブランド』にも認定され、株式会社ＪＫＢの驚異的な技術力と、それを可能にさせる〝飽くなき探究心〟〝情熱〟を象徴するものだ。その技術力は翌年二〇〇九年度経済産業省「元気なモノ作り中小企業三〇〇社」にも選定されたが当然の評価だとうなずける。一九五一年に東京都目黒区で電気計器部品の製造販売を行う会社として祖父（現平井和夫会長の父）が創業してから、六〇年目を迎えるにあたり、二〇一〇年に当時の副社長から三代目社長に就任した平井圭一郎社長。システムエンジニアの経歴を持つ、職人ではない自分らしい感性を大切に、現場と近い距離を保ちつつ〝固定観念にとらわれないものづくり〟を常に念頭におき、社員一丸となって新しい技術革新を推し進めている。

◉新しいものを生み出す発想力、創造力を学ぶ

「都会を離れ高知県の大学で四年間集中して勉強できた。設立して三年目の新しい文化を創っていこうというスタイルの学校だったことや、都会とは違った自然が豊かな風土の環境だったことなど、恵まれた環境の中で新しい価値観も見つけられた」と、平井社長はシステムエンジニアを目指し、高知工科大学で情報工学を学んでいた学生当時を思い返す。

卒業後はテレビ放送局に就職し、CGシステムの技術を習得する日々が続いた。やるからにはその道のプロを目指す。IT業界で早く一人前になることだけを考え、寝る間を惜しんでCGシステムエンジニアリングの仕事に励んだ。帰る時間は夜中か泊まりがほとんどで、オフィスの床で寝たときもあった。三年ほどシステム構築やソフトウェア開発の仕事に携わったのち、若手ではあったが音楽番組などの現場を任されるまでになった。この業界の三年は大抜擢である。「今、思い返しても当社に入社し父親の後を継ぐといった意識で仕事はしていなかった」と平井社長は語る。

◉テレビ業界から製造業への不安は無かった

システムエンジニアとして約三年半、テレビ番組の制作やネットワーク運用など〝ソフト〟の分

野で幅広い経験を積み、技術を習得した平井社長が、ＩＴ業界を離れ同社に入るきっかけとなったのは、父親からの「俺の助けをしてくれ」の一言だった。テレビ業界から製造業へ、ソフトからハードへ。二〇〇六年に副社長として入社したが、副社長としての重責への不安こそ大きかったものの、ものづくりの世界へ飛び込むことには特に不安は感じなかった。むしろソフトウェア制作では感じ取れなかったやりがいを見出すことができた。人の生活を豊かにするモノを作れる、自分たちが作ったモノが形となり役に立っている。今後もこの思いがじわじわと膨らんでくるのだと楽しみでもあり、ものづくりへの関心はさらに高まっていった。

山形県寒河江市にある生産工場にも頻繁に出向くよう心がけ、プレス機械や金型製造機械の操作方法などを現場から直接学んだ。しかし、ものづくりの技術者としては経験が浅く専門的な知識が少なかったので、技術的なアドバイスはできなかったが、客観的な第三者の視点で多くの気付きや新しいアイデアを発見することができた。品質管理システムの導入もその一つだ。現場からの意見をもとにシステムエンジニアとしての経験を活かし、当時副社長であった平井社長が主導して構築した同システムは、単なる不良率管理ではなく、不良を未然に防ぐためのシステムであり、そのシステムの構築を実現させたことなどが評価され、二〇〇八年経済産業省による『ＩＴ経営実践企業』にも認定された。固定観念にとらわれない〝高精度ものづくり技術とそれを支えるＩＴ技術〟という新しい発想でリーダーシップを発揮していった。

会社概要

企業名：株式会社JKB
創　業：1951年4月
所在地：川崎市高津区下作延2-34-21
電　話：044-888-1121
代　表：平井　圭一郎（ヒライ　ケイイチロウ）
資本金：1,000万円
従業員：38名
事業内容：精密順送プレス金型の設計・製作、精密プレス部品の製作
URL：http://www.jkb-net.co.jp/
認定等：川崎ものづくりブランド、試作開発促進プロジェクト、川崎市知的財産交流事業成約企業

JKB社長　平井圭一郎

◉常に世界に誇る最先端技術を追求

社長就任後も、入社当時のものづくりへの思いは変わらない。むしろ、ますます強くなっているのを感じているという。

「自分は常に現場と共にあり、現場目線の経営判断を心掛けている。開発で行き詰まったときは、熟練、若手に関係なくみんなでアイデアを出し合い、役割分担を大切に会社全体としての技術革新を目指している。〝不可能と思った瞬間にそれは不可能になってしまう。可能と信じて取り組むことによって不可能を可能に変えていく〟。当社の企業理念だが、自分自身としては社是よりも意識している重い言葉かもしれない」と平井社長は語っている。

「高価な機械、高精度な機械の導入だけでは本当の技術革新は生まれない。そこに経験や発想、チャレンジ精神が加わってこそ新しい技術が生まれる。日本の技術力は海外に比べ決して劣っていない、世界中で戦えるところはまだまだある」。

職人ではない感覚〝俺流（自分らしさ）〟を大事に、平井社長の頭の中には次の新しい構想が膨らんでいるように見えた。

伸和コントロールズ株式会社

流体制御をコア技術に質の高い提案・開発で最先端を支えるモノづくり企業

ESチラー

幸島社長は「常に情報を集め、一歩先を予測し、迅速に対応すること」と「どんな困難な状況も力を合わせ乗り越える社員の団結力」が、伸和コントロールズ株式会社の最大の強みだと熱く語る。

二〇一二年に創立五〇周年を迎えた同社は、半導体製造用精密温調装置、医療分野や燃料電池、人工衛星などで使用されるソレノイドバルブ（電磁弁）分野で国内外で高いシェアの製品を製造するなど、流体制御分野で世界的に高い評価を得て最先端のモノづくりを支え続け、全ての社員が共感（顧客の強い支持を得る提案型企業になる）、共創（社員が喜んで全力投球で働く会社になる）、共生（地域社会の発展に貢献する企業になる）の経営理念を共有し、実行している。

◉顧客の要望に的確に応える製品を提案し、世界で高い評価

同社は液体や気体である流体を制御する技術をベースに、流体コントロール製品であるソレノイドバルブ（電磁弁）の設計からスタートし、一九六二年の創業以来この流体制御技術の応用により、さまざまな電磁弁、電動バルブ、精密空調装置、液体温度調節装置（チラー）を製品化してきた。さらにそれらを発展させドライエアー発生装置や化学（分子状）汚染物質除去装置を開発するなど、顧客の要望に的確に応える製品を提案することで、世界の産業界から高い評価と信頼を獲得、業績を順調に伸ばし、当時の中期事業計画で単独売上一〇〇億円を目指すまで成長を続けていた。

そのような中で迎えた二〇〇八年の春、幸島社長は幅広いネットワークと日頃から取り組む情報収集から、半年後に全世界を襲うリーマン・ショックを予測し、他社に先んじてコストの削減などに舵を切った。その迅速な決断と長年の人材育成により培った社員一丸の実行力が、リーマン・ショックの影響を最小限にとどめ、その後の業績のV字回復と新規事業進出の基盤となった。

◉リーマン・ショックをいち早く克服し、新規事業へ進出

リーマン・ショック後の世界的な不況にあって、大手・中小を問わず日本の製造業の多くは研究開発力を低下させざるを得なかったが、同社はいち早く対応したことで、得意とする半導体分野を

中心として研究開発や、投資のスピードを維持することができた。このことが高いレベルの研究開発能力を求める顧客の目にとまり、他社ではできない新たな開発依頼が次々と舞い込んだ。

リーマン・ショック前の二〇〇八年六月期には五六億円あった売上は、リーマン・ショック直後の二〇〇九年六月期には二九億円と半分近くまで落ち込んだが、二〇一一年六月期には七四億円というリーマン・ショック前を上回るまでのV字回復を果たした。さらに、世界的不況により大手が取りやめることになった半導体関連の事業を、顧客ごと引き継いでほしいとの依頼を受け、自社の流体制御技術を活かせるこの新規事業への進出をすぐに決めた。この新規事業は立ち上げに一年を要する一大プロジェクトになったが、この決断がさらなる成長の基盤を築いた。幸島社長は「リーマン・ショックを経験したことで利益の出る体質が高まり、わが社はさらに強くなった」と胸を張る。

◉同社の成長と強さを支える豊富な人材

同社は、毎年一〇名前後の新卒者（高卒、大卒、院卒）の採用を継続し、中途採用は通年で行うなど人材の採用と育成に特に力を注いでおり、幸島社長が初めて自ら採用した当時新卒の社員は、現在開発センター長となり、同社の中核を支えている。二〇一一年三月の東日本大震災の発生時には、「危機の時こそ目標に向かって一丸となって力を発揮する」と幸島社長が厚い信頼を寄せる社員の団結と行動力により、危機を乗り越えることができた。長年力を注いできた人材育成が、最大限に成果を発揮したのだ。幸島社長自ら「社長にできないことが社員にできる」と言うほどに信頼を置

会社概要

企業名：伸和コントローズ株式会社
創　業：1962年6月
所在地：川崎市麻生区五力田2-8-4
電　話：044-986-1861
代　表：幸島　宏邦（コウシマ　ヒロクニ）
資本金：5,000円
従業員：280名
事業内容：精密温湿度空気供給装置、チラー、超高純度空気供給システム、ドライエアー供給装置、電子冷却応用システム装置、ソレノイドバルブ、モーターバルブ、マイクロバルブの開発、設計、製造、販売
URL：http://www.shinwa-cont.com/

伸和コントローズ社長
幸島宏邦

く社員を採用・育成するために重要なことは何か。「経営者が会社の将来像を明確に描き、どのような目的でどういう人材を採用することが必要か、しっかりとした戦略を持つことである」と幸島社長は語る。

◉地域と共に成長し、地域社会に貢献する

同社は長野事業所設立二〇周年を迎えた二〇〇五年に「高遠しんわの丘ローズガーデン」を造園・寄贈し、二〇〇六年には長年の社会貢献活動が評価され、紺綬褒章を受賞した。創立五〇周年を迎えた二〇一二年は、長野県伊那市、茅野市が共同所有する観光施設「峠の茶屋」の運営を引き受け、二〇一二年六月には長野県伊那市、一二月には長崎県大村市で、地元住民を無料招待してクラッシックコンサートを開催するなど、さまざまな形で地域社会に貢献し地域に元気と活気をもたらしている。

社内外の〝和を伸ばし〟続ける伸和コントロールズグループは、次の五〇年を目指して「モノづくり」の最前線を休むことなく歩み続ける。

株式会社菅原研究所

やりがいのある、ベンチャー精神あふれる企業を目指して

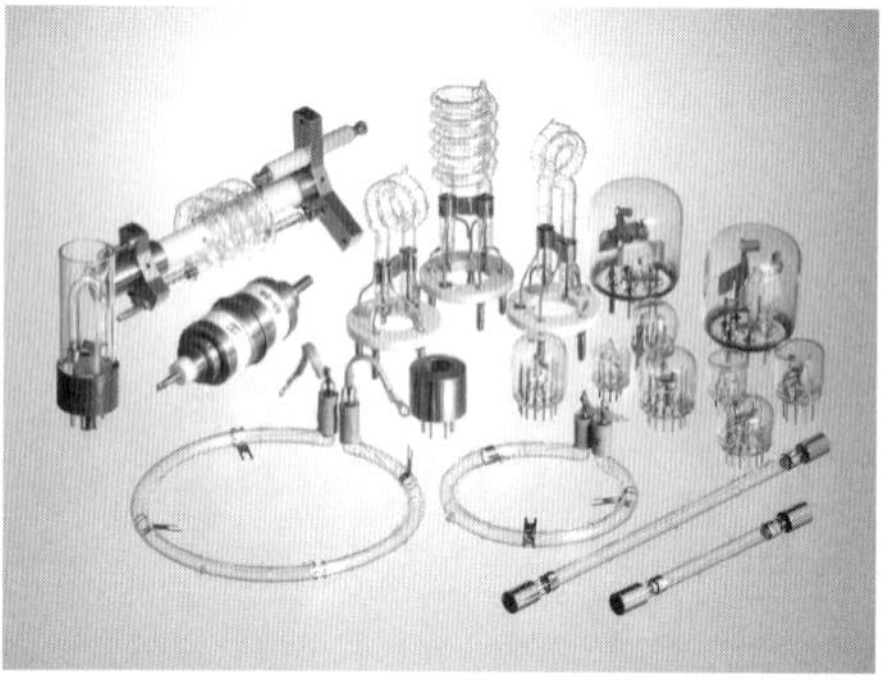
キセノンフラッシュランプ

株式会社菅原研究所は、ストロボスコープ、ベアリング検査機器、モータ性能測定器を設計・製造する測定器メーカーである。多くの測定器メーカーが電気系の技術に偏りがちなのに対し、機械的な技術にも強い同社が、ストロボスコープの心臓部である〝キセノンフラッシュ〟に焦点を当て、さらなる飛躍を目指している。

◉コア技術を活かした新たな展開

同社の主力事業の一つであるストロボスコープとは、閃光を一定間隔で連続的に点滅させることにより目の残像効果を利用して、高速で運動する物体を「止めない

で、止めて見る」測定技術である。これによって例えば一〇〇万分の一秒の瞬間を静止画像に捉えることが可能となり、この技術は大学や研究機関においては調査・研究用に、産業界においてはカメラ・ソフトウェアと組み合わせたＡＯＩ（自動光学検査装置）システムの光源として幅広く利用されている。その心臓部はキセノンフラッシュランプである。閃光時間四〇ナノセコンド（二五〇〇万分の一秒）といった高速現象あるいは、極小体の観察・撮影に対応できる極めて高性能なランプから、一マイクロセコンド（一〇〇万分の一秒）といった長時間ランプまで、自社で開発・製造を行い高い技術力を蓄積し取引先からの信頼を得ている。

菅原社長は「ストロボからキセノンフラッシュという、さらに応用の利く用途の広い分野にスポットをあて、研究・開発を行っている。ストロボスコープはキセノンフラッシュを応用した限られた一分野の技術であり、キセノンフラッシュという技術分野自体は大きな可能性を秘めている」と語る。この三～四年はキセノンフラッシュの用途開発に積極的に取り組んでいるという。現在、川崎市からの補助金を活用し開発している「フラッシュランプを用いた瞬間加熱実験装置」もその一環である。これは、プリント基板への熱影響を抑制しながら、金属ナノインクを瞬間的に焼成・焼結させるものである。その際に重要となるのが瞬間的な加熱条件（照射エネルギーや照射時間など）であるが、インク組成や塗布厚、基材材質で条件が異なるため、今回の、瞬間加熱の実験および加熱条件を見出すための安価な瞬間加熱実験装置の開発は、さまざまな研究開発を促進するものと期待されている。既に実験機段階で大学や研究機関などから引き合いも来ているとのことで、これからではあるが順調にスタートを切っており、用途開発の努力は確実に芽を出しつつある。

◉同社を支える三本柱

同社を支える事業がもう二つある。ベアリング検査機器、モーター性能測定器だ。回転する部分がある機器には必ず存在するものがベアリングであり、精密ベアリングを支えているのが同社の検査機器であるアンデロンメータ（騒音、振動検査）やウェービメータ（回転するボール面のうねり測定）だ。エアコンなど家電製品の静音化や自動車の静粛化に欠かせない技術となっている。

モーター性能測定においては、小型化・省力化の流れの中で、騒音や振動の原因となり制御性の悪化につながるトルクリップル（トルクの変動幅）を少なくする開発のためには同社の検査機器は重要な役割を果たしている。取引先からも、モーターの特性に合った負荷制御方式で測定する同社の考えが支持されているという。

◉技能継承とベンチャー気風

「大企業と違い、中小企業であるわれわれは、長年、コツコツと積み重ねた基盤技術を使うしかなく、取引先の要望やクレームも技術力向上のための大切なシーズと受け止め、着実に技術力を高めてきた」と、力強く語る菅原社長の技術力強化に対する考えは明快である。人材についても菅原社長は、「技能者は生涯現役で良いのでは。ココぞという時に頼りになる社員には残って欲しいし、若手技術者には一〇年後二〇年後の柱となるような種（テーマ）を持つよう尻を叩いている」と笑う。これらの言葉には、これからも取引先の声と真摯に向き合うことで技術力や提案力をさらに磨いていくという、そして、〝お客さまの喜ぶ顔を見るために自ら工夫を凝らし、創造力を発揮することができる職場を作ることで社員がやりがいを感じられる、ベンチャー精神があふれる会社〟を目指す菅原社長の強い思いが詰まっている。キセノンフラッシュの技術を基に、従来とは異なる分野への進出あるいは他の光源への転用など、同社からは今後も新たな展開が生まれてくるであろう。社長の視線は、あくまで前を見据えている。

会社概要

企業名：株式会社菅原研究所
創　業：1954年8月
所在地：川崎市麻生区南黒川8-2
電　話：044-989-7311
代　表：菅原　重信（スガワラ　シゲノブ）
資本金：3,520万円
従業員：64名
事業内容：工業用計測機器の製造および販売
U R L ：http://www.sugawara-labs.co.jp/

菅原研究所社長　菅原重信

株式会社スタックス

創業から現在まで受け継がれるチャレンジ精神
一貫してぶれない経営スタイルで新たな成長を続ける

免震台足『スウェイフット』

「昔から板金加工以外の仕事も多く依頼され、板金加工の延長で機械加工や組立まで対応しています」と話す、精密板金加工を手掛ける株式会社スタックスの星野妃世子社長は「当社の強みは〝常にチャレンジし続け、何でも諦めずに形にすること〟です」と力強く言い切る。設立六〇年の歴史を持つ同社は、時代のニーズを見極めつつ、創業以来一貫してぶれない経営スタイルを続けている。

◉揺るがないものづくりへの姿勢

同社の歴史は一九五三年、父親で先代社長の星野重夫氏（現会長）が日本電気㈱の機構部品を取り扱う会社を設立したところから始まる。その後、川崎本社のほか、新潟県十日町事業所、千葉県勝浦事業所を設立し、通信機器用の精密板金加工とアルミ溶接加工に力を入れ事業拡大を進めた。〝できないと言わず、どんな仕事も引き込め〟が先代社長のモットーで、社員にもその思いが浸透し、本業である板金以外の難しい仕事でも注文があれば諦めずに誠意を持って対応する姿勢が、技術力向上や品質向上につながっている。探究心は社員のみならず星野社長にも継承されている。

二〇一一年一二月には閉校した新潟県十日町市内の旧六箇小学校を改築し工場として稼動。ここに十日町新事業所を移転させ、大型品への対応も可能となった。また、自社の強みを活かし新規事業拡大を図るため、中小企業経営者や幹部候補生を対象とした、かながわサイエンスパーク（KSP）のビジネスイノベーションスクールや、川崎市主催のマッチング事業などにも積極的に参加し、新たなステージを目指して妥協することなく取り組んだ。その結果、自社製品となるスーパースチーム暖房機『エコーム』、免震台足『スウェイフット』が誕生した。

◉新事業展開に挑戦しメーカーへ

スーパースチーム暖房機『エコーム』は、水と電気を用い石油燃料を一切使わない省エネ・環境保全型の暖房機で、農業用ハウス栽培や畜産施設、乾燥を嫌う施設などでの用途が期待できる。川崎市産業振興財団の『産学連携・試作開発促進プロジェクト』への参加を機に、共同開発の相談が寄せられた。当初の予定では同社の役割は外側の板金加工がメインだったが、最終的には設計も含めて機構部品の製作から組立まで全てを行なったという。現在、長野県飯田市のキノコ栽培施設などへ導入され稼動している。

免震台足『スウェイフット』も星野社長が参加している「川崎市青年工業経営研究会（通称：二水会）」の活動がきっかけで生まれた。二水会は市内企業の後継者および若手経営者を会員として、経営諸問題の解決に向けて会員相互で行う研究活動である。川崎市が主催する大手企業の開放特許を活用し中小企業の事業化を目指す『知的財産交流会』が二水会の中で開催され、発表企業の富士通㈱から紹介された免震台足の技術と出会い、マッチングから一カ月もかからず特許ライセンスの契約にまで至った。

◉経営理念の浸透は社内の風土づくりから

星野社長は二〇〇一年に先代から社長を引き継いだが、当時を振り返り「就任して一〇年間は無我夢中でした。とにかく風通しがよく、働きやすい環境を作ることだけに注力しました」と語る。

「会社の中には会長の思いが沢山張り出されていて社内に浸透しているが、今後は自分のカラーを出さなくてはと感じていました。そんなとき仲間の企業から、神奈川県中小企業家同友会（第三六期経営指針委員会）へ誘われ、新たな経営理念の作成に取り組みました。これまでの歴史、当社の強み、社員の想い、世の中の状況などを鑑み、自分自身の考えで経営理念をまとめ、自らも変わったと感じました。今思えばちょうど良いタイミングでした。しかし、これらの理念は作っただけでは

会社概要

企業名：株式会社スタックス
創　業：1953年11月
所在地：川崎市中原区下沼部1750
電　話：044-433-1611
代　表：星野　妃世子（ホシノ　キヨコ）
資本金：3,300万円
従業員：49名
事業内容：精密板金加工製造・スチーム暖房機製造、機器免震台足の製造
URL：http://www.stax-tqs.co.jp/
認定等：試作開発促進プロジェクト、川崎知的財産交流事業成約企業

スタックス社長　星野妃世子

意味が無く、川崎、勝浦、十日町の会社全体に浸透させることが大事です。その実現には、社員と語る場（コミュニケーション）を多く取り、社長だけではなく会社の理念として育てていくことが必要であり、理念に到達するにはまず社風（風土づくり）が大切です。会社のステージに合わせて柔軟性を持ち社員の意見も取り入れ、作り直すことが会社の発展につながります」と星野社長は考えている。

〝人と自然を愛し、技術を探求する熱意で、喜びと感動の輪を広げます〟これが現在の同社の経営理念である。

現在は、星野社長の息子で将来の社長を継ぐ佳史氏も会社に入り新規事業部門を任され、社長の熱意を受け継ぎ、同社のさらなる発展に向けて積極的にリーダーシップを発揮している。

最後に「新たな経営理念のもと、これまでの六〇年の実績と自信を背景に社員が一丸となって、新しいことにチャレンジしていきたい」と抱負を語る星野社長の目には、次のリーダーに対する期待も感じ取れた。

株式会社ソノテック

超音波加工技術で無限に広がる可能性に挑み続ける

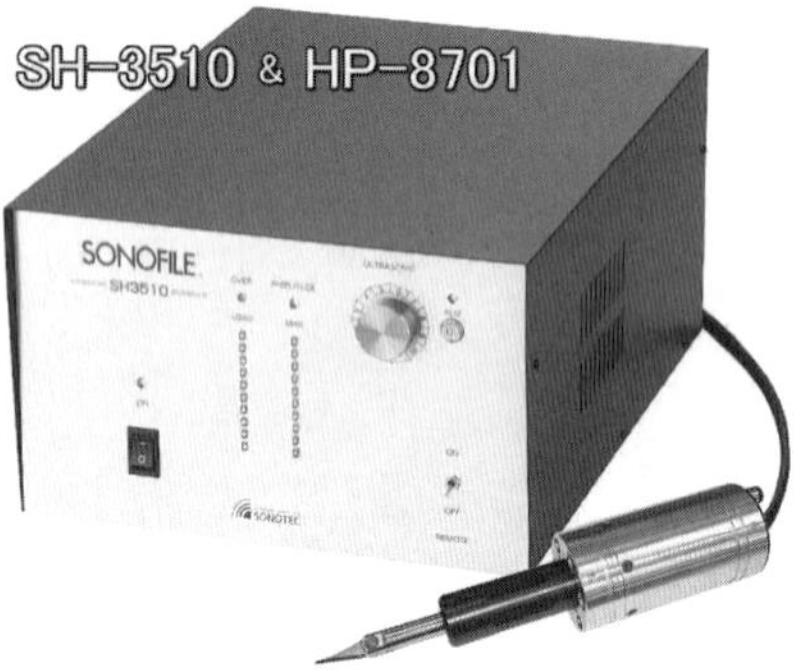

超音波カッター

超音波加工とは一秒間に数万回に達する超音波振動を利用して、ガラスやセラミックなど硬脆材料を切ったり、金型を磨いたりする技術である。小型軽量の手持ち型超音波工具の分野で業界をリードする株式会社ソノテックの製品は、日本国内はもとよりアメリカ、ヨーロッパ、中国、東南アジアと多くの企業で活躍している世界ブランドである。

◉環境と性能、使いやすさに配慮した工具

「超音波カッターはウォーター ジェットなどの他の切断方法に比べ、イニシャルコストが安い上、切り粉などのゴミや汚水、騒音、煙を排出しない安全でクリーンな加工機です。超音波カッターの優れた点を広く知ってもらい。顧客それぞれのニーズに対応することで、新たな市場を開拓していきたい」と須藤社長は自信をみせる。

須藤社長が同社を独立創業したのは一九八二年のことである。当時の主流であった大型の磁歪（じわい：磁気のひずみ）式超音波加工機に代わり、電歪（でんわい：電気ひずみ）式超音波加工機を開発して小型化による利便性を追求した結果、金型表面の研磨に使用したいという国内外のニーズを捉えた。

超音波工具の切れ味は発振器と振動子、そして先端に取り付けた工具の組み合わせによって変わる。同社では形状や寸法など多種ある工具の違い、さらには工具の磨耗なども感知して最適振動レベルを自動コントロールする技術を確立している。それは工具の性能を最大に引き出すと同時に、余分な負荷を掛けないことで耐久性向上につながる。そんな優れた製品であることも、数ある超音波工具の中でもとりわけて、同社製品が世界でも支持され続ける理由の一つであろう。

◉超音波の可能性を追求する

金型の製造技術も進歩して表面研磨を必要としないものも増えてきた。新たな超音波加工技術の用途開拓を模索した結果として、同社は超音波研磨機に加えて超音波カッター、プリント基板修正用加工機、彫金加工機など製品ラインナップを広げてきた。特に超音波カッターは競合他社との差別化を実現した主力製品である。特許も取得した独自の刃物保持機構によって刃物交換に掛かる作業時間の大幅短縮を実現することができ、産業用ロボットに搭載されるなど採用が進んだ。自動車用カーペットや天井材を自動で高速裁断するロボットにも搭載されて国内工場で実績を上げると、次は海外工場に導入され、さらに他の自動車メーカーへと採用が広がり販路は大きく拡大した。

超音波カッターの切断用途はカーボン繊維、プラスチック、皮革、ゴム、布、発泡スチロールおよびそれらの複合材料に加え、ケーキやサンドイッチといった食品にまで拡大している。切る物や方法によって、それぞれ形状や素材の異なる刃物が必要となるため、製作する超音波カッターは全てオーダーメイドに近い。そのため、注文を受けるとまずは無料でテストカットを請け負い、テスト結果を踏まえて最適な製品を供給している。その技術力が買われて、世に未発表の新素材についてカッティング依頼が持ち込まれることも多い。新素材への挑戦は苦労も多いが、その苦労は次なる製品開発に活きることも多いという。そのためサンプルの無料テストカットやデモ用機械の貸し出しなども意欲的に行っている。

◉技術を磨き、未来を切り拓く

同社は若手社員が多く、モチベーションも高い。リピーター以外にもＨＰを見たり評判を聞いたという飛び込み注文も多いため、開発・設計・製造販売まで社内一貫体制を敷く同社ならではのフットワークを活かしている。社員の多くが技術者であり営業担当でもある。客先でニーズを聞き

会社概要

企業名：株式会社ソノテック
創　業：1982年7月
所在地：川崎市高津区新作5-4-1
電　話：044-877-8311
代　表：須藤　直彦（スドウ　ナオヒコ）
資本金：1,000万円
従業員：30名
事業内容：超音波応用機器の研究・設計・製造販売
ＵＲＬ：http://www.sonotec.com/

ソノテック社長　須藤直彦

出してはサンプルを持ち帰り、自分で実際にテスト加工まで実施してから顧客へ商品提案をしている。そのため須藤社長も若手社員の自主性を重んじており、スキルを磨くことを奨励するとともに、研修にも積極的に参加させるなどして社員の成長を温かく見守っている。「自分がいなくても当社は大丈夫」と須藤社長は社員に全幅の信頼を寄せている。

「今後も当社は〝超音波屋〟に徹し、顧客のニーズに対応する努力を怠らず、製品や技術の完成度を上げていく。新素材や複合材料は次々に出てくるため、超音波加工機の応用分野は無限だ。〝どう切るのか〟〝何秒で切るのか〟といった課題に正面から向き合い、私たちは進化し続ける」と須藤社長は静かに、そして力強く語る。

チーム等々力

挑戦し続ける職人集団
―技術を集結し『長周期地震動対応免震テーブル』を開発

長周期地震動対応免震テーブル

川崎市中原区の等々力緑地奥に金属・プラスチック・紙加工などを得意とする約三〇社の中小企業が集まる一角がある。そこにある町工場は、高度経済成長を支えた優れたものづくり技術を有しているが、産業の空洞化によって受注が減少したものも多い。そんな状況を打破しようと集結し結成したのが『チーム等々力』だ。サトウ製作所（旋盤加工）、堀端製作所（順送プレス加工）、姿栄工業（板金加工）、十川工業（板金加工）、郡司工業所（鉄骨建築金物製作）、朝日製作所（金属製品製造）をメンバーとする平均年齢も高めのチームの面々は今なお挑戦を続けている。

◉待ちの姿勢からの脱却―自ら技術力を発信しようとチームを結成

チームの結成は六年前に遡る。地元の等々力アリーナで開催されたビジネスフェアへの出展の話を、堀端氏（堀端製作所代表）が受けたことがきっかけだった。

「当時も今と変わらず経済状況は悪かった。新規注文を受けるためにも、もっと自分たちから加工技術や製品の情報発信をしていかなければいけないと考えていた。仕事が来るのを待っているだけの待ちの姿勢でいてはいけない。そう考えていた矢先にビジネスフェア出展の話をいただき、日頃から何かと相談をしていた仲間に〝皆で出展しないか〟と声をかけた」と、今や自らチームの広告塔となり、積極的に活動を進めている堀端氏は語る。

その想いに手を挙げたメンバーでチームは結成された。チームの面々は顔と名前だけでも売って帰ろうと、展示ブースを訪れる人や他の出展者に名刺を配って回ったが、ここでの明治大学との出会いが、チーム等々力を新たな展開へ導くこととなった。

◉「大学の知」と「ものづくりの技」の融合

明治大学が中小企業との産学連携による共同研究に力を入れていることを知ったチームの面々は〝自分たちの技術を役に立てたい〟と名乗りをあげた。それに応えるかたちで、明治大学はチームを訪問。各社が得意としている金属加工技術に着目し、理工学部大亦（おおまた）教授との免震テーブルの共同開発を提案してくれた。大亦教授は長年にわたって高層ビルや巨大建造物に甚大な被害を与える、長くゆっくりとした地震動である長周期地震動に対応する免震装置の研究開発を進めてきたが、実用化にあたっては〝ものづくり〟の力が必要不可欠であり、大亦教授の考える免震装置を実現すべくチーム等々力は開発に挑んだ。

チームの面々は、〝知識無くして良いものは作れない〟と、まずは地震に対する知識を得るところから始めた。休日に明治大学に通い、講義を繰り返し受けた。卓越した旋盤加工技術を持ち、長期地震動対応免震テーブルの肝となる特殊なレールを加工するサトウ製作所の佐藤代表は、「座学で地震の理論を学ぶのは難しかった。しかし、学生が製作していた免震装置のサンプルを見て基本構造が分かった。これならできると感じた」と、当時のことを振り返る。

明治大学との出会いから三年半。改良を重ね、震度七以上の激しい揺れにも免震能力を発揮するテーブルが完成した。明治大学と共同で開発したこの免震テーブルは、東日本大震災時、既にテーブルが導入されていた電気通信大学（東京都調布市）にてその能力を発揮し、同大学のミュージアムに飾られた貴重なコレクションを守った。震災後には、各種メディアでも取り上げられ、チーム等々力の知名度は一気に向上。待ちの姿勢から脱却しようと始まったチーム等々力の活動は、いつの間にか全国から注目される取り組みとなっていた。

◉〝ものづくり〟の楽しさを次世代へ

「今度は青森県の工業高校の生徒が見学に来る。テレビで免震テーブルを見た生徒もいるそうだ。

会社概要

企業名：サトウ製作所（チーム等々力代表）
所在地：川崎市中原区等々力6-6
電　話：044-722-7663
代　表：佐藤　千助（サトウ　センスケ）
事業内容：共同受注、新製品開発
URL：http://www.todorokikougyoukai.com/sato.html

チーム等々力：
有限会社堀端製作所　代表：堀端 明雄（ホリバタ　アキオ）
有限会社十川工業　代表：村上 正勝（ムラカミ　マサカツ）
有限会社姿栄工業　代表：福本 勇（フクモト　イサム）
株式会社朝日製作所　代表：朝日 勝正（アサヒ　カツマサ）
郡司工業所　代表：郡司 幸一（グンジ　コウイチ）

チーム等々力のメンバー

彼らに自分の経験を話したい。楽しみだ」と、チーム結成前から行政イベントにも参加し、廃材を使った万華鏡を製作するなどの活動を行っていた、姿栄工業の福本代表は言う。

免震テーブルの開発で注目を浴びるようになったチーム等々力に対する工場見学依頼は後を絶たない。訪問者は親子連れであることも多く、「ものづくりの楽しさを伝えたい」「ここに来た子供が製造業に興味を持ってくれれば」と、親子で体験できる『メタル・パッチワーク（鉄くずなどの廃材を利用し、アクセサリーやインテリアを製作できるキット）』も新たに開発した。

チームの若手リーダーである十川工業の村上氏は「本業がまず大事であるが、バランスをとりながら、また新しいことに挑戦していきたい」と今後の抱負を語る。

必ずしも恵まれた経済環境ではない中、ものづくりへの熱い想いを持ち続け、挑戦を続けてきたチーム等々力の活動は、これからの日本のものづくり企業の在り方に対して一つの示唆を与えるものではないだろうか。

株式会社テクネ計測

露点計一筋に30年　水分管理のエキスパート

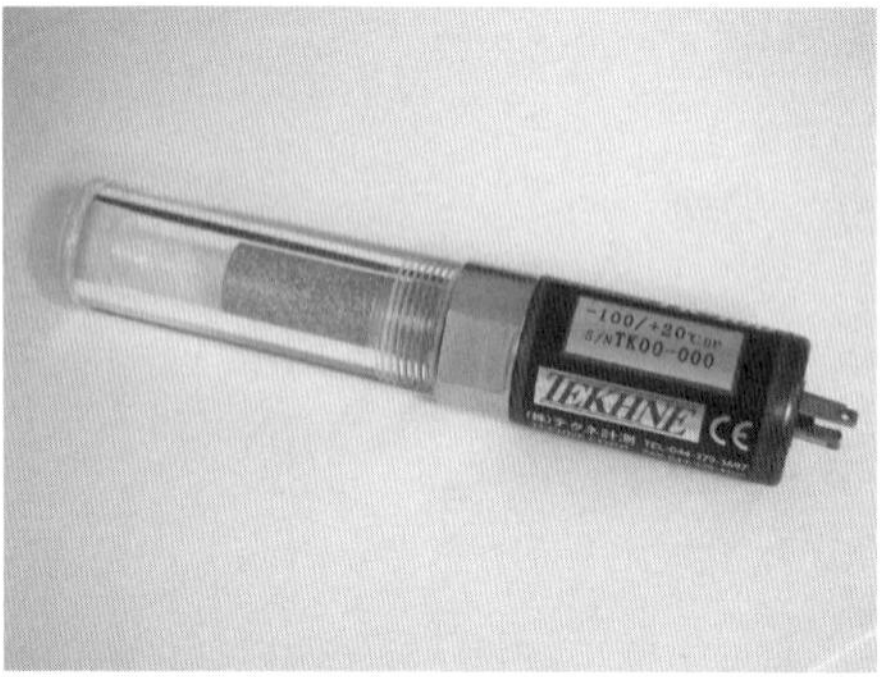

国産露点計『TK-100』

露点計は、気体中の水分を結露が始まる温度により測定する湿度計である。日常生活では、あまりなじみがないが、微量の水分を検出する必要のある各種産業などで用いられる重要なセンサーである。「露点計に対する思いは深い」と語る永谷寿邦氏が二代目社長を務める株式会社テクネ計測は、露点計一筋に三〇年以上の業歴を持つ。

◉売るものがなくなる状況からの転換

一九七八年に永谷社長の父が、海外製の露点計を取り扱う輸入総代理店としてテクネ洋行（二〇一一

年　現社名に変更）を設立。海外メーカーと二人三脚で日本市場を開拓してきた。

一方、永谷社長は大学の工学部を卒業後、海外でビジネスすることを思い描き、大手商社に入社した。一九九九年にオーストラリアへ派遣され、石炭に代わる資源を開発する仕事に携わった。現地で掘削機など機械を取り扱っていくと技術の面白さ、そして父親の会社の可能性を感じるようになった。また、二〇〇三年にはＭＢＡを取得し、会社経営にも興味が出てきていた。その後、二〇〇四年に営業部長としてテクネ洋行に入社する。社内規定の整備や品質管理の強化など、大企業と同レベルに引き上げるべく毎日奮闘した。

そして同社にとって、大きな転機が訪れる。海外メーカーの経営方針の変更により、二〇〇六年以降の露点計の取り扱いが無くなることとなったのだ。「来年以降は売るものがない」そんな危機感から、今後の方針について社員全員で議論を重ねた。そして、代理店として技術サポートで培った知見を活かして、露点計を独自開発することとした。

露点計は、大きくは検知部と回路の二つの要素で構成されているが、回路については元々協力会社で開発済みであったため、検知部を自社で苦心して開発し、二〇〇六年の末に新センサー『ＴＫ-１００』を上市することができた。

◉気体中の水分管理ソリューションに特化し、ラインナップ強化

同社がメーカーとしての性格が強くなると、家族経営から事業経営への転換が必要となった。そ

のため、人材の補強も進めた。永谷社長は「雇用は会社の責任」と強く感じており、雇用を維持できるだけの売上、利益をシビアに見極めている。そのためにも、勉強する姿勢を持つ人やアンテナが高く世の中に敏感な人を集めて、筋肉質の会社にしたいと考えている。

永谷社長は露点計だけではなく周辺市場への事業拡張を進めている。既存製品によるシェアの奪い合いだと価格競争に陥りやすくなってしまうので、〝気体中の水分管理ソリューション〟に事業領域を設定し、露点計市場のパイを大きくすることに注力している。顧客の使い勝手を考慮した〝フレキシブルオーダーメイド〟を理想として、酸素計など水分管理関連の機器ラインナップを増やしたり、周辺部品を揃えずに済むよう露点計や酸素計のユニットでの提供も進めた。そして、測定するだけではなく、湿度をコントロールする装置も取り扱い、二〇一〇年からはスウェーデンの湿度計などの代理販売を開始して、水分管理に関する計測装置のラインナップが完結した。そのほかにも、外国製のガスフィルターも取り扱い、ヒット商品となっている。「当初は弊社に関係の無い製品」と思っていたが水分管理という視点で見直すと、同社とのかかわりが見えてきた。永谷社長は、これからも水分管理にかかわるビジネスに徹するつもりだ。

◉日本初の低露点領域における計量法校正事業者登録

二〇一一年には、日本で初めてマイナス10℃〜マイナス70℃の湿度標準に関して、JCSS（計量法に基づく校正機関登録制度）の校正事業者として登録された。「これまでメーカー間の誤差が生じやす

会社概要

企業名：株式会社テクネ計測
創　業：1978年1月
所在地：川崎市高津区二子6-14-10
電　話：044-379-3697
代　表：永谷　寿邦（ナガヤ　トシクニ）
資本金：2,000万円
従業員：15名
事業内容：露点計等の水分管理に関する製品や装置の開発、製造、販売
URL：http://www.tekhne.co.jp/

テクネ計測社長　永谷寿邦

かった低湿度領域での露点測定もJCSS登録事業者となった当社が露点計などの校正をすることで、お客さまが同一の標準の下でデータを得られるようになったことは大きい」と永谷社長は胸を張る。

今後については、〝世界最高の露点計〟を作ることを目指し、川崎市の補助金などを活用しながら、大学と共同で研究開発を進めている。露点計の基本設計は五〇年ぐらい変わっていないものの、応答の速さや、安定性が求められており、ブレークスルーを目指して新しいセンサー開発に挑戦するのがメーカーとしての責務であると永谷社長は考えている。「水分管理の需要は潜在的に大きい。温度条件だけでなく湿度にもこだわれば、もっと良い研究や生産ができることも強調していきたい」と永谷社長は語る。

世界最高の露点計により水分管理の新しいステージを世の中に提示し、日本のものづくりの発展に寄与することを目指して、テクネ計測は今日も技術深耕していく。

株式会社
東京技術研究所

ものづくりを支える省エネ型ヒーター

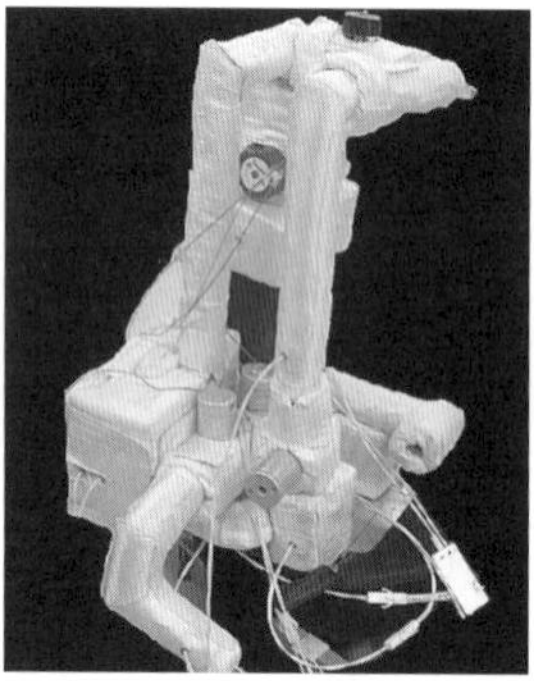

応用範囲の広いマントルヒーター

株式会社東京技術研究所は、産業用・工業用ヒーター（電熱器）の開発製造会社である。創業当初は、〝技術研究所〟の社名が示す通り、モーターやカメラなど多岐にわたる分野の研究開発を引き受けていたが、加熱部となるヒーターを断熱材で覆った『マントルヒーター』と呼ばれる製品をいち早く国産化したことで、ヒーター専門メーカーとしての道を歩み始めた。同社の主力商品であるマントルヒーターは加熱と保温機能を兼ね備えた製品として、最近ではその省エネルギー特性が注目され、新たな市場も獲得しつつある。

◉〝依頼は断らない〟トライアル&エラーの姿勢で急成長

野本氏は一九八七年に同社の二代目社長に就任した。野本社長のポリシーは、〝依頼は断らない、必ずやる〟である。結果を出すことでリピートオーダーも入ってきた。それを繰り返す。噂を聞きつけて問い合わせてくる顧客も途切れることなく、営業をしなくても着実に売上を伸長させることができた。

とは言え、結果を出すための努力は大変であった。マントルヒーターは電熱線や断熱材の材料選定や加工方法が製品の良否を左右する。世の中にないヒーターを求めてくる顧客の要望に対応するためには、あえて〝現有以外の〟材料を対象として、トライアル&エラーを繰り返して製品を仕上げていった。その経験が現在の同社の技術力と開発力に繋がっている。

一九九〇年ころに転機が訪れ、野本社長の言う「第一成長期」は始まる。生産性の向上に悩んでいた半導体メーカーが製造装置を改造すべく、マントルヒーターを特注依頼してきたのである。結果、マントルヒーターの効果は絶大であることが分かり、そのうち半導体業界全体に広まっていった。家業時代は一人一人の職人芸で製造していたヒーターも、CAD化や部品のデータ化を矢継ぎ早に進め、特注でレーザー切断機などの加工設備を導入し、リピートオーダーに応えられる均質化された製品の供給体制を築き上げた。

◉日本の〝ものづくり〟を支える

同社は現在、「第二成長期」に入っている。強化している分野は、近年意識が高まってきている省エネやエコの領域である。今までヒーターはニッチ市場と認識していたが、電気料金値上げの影響もあって省エネがより一層の脚光を浴びるようになると、想定していなかった顧客からさまざまな注文が増えた。例えば高粘度の液体を搬送する配管を加熱保温することで粘度を下げて液送ポンプの電力削減を図りたいというニーズなどが寄せられる。多くの生産ラインでは熱湯や蒸気を利用する二重配管が用いられるが、「効率が悪い」「温度維持が困難」「清掃が面倒」「腐食しやすい」などの課題がある。ワンタッチで着脱可能なマントルヒーターがこれらの課題を解決した。今後は食品や医薬品業界の生産ラインでも活躍が見込まれる商品である。

「日本の基礎技術を支える裏方として、お役に立ちたい」と語る野本社長は、U字配管を加温する封筒型ヒーター、小径配管を加熱するチューブカバーヒーター、配管が密集したところにも使えるスーパーリボンヒーターなど、製造現場のニーズを汲み取った新商品を次々と世に送り出している。プラント設置工事の工期短縮に寄与できるような新製品も生み出した。一般的にプラント設置工事では機械搬入の後、配管工事が行われる。配管のレイアウトが決まらないとヒーターの設計や製作もできないため、必然的に工期は長くなるわけだがヒーターに伸縮機能を持たせることで、配管レイアウトに左右されない製品となり、六週間ほど必要としていた工期を二週間ほどに短縮できると言う。操業遅延によるロス拡大の防止につながる、まさに〝ものづくり〟を支える製品である

会社概要

企業名：株式会社東京技術研究所
創　業：1958年
所在地：川崎市麻生区栗平2-16-6
電　話：044-981-5061
代　表：野本　嗣博（ノモト　ツグヒロ）
資本金：6,000万円
従業員：180名
事業内容：理科学器用および産業用電熱加熱器、温度制御器の開発設計・製造販売
URL：http://www.tt-labo.co.jp/

東京技術研究所社長
野本嗣博

と言えるだろう。

◉追い風を背に突き進む

社員も一〇〇名を超えて大所帯となり、活躍の舞台を国内のみならず海外まで視野に入れるようになってきた。安価な海外製品から同社製品にシフトする企業も増えており、価格重視よりも品質重視の時代が到来していることを肌で感じると言う。

東日本大震災をきっかけに岩手県花巻市に東北事業所を開設した。そこには生産拠点を複数設けることで被災リスク（操業停止）の分散を図ると同時に、雇用創出によって東北支援に貢献したいという野本社長の想いが詰まっている。

かつては半導体業界が顧客の大半を占め、営業らしい営業をしてこなかった。しかしここ数年は知名度の向上とともに業界を問わず、大学の研究室などからの注文も増えている。大学時代は空手部に所属していたという野本社長。今を商機と捉えて何事も恐れずに〝前へ前へ〟と打って出る方針だ。

東京メータ株式会社

〝ニーズをカタチ〟へと変える
流量計測のトップランナー

水利実験装置

東京メータ株式会社は計測分野を中心に、教育機関向けの内燃機関性能実験装置や熱工学実験装置などの各種実験装置をはじめ、一般産業向けの流体・熱を中心とした試験装置、流量（液体と気体が移動する量）計測機器で国内外に豊富な実績を持つトップメーカーである。近年は、長年培ったノウハウを活かし最適なコンポーネント（ソフト・ハード）を組み合わせる高信頼の総合計測システムを提供するとともに、お客さまのあらゆる要望に応え、試験装置を開発・提供してきた高い技術力を土台に、圧縮空気を使う際にどれだけエネルギーを放出したかを電力換算し〝見える化〟させた『エアパワーメータ』を開発。環境負荷軽減に対する高まるニーズを取り込み、幅広い需要開拓に乗り出す構えだ。

◉高い技術力の礎

同社の創業は一九六五年、川崎市で工学教育向けの実験装置メーカーとして発足した。高度経済成長の真っただ中、日本政府も工業生産品の開発強化に着手。欧米製品が主流を占める工業品の国産化への取り組みが強まり、工業系の高等専門学校の設立が相次いだ。当時の工業系教育機関の実習と言えばエンジンの馬力を計るような性能試験が中心であり、欧米のようにガソリンの使用効率などにまで入り込んだ教育実習が、国内ではされていないことに着目して装置化した。同社は創業時から東京工業大学、横浜国立大学の内燃機関、流体工学研究室の助言を受けて実験装置と流量計の製品開発に取り組み、大学、高専、工業高校で実験機の需要が拡大する中、全国の工業系教育機関に内燃機関実験装置など各種の実験装置を納入して、業績を拡大させていくとともに技術力を磨いていく。

しかし、九〇年代に入り高度経済成長も終わり、円高による工場の海外移転が始まるなど製造業の勢いが弱まるとともに工学教育への予算も削減され、同社も大きな影響を受ける。売上高は最盛期の三分の一まで落ち込んだ。そうした折り、取引先から紹介されたのが川崎に拠点を置くカップリング（軸継手）大手メーカーである三木プーリ㈱だった。

◉三木プーリグループとして再生

三木プーリ㈱は軸継手を中心に変速機、電磁クラッチブレーキなどを展開する機械要素メーカーだ。同社の高い技術レベルを認め、新分野開拓の一環として出資することを決め、二〇〇〇年一一月に三木プーリグループとして同社は第二創業期をスタートさせる。当時の重点課題は事業の見直しであった。「教育機関向けの実験機は重要な事業の柱であり、知名度も高いものの、残念ながら市場の伸びは厳しい。一方で、民間向け流量・計測分野では他社にない技術がある。社内的には見落とされがちだったが、事業を精査すると良い材料が出てきた」と、小倉社長は当時を振り返る。二〇〇四年に小倉氏が社長に就任し、流量計事業の本格的な育成に乗り出すと順調に売り上げを伸ばしていった。実験機、流量計測で培った技術を活かし、各種の製造装置をはじめ化学プラント、原子力発電所などへの流量計の採用が決まり始める。特に流量計測製品と流量計算ソフトなどのコンピュータ処理技術を組み合わせた技術では、国内トップレベルを自負する。計測総合システムとして圧力、差圧、流量などを測定するためのセンサの選定と、設置位置の調整から情報システムの構築までを一貫で請け負い、すべて内製化することで顧客の要望に合致したシステムを提供できるのが同社の強みだ。同社がテーマに掲げる〝ニーズをカタチに！〟を実現するための技術力の秘密がここに隠されている。

◉産学連携による新たな事業展開の挑戦

同社はこれまで、学校向けの実験装置、自動車用エンジン出力試験装置、絞り流量計を三つの柱

会社概要

企業名：東京メータ株式会社
創　業：1965年9月
所在地：川崎市中原区今井南町461
電　話：044-738-2401
代　表：小倉　厚（オグラ　アツシ）
資本金：3,619万円
従業員：32名
事業内容：原動機関関連試験・検査装置、生産機械関連試験・検査装置教育、研究用実験装置、流体計などの設計、製造、販売
URL：http://www.tokyometer.co.jp/
認定等：川崎ものづくりブランド

東京メータ社長　小倉　厚

として取り組んできた。「今後も、これらの主力製品の品質を維持向上させ、海外企業と競争するだけでなく、手を組めるところは手を組んでいきたい。また、新たな柱として空気圧の計測・制御部門を第四の柱として育てたい」と小倉社長は語る。それが、東京工業大学の香川利春教授が提唱する圧縮空気の〝見える化〟に対応した『エアパワーメータ』である。省エネやエコの観点から、工場全体電力の二〇〜三〇％を消費していると言われる空気圧システムの適正管理を促すものである。二〇一〇年度に『川崎ものづくりブランド』の認定を受けるとともに、二〇一二年一〇月には、『神奈川工業技術開発大賞』の奨励賞を受賞した。大学との結びつきの深さは同社の長年の蓄積であり、強みでもあり、人材の獲得にもつながっている。小倉社長は「今後は三木プーリグループとして技術や人的な融合も行い、グループとしても新たな技術、ビジネスの創出に結び付けていきたい」とし、新生・東京メータのさらなる飛躍を目指す。

南真化学工業株式会社

プラスチックをベースに、
金型設計・成形・組立から販売までトータルに展開

世界最小ネットワークカメラメカ

◉ものづくりにこだわり続けたい

「ものづくり」と「技術」に徹底してこだわり続けたい。それが南真化学工業株式会社の基本思想である。同社は、プラスチック技術を基盤に置いている。製品設計から金型設計、成形加工、組立まで自社で一貫して対応できることを活かし、取引先の製品開発においてコンセプト策定段階から技術提案などで参画し、VA/VE(Value Analysis/Value Engineering)などの提案力に強みを発揮している。同社が取り扱う製品は、OA機器製品(複合機の紙送りユニットなど)や自動車関連製品(金属代替技術によるコスト低減)などプラスチックを使用する、さまざまな分野に及んでいる。一九七三年に高橋通夫社長が三〇歳の若さで独立してから、二〇一三年で四〇周年を迎える。「プラスチックとものづくり」に対する設計力・提案力が、一代で国内三社、海外三社を擁するトータルソリューション企業「南真グループ」を築き上げた。

◉時代の流れを読む先見性

開業当時、日本製のオーディオカセットテープレコーダーが世界を席巻しつつあったが、そのメカの心臓部は「磁気テープの巻き取り機構」であった。テープ巻き取り機構は高い精度が要求され、少しでも規格に合わないとテープが絡んでしまう。しかし、同社は求められる精度を十分、満足させる製品を作った。そのことが取引先のさらなる信用に繋がり、順調に事業を広げフル回転で操業を続けていった。その後一九八〇年代に入りＶＴＲが普及した。カーオーディオと同様、日本製は世界の中で確固たる地位を占めるようになった。やはり、同社のテープの巻き取り機構は顧客から支持を受け、「Made In Japan」ブランドの根幹を支えていた。やがて、ＶＴＲからＤＶＤへ録画機器の主役が変わると、同社のテープ巻き取り技術を活用した主力製品の売り上げは徐々に減少した。しかしそのような逆境の中で、新たな飛躍を遂げる。同社の培ったものづくり技術は新たな分野で活かされた。それはＯＡ機器の紙送りユニットである。プリンター、コピー機の紙詰まりを「ジャムる」という。ジャムらないように薄い紙を一枚一枚まっすぐ確実に送り込むためには、指先のような繊細さが要求される。そこで役立ったのが、カセットテープレコーダーやＶＴＲで長年培ったテープ走行系の技術であった。給紙ユニットは現在同社の主力事業の一つとなっている。

◉新たな飛躍と自社製品開発

ものづくりとともに新たな素材の研究にも力を入れている点が、同社の特徴の一つだ。プラスチックは加工しやすいことが強みだが、同時に脆いことが弱点でもある。その弱点を克服した素材がLFT（長繊維強化樹脂）である。LFTとは、ガラスやカーボンなどの繊維を束にし、プラスチックを含浸させ切断しペレット化した素材で、SFT（従来のガラス繊維入り樹脂）より長い繊維を含ませることで、衝撃性や剛性を高めた原材料のことである。高強度で特に衝撃強度は従来のSFTに比べ、三〜五倍も高いという。しかし、これまでLFTがあまり普及しなかった要因の一つに、従来の射出成型機では、スクリューで長い繊維を裁断してしまい、想定通りの強度を発揮することができなかったことが挙げられる。同社は研究の成果により、LFTの強みを活かす新たな射出成型法を開発した。その装置の一つが、「BAISEN18」だ。お茶の焙煎方法をヒントにした、材料を均一に加熱し乾燥させる技術である。繊維の破断が減少し、強度の高い成形品ができるようになっただけでなく、乾燥時間を従来の三分の一にでき、加工時間の短縮、大幅な省エネを実現させた。

◉今後も、ものづくりにこだわりさらなる飛躍を

同社には、製品設計や金型設計から成形加工、組立まで社内で一貫して行う生産体制が整い、付

会社概要

会社名：南真化学工業株式会社
創　業：1973年10月
所在地：川崎市多摩区宿河原1-1-40
電　話：044-900-1811
代　表：高橋　通夫（タカハシ　ミチオ）
資本金：3,000万円
従業員：214名
事業内容：AV、OA機器等エレクトロニクス・車載・光学機器関連部品の成型・金型・組立に伴う設計、製造および販売
URL：http://www.nanshin-grp.co.jp/

南真化学工業社長　高橋通夫

加価値の高い製品をお客さまに提案しようという高い意識を全社員が共有している。そのため、品質・納期・コストにおいて、お客さまが満足される製品提供ができるのである。社長から試作品を見せていただいた。プラスチックでできた蝶番のようなもので、一方向には僅かな力で動くが逆方向には力を入れないと動かすことができない。配達用バイクの荷台のBOXのフタの開閉部に使用する部品で、試作は成功し、発注先のゴーサインも出てまもなく量産化される。紙送りユニットの心臓部である一方向のみ回転し、逆方向には回転しない「ワンウェイクラッチ」の技術を利用したもので、同社に優れた技術力、提案力があることを示す事例である。

「成長の背景には、カセットテープレコーダー・VTR・車やOA機器等「Made In Japan」の工業製品が、またその技術が世界から認められた時代もあった。しかし、今は海外製品と価格競争にさらされ、これから伸びる製品も見えて来ない」と社長は言うが、時代の流れを読む先見性を今後も発揮し、こだわり続けたものづくり技術で新たな提案をし続けるだろう。

有限会社日成工業

家族経営で切削加工の限界に挑戦

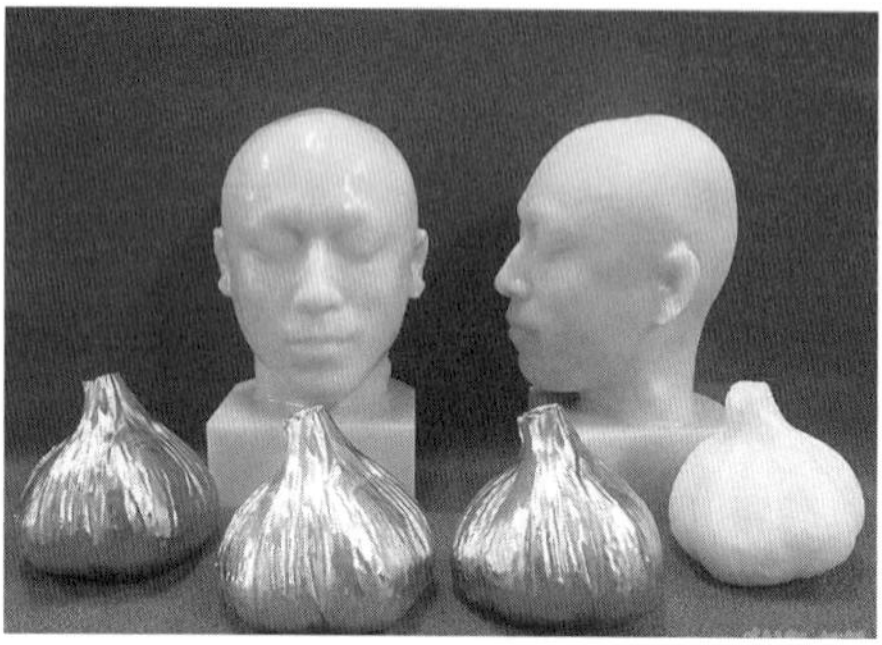

切削加工事例

「当社は、難しい案件でも決して断わりません」と野田照男社長、長男である野田宣志営業部長は断言する。難しい案件こそ、完璧なものを造ろうと気持ちが燃え上がるという。

〝切削加工の限界に挑戦〟をキーワードに、そのチャレンジ精神が元気の源だ。

◉創業から現在まで

有限会社日成工業は、一九七八年に野田社長がプラスチック加工会社から独立し、金属・樹脂の切削加工会社を創業したところから始まる。高い技術力を持つ同社は取引先から厚い信頼を寄せられ、確実に受注を伸ばしていった。順調な経営状況の下、野田社長はある課題も抱えていた。コンピュータの時代となり台頭しつつあったNC（数値制御）工作機の導入である。その課題を解決し社内に新しい風を吹き込むため、宜志氏を同社の一員に迎え入れた。

野田部長は異色の経歴を持つ。証券会社から株専門の出版社へ転職したのち、同社に入社した。入社当時、機械加工の経験はなく独学で技術を修得した。「誰かに付いて学ぶことは全く考えなかったです。その人以上の技術が身に付くとは思えず、ゆっくり教えてもらう時間もなかったからです」と野田部長は語る。工作機械メーカーが主催する高額な有料セミナーへの参加や、機械加工に関する本を毎月五冊以上読み込み、時には納得する加工ができるまで会社に寝泊まりすることもあったという。野田部長の、手間・費用・時間を惜しまず費やした努力が報われ、同社はNC工作機、マシニングセンタによる高い加工技術を持つ会社として広く知られるようになった。

◉誇るべき技術力で

長年にわたり蓄積されたノウハウや職人技によるローテク技術と、最新のマシニングセンタによる同時五軸加工（XYZ軸に加え、二軸を同時に制御できる加工法）などの複合技術や小径工具を用いた微細加工のハイテク技術を兼ね備えており、特に難削材、難形状の加工を得意としている。

同社が加工した製品を見ると、一見ただの樹脂性の部品だが、蛍光灯にかざすとわずかだが光が見える。光の正体は切削加工した穴だ。小さな穴はなんと〇・〇七㎜である。髪の毛の平均的な太さは〇・〇八㎜というから、どれほど穴が小さいかが分かる。他社では難しいとされる加工技術を持っているため、全国から駆け込みで単価の高い仕事の依頼がくる。他社で対応できず断られた案件が同社にくることも度々あるという。

そういう時こそ、「絶対に成功させよう」と使命感に燃え上がるという。高価な材料や工具が破損するリスクを恐れず、果敢に機械加工に挑む。未経験の加工は見積もり前に試作を行う。その後、価格の折り合いがつかずに正式な受注に結び付かないこともある。それでも試作品を作ったことは無駄にはならなかったという。加工のノウハウを新たに得ることができ、その積み重ねにより今の技術力を確立できたのである。

◉家族経営だからできること

同社は従業員五名の家族経営だ。同社の人員や設備を最大限活用するため、量産品の受注を抑え、技術力を発揮できる難度の高い試作品の受注に特化している。家族経営であるが故に団結力があり、受注が重なったときには残業や休日出勤など社内一丸となって対応、納期は必ず守っている。

野田部長は「証券会社時代に一時間ごとにノルマを与えられ、必ず達成してきました。目標を設定し、目標達成のための手段を自ら考えて実践し、その手段を検証・改善し、次の仕事に活かすことが重要」と語る。その考えを従業員にも広めており、従業員各自が設定した目標の達成を目指し、日々の業務の改善を図ることで、納期の順守や品質の向上を図っている。

製品を大切に扱うことも同社の特長の一つである。取引先へ納める大事な製品だからこそ大切に扱いたいと梱包に気を遣い、特別な段ボールに収納する。時には自ら届けることもあるという。

確かな技術と細やかな心配りにより、日本を代表する大手企業を含むメーカーから、〝日成工業だったら絶対にやってくれる〟という絶大な信頼が寄せられている。「おかげさまで引き合いはますます増えています。今後も展示会などに定期的に出展し、多くの人に当社の加工技術を知ってもらい、日成工業ファンを増やしたい」と野田部長は力を込めて語る。これからも、小さなプロ集団が日本の最先端技術の根幹を支えていくだろう。

会社概要

企業名：有限会社日成工業
創　業：1978年4月
所在地：川崎市中原区宮内2-24-1
電　話：044-797-2223
代　表：野田　照男（ノダ　テルオ）
資本金：1,000万円
従業員：5名
事業内容：樹脂部品・金属部品の各種試作品製作、超精密切削加工、研磨加工
URL：http://www.nissei-kogyo.net/

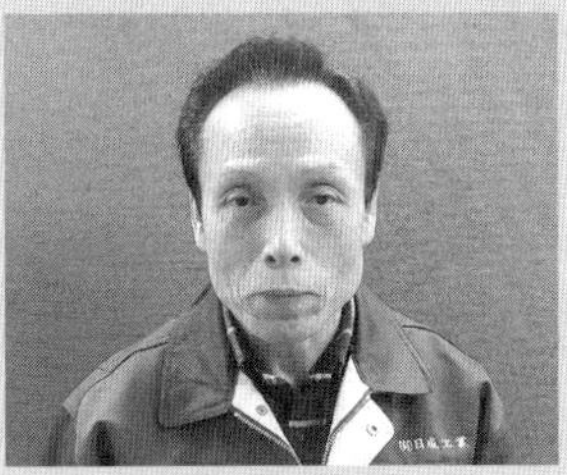

日成工業社長　野田照男

株式会社
日の出製作所

熟練工から若手技術者へ引き継がれる
難削材・高精度精密部品のモノづくり

社屋

株式会社日の出製作所は、一九六〇年に川崎区日の出町にて創業し、自動車部品のエンジンバルブの生産を主としてきた金属部品加工企業である。自動車関連の大手企業の方針転換により、大きな受注先を失うなどの変動を乗り越え、現在では〝うそをつかないモノづくり〟をモットーに難削材や精密部品加工技術を活かして、工作機械や半導体、医療機器に使用される高精度精密機械部品の加工へと転換を図り、成長を遂げている。

◉一社依存から複数企業との取引への転換

岩社長は、大学にて地球物理学を専攻し、卒業後は、地質調査を行う企業に就職した。土木や建築の資格を持ち、原子力発電所の地盤調査や、海中の不発機雷探査といった業務に携わっていた。その後、同社に入社し、ものづくりの仕事に取り組むことになる。

一九八七年に先代創業者から「日の出製作所を引き受けろ」と言われ、社長に就任した。近隣住宅からの騒音などに対する苦情対応に追われる中、大川町に新たな工業団地を作る計画があるとの話を聞き、いよいよ転出の決断をする必要に迫られ、一九八九年に大川工業団地に移転した。大いなる決断であった。それまで無借金経営を誇ってきた会社が一転、移転に伴う設備投資をし、借金を抱えることになった。移転により発注元である会社からの注文量は増えたが、不安定な一社依存体質であったため、毎年の厳しい値下げ要求を乗り越えて利益を確保していく、厳しい状況が続いたが、ついに、二〇〇二年に、発注元が仕事を内製化したため、同社への発注が無くなり、会社最大の危機を迎えた。

それを救ったのは、難削材の加工技術を活かして一〇年かけて開発していた精密機械部品の製造であった。技術の高さをアピールし、工作機器メーカーなど新しい顧客を獲得するために必死で技術を磨き方向転換を行い、一社依存体質から脱却することができた。現在では主要な取引先が一〇社を超えるまでになっている。着実な仕事が評価された結果とも言える。

二〇一二年三月には、岩社長の生まれ故郷である石川県輪島市に加工工場を新設した。故郷の地域活性化への貢献とともに、生産現場の分散によるリスク管理に主眼を置いている。数年後には、北陸地域の企業からの新規受注を目指している。

◉〝モノづくりはひとづくり〟次世代を支える社員の育成を進める

同社の主力加工品の一つは、工作機械の位置決めを支える重要な部品であり、その加工精度は一ミクロン（〇・〇〇一㎜）単位に及ぶという。この精密な加工を支えるのは、川崎市が認定する『かわさきマイスター』にも選ばれた熟練技術者の方々による匠の技だ。岩社長は〝モノづくりはひとづくり〟との思いを持ち、経験に培われた技術の価値を高く評価している。

一方、若手技術者の採用にも力を入れている。リーマンショックや円高の影響で、同業種の他の会社が苦しむ中、国の助成金などを活用し、全国の工業高校を卒業した新人社員の採用を進めた。危機的な状況での英断で周りからは非難もされたが、迷いは無かった。これが後に成功を収めることとなる。経営不振から事業をやめる会社が増える中、確実な仕事への信頼から当社への受注が増加に転じていったのだ。中国での工作機械のニーズの拡大も重なり、二〇一〇年、二〇一一年と過去最高の売上という好業績を上げることができた。これは、二〇〇九年以降に入社した人材が育ち、過剰な受注にも納期に遅れる事なく対応できたことが一因として挙げられる。

新規採用者に女性社員が多いことも当社の特徴である。女性の繊細な感性が金属の微細加工には向いているという。腕力の無い女性でも工作機械を扱えるようにするための改善や社員寮の完備、新たに女性用の作業着をデザインするなどの気配りも定着率を高める工夫でもある。このほか、川崎市産業振興財団が主催するロボット競技大会への参加や携帯電話用の金属製ストラップの作成など、仲間と一緒に喜びを共有できる機会づくりも積極的に進めている。

◉顧客から愛される企業でありたい

「お客さまから、『日の出製作所は〝さすが〟だね』と言っていただけるよう常に心掛けています」と語る岩社長。日本は資源が無い国だからこそ、ものづくりで付加価値をつける製造業が発達した。グローバル化の波の中、大変厳しい状況ではあるが、当社のものづくりは揺るがない。客先の要望に確実に適切に応えていくことで、信頼を得ていく。「納品した時に、顧客から『〝さすが〟だね』と言われることが嬉しい」。顧客重視の視点から加工技術や品質を向上させることで、同社は、さらなる発展へ取り組んでいく。

会社概要

企業名：株式会社日の出製作所
創　業：1960年9月
所在地：川崎市川崎区大川町11-13
電　話：044-322-5521
代　表：岩　和志（イワ　カズシ）
従業員：45名
資本金：4,800万円
事業内容：輸送機器部品加工、機械要素部品加工・組立、難削材加工、その他試作作品加工
URL：http://www.hinode-ss.jp/
認定等：川崎ものづくりブランド、試作開発促進プロジェクト

日の出製作所社長　岩　和志

株式会社廣杉計器

38,000アイテムの製品開発でオンリーワン企業へ

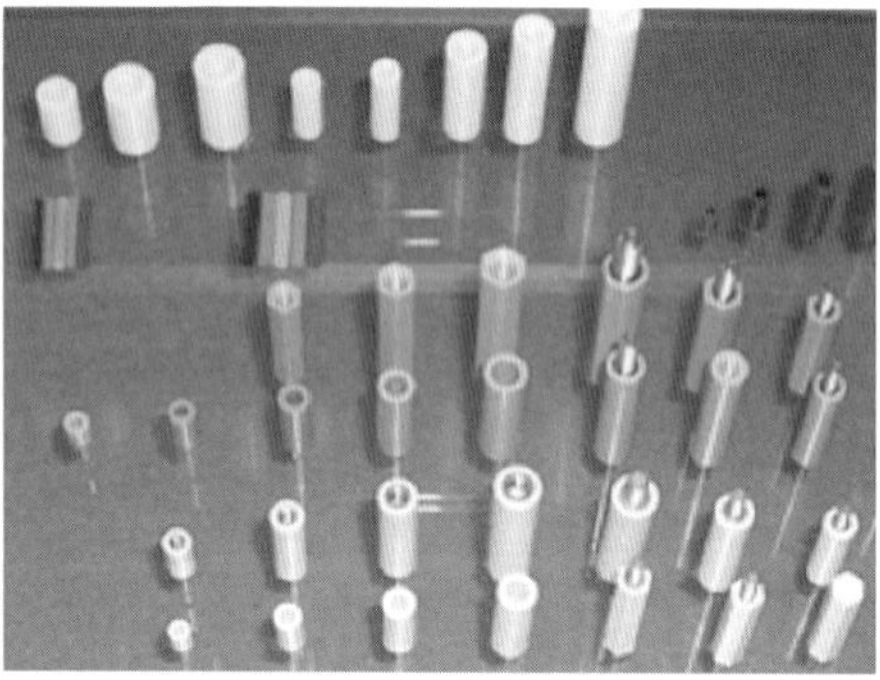

基板取付スペーサーからロボットの機構パーツ

株式会社廣杉計器は、スペーサーなどの各種機構部品の開発・販売会社である。スペーサーとは部品と部品の間隔を適切に保つために用いられる小片であり、例えば電子機器などでは基幹部品となるプリント基板を、筐体から浮かせることで衝撃緩和や放熱を目的に使われている。同社はその商品企画開発力により約三万八〇〇〇点という群を抜くアイテム数を取り扱っており、業界におけるリーダー企業として確固たる地位を築いている。

◉一個数十円の部品販売で業界トップの優良企業に

同社がスペーサーの製造販売に進出したのは一九八四年のことである。スペーサーはあらゆる機械にとって必需部品であり消耗部品でもある。しかしながら当時のスペーサーといえば一個一〇〇～二〇〇円と意外に高価なものであった。「これを樹脂のような軽い素材を使って一個一〇円程度で売ったら結構いい商売になるのではないか?」佐々木社長の脳裏に閃いたこの考えが業界進出のきっかけであった。

とは言え、一〇円の部品販売で売上と利益を確保して事業存続を図ることは容易ではない。その課題に佐々木社長は、カタログ配布、FAX受注、宅配発送という当時としては斬新な〝電子部品の通信販売〟という流通形態を確立することで解決の糸口を見出す。販路開拓は商社に頼らず、設計技術者が目を通す専門誌への広告掲載に特化した。当初は広告費ばかりが先行して赤字であったが、やがて同社の存在は技術者に知れ渡るところとなり、軌道に乗り始めるとリピーターも増えた。それから約三〇年を経過し、業界トップ企業となるまで成長を遂げた今でも、専門誌への広告掲載はやめることなく、通販専門というビジネス形態は変わっていない。

◉同社を支える即納体制と商品企画開発力

同社が業界トップになるまで支持される理由は、徹底した顧客本位主義であろう。「自分が技術者出身だから、お客さまがどういう対応をして欲しいかが分かる」と佐々木社長は言う。その一つが〝即納体制〟であり、注文に対しては二時間以内の納期回答から商品発送とアフターフォローまでマンツーマン対応することを原則としている。分業によって効率化を図るよりも最初から最後まで一人の担当者が責任を持って対応することでミスも減り、お客さまとの信頼関係も生まれると言う。遅延を起こさぬようお客さまと担当者との進捗状況は社内ディスプレイに表示されており、誰もが一目でわかるシステムとなっている。

もう一つの売りはその品揃えの多さである。今や同社の取り扱う商品は素材や形状、大きさなどが異なる三万八〇〇〇アイテムにもなるが、驚くべきことに製品開発部門のリーダーは所属部署に関係なく、毎年、社長の指名によって選任されている。「当社は売れるものを作ろうと意識していない」と佐々木社長は笑う。当然のように全く売れない商品も出てくるが、リーダーを変えることにより新たな発想で製品開発が行われる。新たな発想で社員が製品開発に挑むことができる仕組みが、毎年数千アイテムの新製品開発を可能としている。〝廣杉計器にはどんなスペーサーでも揃っている〟そんな安心感がお客を呼び込む。しかも取り扱うアイテムの全て、一個数円の商品にまで仕様書を整備するなど、設計者視点の細やかな配慮が溢れていることも、顧客に支持される理由であろう。

一カ月に一〇〇社程度の新規顧客が増え、かつ膨大なアイテム数にもかかわらず月間のクレームが数件というのも驚異的だが、そんな数少ないクレームにも対策を怠らない。不良品発生や混入など原因を徹底究明するとともに、社内で対策協議をしてマニュアル化、即日実践していく。そのた

会社概要

企業名：株式会社廣杉計器
創　業：1980年12月
所在地：川崎市宮前区馬絹2038-1
電　話：044-855-1320
代　表：佐々木　一郎（ササキ　イチロウ）
資本金：5,000万円
従業員：44名
事業内容：各種機構部品（金属製、樹脂製スペーサー、ワッシャー）製造・販売
URL：http://www.hirosugi.co.jp/

廣杉計器社長　佐々木一郎

めファブレス企業（生産は外部委託）であるにもかかわらず同社には検査機関も顔負けの高価な検査機器が揃っている。その効果は検査管理体制には、ことさら厳しい自動車産業の中でも最高峰となるＦ１マシンにも、同社製品が採用されているほどである。

◉三年後を見据えた展開

リーマンショック時にも開発のための投資は必要と考えて、売上の一割程度は惜しむことなく投資してきた。現在、今後の国内製造業の動向や会社の将来を考えて動き出しているのが海外展開である。「既に中国とマレーシアには支社開設が決定している。直ぐに結果は出ないだろうが、三年後を見据えて動いていく必要がある」と、常に現状に満足することなく、他社よりも一歩二歩先んじた手を打ち続けて追随を許さない。これまで国内で成長を遂げてきた廣杉計器が、今、新たな展開を迎えた。これからの同社の動向から目が離せない。

株式会社和興計測

多様な注文に迅速に応える、縁の下の力持ち

技術・信頼を支える〝人財〟

今年で創業四四年になる株式会社和興計測は、液面計測機器の老舗メーカーである。液面計測機器というとあまりなじみのない方も多いだろうが、世の中いたるところに設置され、人々の暮らしを陰から支えているのだ。飽くなき「ものづくり」への探究心を携え、〝人財〟を会社の宝とする同社は、当分野においては圧倒的な競争力を誇る川崎市の代表企業の一つだ。

◉さまざまな職務を経て社員から社長へ

同社の代表取締役を務める五十嵐氏は、二〇〇九年に社長に就任

した。入社当初はものづくりの現場で実際に液面計測機器の製作に携わり、その後は営業担当、設計担当を経て、今の同社の礎を築いた先代の塩崎氏からバトンを受けた。

五十嵐社長は、社員だったころ、営業力を付けることを会社の課題と感じていたという。全国の商社を訪問し、担当者一人一人に営業を行ったこともある。そのずば抜けた行動力をもって次々と取扱店を増やすと同時に、人間関係を何よりも大切にする同氏は着々と人脈を築き上げていった。

社長就任後も、自らが営業の前線に立ち、設計から製作まで携わってきた経験を活かして新製品の開発や新分野への進出を推し進めている。また、一社からの注文が全体の売上の三割を超えないようさまざまな顧客との関係を育む一方で、季節によって繁忙に差が出る業務量の平準化を目指すなど、会社の経営改善にも積極的に取り組んでいる。

◉厳しい自然環境に合わせた製品設計と防爆認定

同社の液面計測機器が活躍する場面は多種多様だ。例えば、上下水道施設などの水門に設置される開度計である。水門の開け閉めは水量の調節を目的として行うが、その水門の開閉位置を計測するのが同社の機器だ。

計測の対象は水ばかりではない。水力発電所における発電タービンの軸受用油の油面計測にも用いられており、効率的な発電になくてはならない代物である。そのほかにも、自家発電設備・非常用発電設備向け発電機では燃料油を万一に備えて、どれだけの燃料油が確保されているかを計測し、不足しているようなら補充しなければならないが、そのときに活躍するのも、やはり同社の製品である。

また、それぞれのプラント、施設によってタンクの形状はさまざまであり、どれだけの液量があるかを計測するには、それぞれのタンクに合わせて計測器の設計を行う必要がある。同社はほぼすべてオーダーメードの対応をとっており、利用環境に適し、顧客のニーズに沿ってカスタマイズした計測機器の提供を行っているが、これが同社の強みの一つとなっている。

同社の強みはまだある。風雨にさらされる厳しい屋外環境においても正確に計測し続ける工夫として、液面計測機器の設計は原則電気を使わない機械式となっている。電子式の計測機器は停電や落雷などにより故障や誤作動のリスクが高くなってしまうが、同社の得意とする機械式の計測機器はそのような心配がない。『川崎ものづくりブランド』にも認定された同社のスプリングモータを搭載した計測機器は、長年の実績と安定した計測方式から、エンドユーザーからも高い信頼を誇っている。そんな同社の製品は産業安全技術協会から耐圧防爆構造(製品が爆発や火災の火種にならないよう工夫がなされた構造)がなされたものとして認定されているが、これはそうした機器が利用される厳しい現場環境に対応するさまざまな技術を積み重ねてきた賜物である。

◉これからのさらなる躍進へ

同社の製品、その技術への信頼を支えているのは、長年の経験を積んで顧客の要望に確実に応え

会社概要

企業名：株式会社和興計測
創　業：1968年6月
所在地：川崎市高津区久地864-1
電　話：044-833-7181
代　表：五十嵐　崇（イガラシ　タカシ）
資本金：2,000万円
従業員：13名
事業内容：液体貯槽における各種計測器の開発・製造・販売
ＵＲＬ：http://www.wako-keisoku.co.jp/
認定等：川崎ものづくりブランド、かわさきマイスター（社員の堺氏）

和興計測社長　五十嵐崇

られる設計に熟達した社員たちの存在だ。中には、卓越した技能を持つ職人に贈られる称号、『かわさきマイスター』に認定された技術者もいる。同社は〝人材〟ではなく〝人財〟と呼んでおり、同社を支えてきた社員たちを会社の宝だと言う五十嵐社長は、〝人財〟の育成にも努めている。

五十嵐社長が同社の次のステップとして取り組んでいるのが、海外展開である。自らの社長就任時を海外進出元年と位置付け、現地の商社と交流を持ちながら、ベトナムや中国への進出を推し進めている。

〝温故知新〟を座右の銘に掲げる五十嵐社長は、「私はこの言葉を、失敗から学んだものを次へ活かしていくという意味で捉えているんです。この姿勢を続けてきた結果、事業に起きうるリスクを感じ取れるようになりました。海外進出にもリスクはつきものです。ですが、〝温故知新〟により培ってきた経験で会社一丸となって乗り越えていきたいと思います」と語る。同社の製品が世界中の人々の暮らしを支える日も、そう遠くない。

株式会社
青山プラスチック塗装

海外展開により新たなネットワーク構築

ベトナム工場

◉塗装職人三代目の誕生

青山社長の祖父は、沖電気（現在の沖電気工業㈱）の塗装部の立ち上げに携わった塗装職人であり、退社後に東京・品川でプラスチック塗装業を開業した。その祖父から塗装技術を叩き込まれた父親が、一九八四年に祖父から独立して、川崎の地で株式会社青山プラスチック塗装を設立した。

一階が工場・二階が自宅という環境で、青山社長は子供のころから父親の仕事を手伝い家業に親しむ一方、仕事と家庭が混在する中で中小企業の厳しさを垣間見たこともあったという。大学を卒業し同社に入社したが、現場で通用する技術を持っていたわけでもなく、そこは「技術は盗め、見て覚えろ」の職人の世界。まずは、塗装した部品を配達するトラック運転手から始まった。取引先の声を耳にするうちに、量産化への対応の必要性を感じた青山社長が、手吹き塗装一筋の父親に産業用ロボットの導入を進言したところ、すぐに了承された。「ロボットとか一切触れたことがないのに、導入して息子にやってみろと言えたのはすごい」と青山社長は語る。そして、導入後はロボットの技術では足りない点について父親からアドバイスをもらい、逆にロボットでできることを教えたりして、互いに協力しつつ、ウォークマン、ビデオ、パソコン、携帯電話など、時代の変遷に合わせ事業を発展させてきた。

◉二七歳で関連会社設立、社長に就任

そのような中、会社経営を経験させるという父親の意向で、二七歳の時に関連会社を設立し、その社長に就任した。「父親からの『儲かったらその分だけ利益が自分の懐に入るぞ』という一言を真に受けて、やる気になった」と青山社長は笑う。さまざまな苦労はあったが、若いうちから現場を取り仕切り、税理士と相談し助言をもらいつつ実際の会社経営を学ぶことができ、大変感謝しているという。現在でも、他社の社長に自らの体験を話し、「『採算が合いそうな事業を別会社化して経営を子供に任せてみて、それで経営が無理なら会社を継がせないほうがよい』とアドバイスすることもある」と青山社長は語る。

プラスチック塗装は、前工程（設計・試作・金型制作・成形）の出来具合に左右されるため、青山社

長は他社の職人を訪問して勉強させてもらい、そこで培った知識と技術が、今でも異業種企業との意見交換や、受注時の判断材料として役立っているという。加えて、バブル崩壊後には受注窓口であった成形業者の倒産が相次ぎ、各工程が個別にメーカーから受注していたが、当社が中心となり、各工程の企業がお互いを補完しあう協力工場のネットワークを構築し、受注機会を増やすとともに、異業種間の情報交換にも努めてきた。また、市内の企業とコラボレーションし、防災用ヘルメットやデンタルケアグッズの開発に取り組むなど新事業にも熱い視線を注いでいる。これには、新商品を作って売り出すだけでなく、集まって意見交換できる場を作り、ときには話が脱線して自分では気付かなかった点を指摘してもらえるなどのメリットがあるという。

◉ベトナムへの進出〜パートナー求む！

最近では中小企業の海外進出も珍しくないが、その多くは親会社が海外工場を建てる際に、そこに供給する部品メーカーなども一緒に進出するケースである。しかし、同社の海外進出の動機は、「海外の情報を収集する基地が欲しいというイメージぐらいだった」と青山社長は話す。そして、元気で海外好きな父親（当時六四歳）に駐在をお願いし、共に海外を回り、ベトナムなら空気・水・食事も良いということで決定した。

当初は事務所程度を考えていたが、ホーチミン市から車で約一時間のところにある民営の工業団地一〇〇〇坪を月三〇万円で借り工場を操業することを決意した。工場設立前に受注した仕事はな

会社概要

企業名：株式会社青山プラスチック塗装
創　業：1984年3月
所在地：川崎市高津区下野毛3-11-23
電　話：044-811-5586
代　表：青山　宗嗣（アオヤマ　ムネツグ）
資本金：1,000万円
従業員：25名
事業内容：プラスチック・木・金属の塗装（ロボット・スピンドル・手吹き）、レーザー加工、印刷（透明材・パット・シルク・UV）など
URL：http://www.aoyama-pt.com/

青山プラスチック塗装社長　青山宗嗣

かったが、実際に設備を入れて稼働し始めるとすぐに日系企業から仕事が入った。しかし、現地単価での受注に加えロット数が少ないため、まだまだ利益は薄いが、特定の塗装加工について言えば、日本国内のものよりレベルが高い水準のものも出てきており、今後の展開が期待される。また、前工程を担う企業との連携が不可欠との観点から、自社のネットワークを活用し、成形や印刷などを担う日本企業（うち一社は同じ川崎市のダイヤ工芸㈱（高津区））を自身の工場敷地内に誘致し、「金型・成形・塗装・印刷」と一貫生産できる体制を整えた。

青山社長は、「今後、さらに二カ国ぐらいには進出したいし、ベトナムそのほかアジアなど海外展開に興味がある企業がいたら、ぜひ話をしてみたい」と熱く語る。

積極果敢な経営姿勢と自身のネットワークを活かした情報収集力は、市場環境が激しく変化する中、荒波に抗うことなく、一〇〇年企業を目指すための経営理念である〝漂えど沈まず〟の精神にまさに合致していると言える。

川崎窒化工業株式会社

縁を大事にベトナム進出などの積極投資、新たな飛躍を目指す

ビット型ガス窒化設備

「『川崎窒化に頼めば何とかなる』と言ってもらえる会社にしたい。人の喜ぶ顔を見るのが何より好きなんです」

快活な笑顔でそう語る平田社長は、若さあふれる四五歳。創業者である先代社長の弓惣二郎氏から引き継いで四年目となる。ベトナムに現地法人を設立するなど、海外進出にも積極的な同社の成長を支えるものは何か。

◉先代からのスムーズな引継ぎ

平田社長は文系出身だが、幼いころから手を動かすのが好きで、現場一筋で新手法の研究に没頭し、生産部長などのキャリアを積

み上げてきた。約一〇年前には副社長に就任。二〇〇九年八月の社長就任に至るまで、基本的実務の引き継ぎが徐々になされたという。

社長交代の半年後となる二〇一〇年二月、先代社長が交通事故のため逝去。親分肌の創業者を失い、精神的には寂しい思いをしたが、金融面の引き継ぎも終了しており、会社経営面で突然困ることは無かったという。

「人に任せる勇気がすごい。先代に非常に助けられた。方法はそれぞれだったが、人を喜ばせるのが大好きだという到達点が似ていた」と語る平田社長は、先代社長が亡くなった際に、人との縁、ものづくりに携わる者同士のつながりにも助けられたという。次期経営者への引き継ぎは多くの中小企業において悩みの種だが、スムーズな世代交代を行った同社には多くのヒントがある。

◉縁から始まる海外展開

窒化処理とは鉄鋼製品の耐摩耗性・耐腐食性向上のため、金属表面に窒素を染み込ませて表面を硬化させるプロセスのこと。川崎窒化工業株式会社は窒化処理の将来性を見込んだ先代社長が、同郷の先輩である川崎クローム工業㈱社長から支援を受け、一九七六年に創業した。創業一年目にして日立製作所日立工場の窒化品認定工場となり、顧客の信頼を獲得。一九八五年には大阪工場（大阪府八尾市）を設立し、関西地区の顧客要望にも配慮しながら生産体制を整備していった。

「社長交代が二〇〇九年の夏。二〇〇八年のリーマンショックにより業績が落ち切った時点での交代だった。一品物の世界は中国にとられてしまっており、営業品目を増やすためにベトナム進出を決めたが、実はもともとは海外に出ようという意識は無かった。進出につながったのはたまたまつながった縁が続いたからだ」と平田社長は語る。

ベトナムに工場を持つ顧客がいるなどの縁により二〇一〇年秋に訪越。「商売にならないから日系の熱処理専業会社がいないのではなく、熱処理業者がいないから仕事が無いのであり、今後は需要が見込める」と確信し、工場用地を即購入したという。ベトナムとの相性の良さも決め手の一つだったようだ。二〇一一年一二月、ベトナム・ホーチミン市近郊のミーフック三工業団地（ビンズン省）に「カワサキ・ヒート・メタル・ベトナム」を設立。同社初の海外工場で、真空浸炭炉を新設したほか、大阪工場から窒化炉などを移設した。

「ベトナム人は日本人の若い労働者が嫌々やるような作業も真面目に取り組んでいる。その姿を見ているうちに愛おしく思うようになった。現地従業員の約半分は日本語が話せるなど非常に親日的。班長クラスの二〇代ベトナム人三人を三カ月間、大阪に連れてきて実作業の研修を受けさせていたが、ベトナム人のスキルアップにつながっただけでなく、教える側の日本人社員も刺激を受け、襟を正したようだ。ベトナム赴任に手を挙げてくれた者もおり、社員が自発的に動くようになった。新しいことに取り組むことで社内の雰囲気が変わったことがうれしい」と平田社長は喜ぶ。

国内では取引がなかった企業とベトナム工場をきっかけに、新規取引につながっただけでなく、事業に広がりが出てきているという。徐々に増えつつある引き合いに対応すべく、二〇一三年春に

会社概要

企業名：川崎窒化工業株式会社
創　業：1975年12月
所在地：川崎市川崎区小島町2-10
電　話：044-288-5876
代　表：平田　健介（ヒラタ　ケンスケ）
資本金：2,000万円
従業員：45名
事業内容：ガス窒化処理、イオン窒化処理、ガス軟窒化処理、ガス浸硫窒化処理、雰囲気熱処理（KPS・DPS・SKD）、竪型炉による応力除去焼なまし、ベーキング処理、真空浸炭処理
ＵＲＬ：http://www.kawasaki-chikka.co.jp/

川崎窒化工業社長　平田健介

は新たに専用機を投入する予定であり、タイ・インドネシアからも車・バイク関連の依頼があるそうだ。既に二〇一〇年春にはフランスの熱処理原料販売企業との合弁会社も設立し、大阪・ベトナム両地にて合弁工場を置いており、「雇用を守るためにも今後も積極投資を続けたい」と平田社長は意気込む。

◉定評のある技術力と品質

少量多品種の産業機械一般は川崎本社・工場にて処理を行い、大阪工場では建設機械向けの量産品を扱うほか、真空浸炭研究所を設け、新技術の開発にも積極的に取り組んでいる。顧客満足を得るにはさまざまな対応が求められるからだ。

「窒化は各産業で活用されており、『川崎窒化に頼めば何とかなる』と言われるよう、今後も当社の規模を活かして、顧客のニーズに小回りよく応えていきたい」と語る平田社長。経済産業省から素形材産業環境優良工場に表彰されるなど、技術力と品質には既に定評があるが、さらなる向上に余念がない。

株式会社
セイコースプリング

海外進出のトップランナーとして、中小企業の
中国進出をサポートする高精度ヘアスプリングメーカー

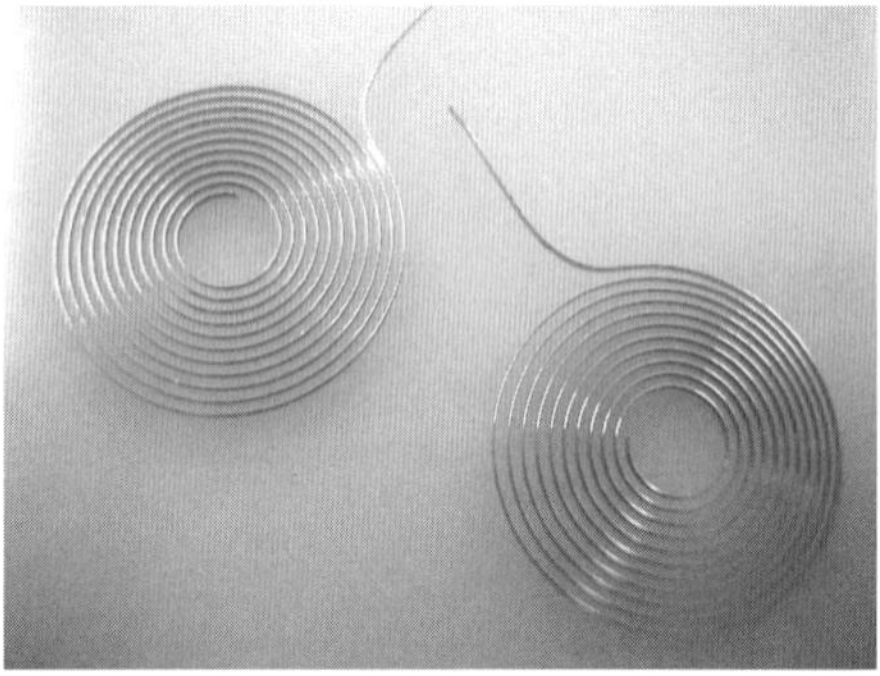

高精度・高密度のヘアスプリング

高精度・高密度のヘアスプリング（ヒゲゼンマイ）の製造・販売を手掛ける株式会社セイコースプリングは、積極的な海外展開でも知られる。同社の中国現地法人では、自社製品であるヘアスプリングの組立のほか、音響部品などの組立も請け負うなど、幅広い活動を行う。同社中国現地法人の売りは、「まるで日本」である。一九九二年以来培ってきた豊富な精密組立ノウハウにより、安心・高品質・低コストのサービスを提供している。また、中小企業の中国進出をサポートするスペースレンタル事業も展開している。

◉高い業界シェア、積極的な海外展開は、同社のDNA〝品質第一〟の考え方から

同社が製造するへアスプリングは、主に自動車用のメーター、工業用・電気用計測機器などに使用されていて、国内でのシェアは七〇～八〇%、世界シェアも五～一〇%を占めるなど、業界トップ企業である。このシェアを支えるのが、同社のDNAである〝品質第一〟の考え方だ。「企業経営では、品質、納期、コストの三つを同時に考えろ、とよく言われますが、まずは品質ありきなのだと思います。コストや納期は、品質をクリアしてからの話。こうした考えは、多くを語らず・教えずという、一見放任主義の前社長である父から学びました」と宮沢寿社長は言う。この〝品質第一〟の考え方が、中国現地工場でも不良品を出さない信頼性を生み、海外への積極的な展開、そして発展につながっている。

◉数多くの海外展開経験

同社は一九六四年に大手ぜんまい企業が分社化した折り、全く製造業とは関係ない仕事についていた宮沢社長の父親が、縁あって社長に、祖父が会長となったことに始まる。当時、同社製品が使用されるアナログメーターは需要が拡大しており、作れば売れる、という状態であったという。

一九八〇年代以降デジタル化の波は大きく、同社も大きな影響を受けることになる。そこで、同社は比較的早い時期から海外に目を向けることにした。まず、海外展開の第一弾として、客先の海外展開に合わせ、八〇年代に台湾現地企業に技術協力を行い、生産の委託や現地販売ルートを構築

した。しかし、台湾はあっという間に人件費が高騰し、当モデルも数年で機能しなくなった。そのうち、当時の取引先日本企業が直接中国からの調達も考え始めていたことから、それを阻止するために中国最大のヘアスプリング企業に、二五％出資し、上海に合弁会社を設立した。そのような目的の合弁会社であったこともあり、同社は合弁会社の経営にもほとんどタッチしなかったが、当初の目的は十分に果たせたという。その後、合弁パートナーの分裂もあり、現在は合弁も解消している。そのほか、韓国への輸出販売を展開した経験も持っている。

◉海外での飛躍

このような海外展開の最中、経営の安定化には、一〇〇％出資の海外拠点設立が必要であることを感じた同社は、中国国内で進出候補先をいろいろと視察し、結果として一九九二年に福建省福清市に生産現地法人を作ることにした。これは、前社長が日本で知り合った中国人の地元だった。同現地法人は、当社製品の一部工程の加工を行うもので、経営は現地化しており、現社長も同社入社後、現地法人に二年程駐在したが、役職はなかったという。

現地法人を設立した当時は、大手がようやく中国に生産工場を持ち始めたころで、中小企業の中国展開はこれから、という時代であったが、現地法人経営は順調だった。その後、当時スプリング事業に次ぐ主力であったコイルの現地生産化を足掛かりに、異業種である音響部品なども加工を手掛けることとなった。今まで延べ一〇社の組立を請け負い、今も三社が同社に加工を委託している。同社に加工を委託し、その後自前で現地法人を設立した「卒業企業」も三社に及ぶという。同社としては、こうした本業のぜんまい以外の組立請負を第二の柱として増やしていくほか、中国展開を独自に行うにはハードルが高い中小企業に向け、工場スペースのレンタルを行うなど、中国現地法人を活用したビジネスを拡大していく方針だ。

また、主要製品であるヘアスプリングの販売については、需要が頭打ちの日本よりも、今後は海外での販路開拓を進めていく考えだ。同社としては、人件費が高騰しつつある中国現地法人はそのまま残しておき、海外で新たに拡大した売上増加分について、中国以外の第三国で生産していくことを狙っている。海外での販路開拓に向けて、展示会・商談会に積極的に参加を行うほか、新たな生産拠点設立に向けた情報収集にも余念が無い。

今後も海外展開とともに、さらなる発展に向けて邁進していく。

会社概要

企業名：株式会社セイコースプリング
創　業：1964年6月
所在地：川崎市高津区上作延151
電　話：044-865-2711
代　表：宮沢　寿（ミヤザワ　ヒサシ）
資本金：1,000万円
従業員：10名（中国200名）
事業内容：計測器用ヘアスプリング製造・販売、精密部品組立
URL：http://www.seiko-spring.co.jp/

セイコースプリング社長
宮沢　寿

株式会社総商

川崎からフィルム産業をつくり、育て、未来に貢献する

ガラスフィルムの施工

〝ガラス・ガラスフィルムを通し、安全と快適を提供し続け未来の生活を築きあげる〟をモットーに、株式会社総商は、建築用や自動車用などの幅広い分野でガラスフィルムの施工・販売を行う。災害におけるガラスの飛散防止や、ビルの地球温暖化対策・省エネ対策など、フィルムを通じた安心・安全・快適な社会づくりに貢献している。

創業から三四年、常に時代の先を読み「お客さまに喜ばれる製品とは何か」を問い続け、時代に合った製品を追い続ける姿勢は変わらない。

◉ガラスフィルムを日本に紹介

最初は、アメリカから自動車用のガラスフィルムを輸入したことから始まった。まだフィルムが日本に登場していない一九七六年のことだ。三〇年以上前にもかかわらず、当時からアメリカでは紫外線をカットするガラスフィルムへの関心が高く、文化として根付いていた。日本では最初はなかなか理解してもらえなかったが、今後温暖化対策や肌への紫外線対策といった意識が高まり、新たな産業につながっていくと青木社長は確信していたという。

強い信念を持ち地道に営業を続けた結果、ガラスフィルムは少しずつ浸透していき、現在、同社の自動車用フィルム卸販売は、国内シェア五〇%を超えるまでになった。

建築用のフィルムについても、探究心は変わらない。大手メーカーと一体となり、飛散防止はもちろん、赤外線を八七%カット、紫外線を九九%カット、有害な電磁波の侵入も防ぐが、可視光線透過率は七四%と高い透明度を保つ、高透明熱線反射・遮熱フィルムの開発に成功した。

日本でも東日本大震災以降は、ガラスの飛散防止へのニーズが高まっている。さらに、世界的に環境保全への取り組みが進み、フィルムは省エネを促進し、CO_2削減になくてはならない時代に即した製品となっている。

◉時代のニーズを受け止め、フィルムの可能性を引き出す

このようにフィルム業界を産業として育ててきたのが青木社長だ。一枚のフィルムに情熱を注ぎ

フィルムの持つさまざまな機能を時代のニーズに応じて引き出してきた。その動機付けとなったのは、より良い社会づくりの理念と顧客ニーズであった。

かつて、川崎市内小学校で起きた児童が首を窓ガラスにつっこむ事故、それを知った青木社長は、フィルムを建物に普及させ、フィルムを貼ることでガラスの破損を防止し、子供の安全・安心を守りたいと考えた。まだ黎明期であった国内のフィルムメーカーと協議を進め、国産製品の販売に漕ぎ着けた。

また、日本は地震が多いので地震対策も考えた。阪神淡路大震災の教訓から地震によるガラスの飛散防止としてもフィルムが役に立った。ガラスを割っても粉々にならないことから、住居の防犯対策として日本でＣＰマーク（防犯性能の高い建物部品につけられるマーク）の導入にも尽力した。

さらに、落石による新幹線の窓ガラス破損事故に伴い、ＪＲ西日本からの要望で窓ガラスの外面から施工できるガラスカバーフィルムをメーカーと共同開発し、ＪＲ西日本、ＪＲ東海の在来線車両の多くに、同社のフィルムが採用されている。

もちろん、喫緊の課題である地球温暖化対策・省エネ化として、遮熱フィルムの需要も増えた。オフィスビルの窓ガラス向けのみならず、ショーウインドウなどにも採用され、納入実績を増やしている。

◉フィルムを通した挑戦は続く

青木社長は、顧客ニーズを製品開発につなげる橋渡し役を担ってきた。現在、フィルムＪＩＳ規格委員（建物・自動車）を務める青木社長は、フィルムの普及に取り組むとともに、メーカーの新たな製品開発に協力し、新しいフィルムの誕生に挑戦している。二〇〇二年には、業界初ISO九〇〇一品質マネジメントシステムも取得し、これからも現場ニーズを汲み取り、新製品開発へつなげ、お客さまへよい製品・よいサービスを提供し続ける社内体制を、他社に先駆けて構築している。

また、川崎から世界へ、フィルム産業のグローバル展開、海外への製品の販路拡大も進めている。中国（上海、瀋陽）、ベトナムといったアジア地域をはじめ、南太平洋のモルディブでも導入の検討が進められている。オフィスや商業ビルの建設ラッシュが続く開発途上国へも展開し、CO_2削減に貢献していきたいと海外企業との業務提携にも意欲的だ。次はどんなフィルムが日本で、世界で必要とされるのか、青木社長は日々新しいアイデアに挑戦し、より快適で安全に生活できる社会づくりを目指している。

会社概要

企業名：株式会社総商
創　業：1976年
所在地：川崎市高津区野川3895
電　話：044-788-3377
代　表：青木　克眞（アオキ　カツマサ）
資本金：1,000万円
従業員：20名
事業内容：建築用ガラス、フィルムおよび自動車用ガラス、フィルムの販売施工、洗車場の経営
URL：http://www.soushow.co.jp/

総商社長　青木克眞

ダイヤ工芸株式会社

海外進出と新技術開発で好循環を呼び込む

最新技術を駆使した製品と地域連携で開発した商品

石塚社長は、小さいころから家業を手伝い、早く現場に入りたいという思いから二〇歳でダイヤ工芸株式会社に入社した。そして、二〇一二年一〇月に創業者である父親の後を継ぎ社長に就任した。

同社は、携帯電話、自動車のナビゲーション、デジタルカメラなどの外装部分に文字や模様を印刷するシルクスクリーン印刷・PAD印刷、ホログラム箔や金・銀箔などで樹脂面を装飾するホットスタンピング加工そのほか精密な印刷を手がけるプラスチック総合二次加工メーカーである。

◉新技術『曲面インプレッソン』で、『川崎ものづくりブランド』認定

バブル崩壊後も、これまでの顧客との信頼関係が大きな財産となり受注が途切れなかった同社だが、二〇〇八年のリーマンショックの影響は大きく、このままでは従業員の雇用にもかかわるという危機感から、新規顧客を取り入れるために新技術の開発に取り組んだ。

そこから生まれた技術が、曲面体・多面体スクリーン一発印刷『曲面インプレッソン』である。これは、丸みを帯びた容器などの曲面体や箱物などの多面体の全周囲に、一回の工程で印刷を行う技術である。従来の複数工程での印刷と比べて、工程数の減少による時間とコストの削減、不良率の減少、そして複数の工程を重ねるときにできる印刷の合わせ目がなく美しい仕上がりとなるなどのメリットがある。

この技術により携帯電話の外装の曲面部分や変則的な形状の化粧品容器など、これまで不可能あるいはコスト高のため印刷できなかったものへの印刷が可能となり、さまざまな顧客のニーズに対応できるようになった。そして、これまでに取引のなかった企業に「画期的な技術が生まれました」とサンプル品を持ち込んで営業を開始したところ、多くの会社で驚かれ、歓迎されたという。その結果「社内的にもモチベーションが上がり、社員のやる気が出て将来への夢も描けるようになった」と石塚社長は語る。

また、『曲面インプレッソン』は、『川崎ものづくりブランド』への認定や川崎市産業振興財団の『かわさき起業家オーディション』で優秀賞を受賞するなどの評価を受け、これをきっかけに展示

会への出展という新たな営業活動も始まった。

さらに、この新技術を新聞で知った同業の企業から、その企業が持つ「ミラクルビジョンフラッシュ」（見る角度により、製品の図柄が変化するデザイン表現を可能にする技術）に導入できないかと持ちかけられてできた技術が『ミラクル ビジョン インプレッソン』であり、これもテレビのニュース番組などで取り上げられて大きな反響を得た。このように新技術を持っていることで、不景気にもかかわらず、営業がしやすく、ときには「『そこまでの高度な技術はいらないが、現状で困っている事があり相談に乗ってほしい』と逆に仕事を依頼される場合もある」と石塚社長は話す。


◉川崎市内企業らとともにベトナムで一貫生産

昨今の中小企業の海外進出の流れもあり、同社でも海外視察を通じてベトナムを候補先に考えていたが、具体的な決め手となったのは、二〇年来の付き合いがある㈱青山プラスチック塗装（川崎市高津区）の存在であった。数年前よりベトナム視察を繰り返しながら二〇一一年の秋、㈱青山プラスチック塗装のベトナム工場完成を機に現地を訪問し話を聞き、需要があると見込んだ石塚社長は一年後に進出しようと決意した。進出に当たっては「環境は違うが、印刷を行う点では同じ。また、入社以来、外国人と働いてきたので抵抗はないし、当時から彼らに日本語も教えていたから、ベトナムでもやれる自信はあった」と石塚社長は語る。

その後、㈱青山プラスチック塗装の量産決定に伴い進出を急いでほしいと連絡があり、三月に会

会社概要

企業名：ダイヤ工芸株式会社
創　業：1971年2月
所在地：川崎市高津区蟹ヶ谷119
電　話：044-754-6381
代　表：石塚　博臣（イシヅカ　ヒロオミ）
資本金：1,000万円
従業員：30名
事業内容：一般樹脂の2次加工全般
URL：http://www.dta.co.jp/
認定等：川崎ものづくりブランド、かわさき起業家オーディション優秀賞

ダイヤ工芸社長　石塚博臣

社を設立、五月から操業を開始した。この短期間での工場の立ち上げに当たっては、「既に先行して進出した㈱青山プラスチック塗装さんに、必要なモノや情報を入手するための相談をすることができたことが大きい」と石塚社長は話す。そして、同社のほかに金型および成形ができる企業も併せて進出したことによって、「『金型→成形→塗装→印刷』を一貫して行う体制ができた。それが、ベトナムに出た私たちの売り」と語る。このほかにも、「最近では当社のベトナム工場視察を機に当社を知った日本企業が、帰国後に会ってもらえるなどのメリットも出てきた」と話す。

そして、現地従業員のやる気や活気あふれる状況を目の当たりにして帰国すると、「今度は国内部門の方をもっと改革して、ベトナムのような活気を起こしていきたい」と言う。「結局、経営者が目標や夢を持って従業員たちと共有できれば、常に明るく元気な会社としてやっていけると思うし、そのような会社であり続けたい」と石塚社長は力強く語る。

株式会社
フューチュアテック

川崎から世界に発信する硬度計のトップメーカー

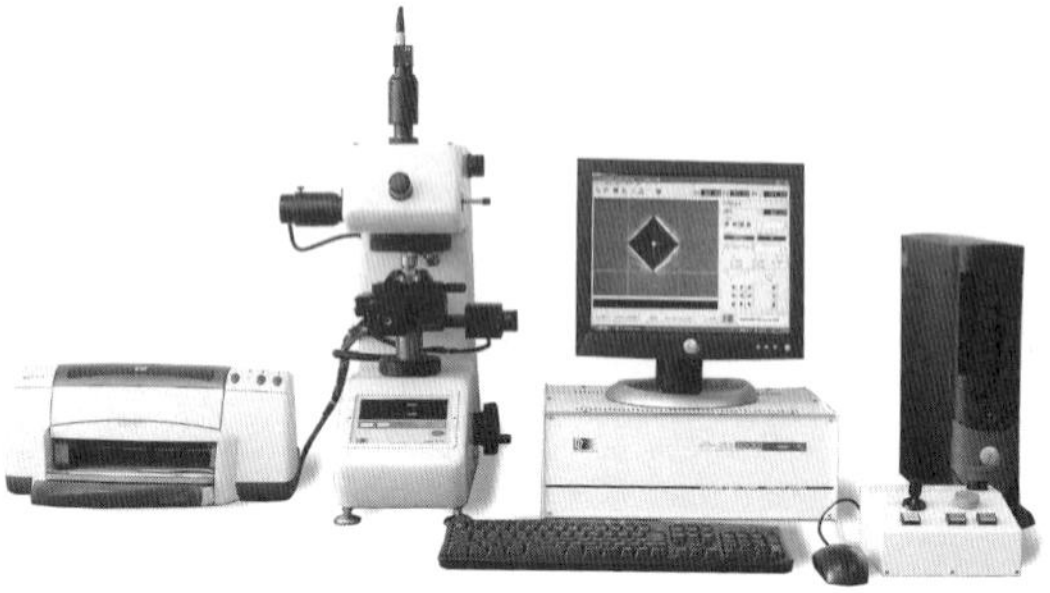

全自動微小／ビッカース硬度試験システム

株式会社フューチュアテックは、世界に通用する日本の技術への自負と顧客満足度の追求を両輪に、硬度計の総合メーカーとして〝品質第一のもの造り〟を進め、世界ナンバーワン企業を目指している。それを支えているのが、顧客ニーズや時代ニーズをふまえた、飽くなき製品開発への挑戦である。世界をステージに、信頼のおけるブランドづくりに情熱を注いでいる。

◉驚きの三五カ国に代理店、世界に通用する企業を目指す

硬度計の総合メーカーである同社は、川崎発のナショナルブラン

ドを持つ世界的企業である。専門メーカーとして各種試験法に応じた製品を揃え、ロードセル方式や全自動システムなど、顧客仕様に沿った製品ラインナップの充実を図っている。主力製品のひとつ『ロードセル式マルチビッカース硬度計』は、『川崎ものづくりブランド』にも認定されている。

自動車、鉄鋼業界などを中心にユーザーからの信頼は厚く、顧客ニーズを先取りした新規製品への取り組みは他社の追随を許さない。会社の入口には世界地図が掲げられ、その地図の上に、世界に展開する販売網が記されている。国内トップシェアを誇るとともに、海外三五カ国余りの代理店を通じて各国の一流ユーザーに広く納入している。

◉顧客のニーズから製品開発へ、飽くなき挑戦―

同社の創業は一九九五年と意外に新しい。しかし、そのルーツは戦後の硬度計トップメーカーと言われた明石製作所の下請けとして、松澤健次社長の父・栄七氏が松澤精機を創業したことにまでさかのぼる。松澤精機の硬度計を販売する会社として設立した同社だが、そのスタート直後に松澤精機が倒産。売る製品がなくなった同社は、松澤精機の技術とノウハウを引き継ぐ形でメーカーとして再スタートを切った。

松澤精機が持っていた日本のものづくりのＤＮＡを、松澤社長が、時代のニーズに対応した製品開発につなげるとともに、商社勤務で培った経験を活かして、国内外への販売戦略を進めた。それが同社の強みとなっている。かつて、高度成長期の硬度計のデジタル化とオートメーション化の動きにもいち早く取り組み、競合他社で対応できなかった新製品づくりにも意欲的に取り組んだことが、その後の事業に大きな飛躍を生んでいる。

硬度計の製品寿命は二〇年〜三〇年と長いだけに、アフターサービス・保守は顧客との信頼関係を築く大切な要素となる。そして、アフターサービス・保守を大切にすることで、「顧客との信頼関係を築くとともに、現場からのニーズを吸い上げていくことが次の商品開発に結びつく」という。製品の開発から生産はもちろん、梱包の細部に至るまで社員がきめ細やかに対応し、製品と一緒に責任と安心を届けている。

最近では、硬度試験に不可欠な作業である試験片の「切断・埋込・研磨」への要望に応えるための製品を開発した。それが、最も精密な試験であるビッカース硬度試験に必要な、試料作成のための精密切断機をはじめ埋込機、研磨機である。一度外国製を取り扱ったがトラブルが多く、自社製品が必要と判断したという。これにより硬度試験をトータルでカバーできる体制を構築し、きめ細かいサービスを提供できるようになった。

●「MADE IN JAPAN」にこだわる、そのものづくりの覚悟が時代を拓く

海外への事業展開における大きな飛躍点もあった。米国の大手分析機器メーカーLECO社に、全硬度計のOEM供給をスタートしたことだ。現在、売上に占める海外比率は実に七〇％にも達する。顧客の海外移転に対応して社内の国際化を掲げ、アジア・欧州に拠点を設立するとともに、英

会社概要

企業名：株式会社フューチュアテック
創　業：1995年2月
所在地：川崎市川崎区藤崎3-5-1
　　　　トークピア川崎ビル
電　話：044-270-5789
代　表：松澤　健次（マツザワ　ケンジ）
資本金：3,000万円
従業員：34名
事業内容：硬度計、試料作成機および関連機器・部品の製造・販売
URL：http://www.ft-hardness.com/
認定等：川崎ものづくりブランド

フューチュアテック社長　松澤健次

語や中国語のできる人材の採用を進めている。また、毎週水曜日には外国人の派遣講師のもと、社員の英語教育にも熱心に取り組んでいる。

「中国、インド、ブラジルといった新興市場の拡大が進む中、海外取引の重要性はますます高まる」と、松澤社長の海外市場に対する視線は熱い。世界の中で本物の硬度計を残すこと、すなわち海外で安いコピー製品が出回っても、日本製を選んでもらえるよう本物のクオリティを提供したいという。「MADE IN JAPAN」を守り、「日の丸を背負う」自負とものづくりの覚悟が伝わってくる。

ものづくりのDNAと顧客満足度の飽くなき追求、「硬度計メーカーとして世界のリーディングカンパニーになりたい」という松澤社長の思いが、これからの日本のものづくりをさらに引っ張って行ってくれると確信している。

第三部

対談 国際イノベーション都市・川崎を目指して

対談者

阿部孝夫 川崎市長

VS

平尾光司 昭和女子大学理事長

第三部は、阿部孝夫・川崎市長（川崎市の政策責任者）と平尾光司・昭和女子大学理事長（川崎市産業に造詣が深く適切なアドバイスをいただいている有識者）の対談を通して、川崎市産業振興の大きな展望（枠組みと方向性）を描いていただいた。より具体的には、阿部川崎市政一〇年を振り返って、産業振興の考え方、川崎の強み、諸産業振興事業の成果と展開、さらに、川崎市産業振興の今後の展望などについて、自由にご発言・議論いただいた。

＊対談時期　平成二四年一一月二一日(水)
一〇時三〇分〜一二時
対談場所　川崎市長応接室
＊対談者
阿部孝夫　川崎市長
平尾光司　昭和女子大学理事長／信金中央金庫地域・中小企業研究所長／公益財団法人川崎市産業振興財団顧問
＊進行
原田誠司　長岡大学教授／公益財団法人川崎市産業振興財団副理事長・同財団新産業政策研究所長

――それでは、これから、川崎市の産業振興について、阿部市長と平尾理事長の対談を始めたいと思います。進行役を私、原田が務めさせていただきます。

阿部市長が二〇〇一年に市長に就任されてから一〇年が過ぎましたが、川崎市の産業振興は非常に順調に進んでいると思います。本日は、「産業振興の考え方」、次に「川崎市の経済・産業の強みをどう見るか」、三つ目に「戦略的な新産業の育成＝三つのイノベーション展開」、さらに「成果を上げる推進体制のあり方」、そして最後に「今後の展望・課題」についてお聞きしたいと思います。

I　産業振興の考え方について
―阿部市政一〇年を振り返って―

――まず、この一〇年間の産業振興の取り組みの基本的な考え方について、お話しいただきたいと思います。阿部市長はこの『川崎エコタウン』（川崎市環境産業革命研究会編）のインタビューの中で、こう述べていらっしゃいます。「要するに地域の振興というのはその地域の資源、これを磨き上げていくことが一番ポイントです。補助金だとか外部からの誘致だけに頼るのでは、失敗します」と。私も全くそのとおりだと思います。このお考えをもう少し、詳しくお話しください。平尾先生には後ほどコメントをお願いいたします。

■地域振興とは地域資源を将来に向けて磨き上げ、拡大すること！

阿部市長　私は市長になる前に、田舎の過疎地域の〈ムラおこし〉を手伝ってきた経験からそういう考え方を持つようになったのです。地域には歴史とか、地理的条件とか、与えられた過去からの遺産がありますね。ムラおこしや活性化はそれをどれだけ活用していくか、ですね。ですが、将来性がないとダメです。特に産業として将来に向けて拡大する方向に行けるかどうかを見極めることは非常に重要です。

工業都市として発展してきた川崎市が今、どんどん研究開発都市に転換しています。これは地理的条件も重なって、地価が高い、人件費が高いため研究開発に特化せざるを得ないという状況です。大手企業も中小企業も研究開発に大きくシフトしてきている。そういう中で、川崎市は公害を克服してきたというマイナスからプラスへの転換を果たしてきた。環境技術に向かうベクトル、加速度がついてる。しかも、地理的条件としては首都圏の絶好の位置にある。工業集積があり、羽田国際空港も近い、陸海空の交通の結節点でもあるという好条件を持つ。川崎のこういう基礎条件をもとに、根っこから今後動いていく方向付けをすることが非常に重要です。追い付け追い越せの発展途上国型の産業から、高コスト高付加価値の先進国型産業へと大きく転換せざるを得ないわけです。最終的には、どこかの二番煎じではない、地球上の人類の問題をいち早く解決する新技術を開発し、それを世界中に普及させることが先進国の産業発展の原点だと思います。

そういう流れで見ると、地球上で大きな問題になっているのは、一つは環境問題。もう一つは人口増・長寿命化に伴う健康や食料問題。これらが非常に重要ですね。高齢化への対応としては、高齢者の生活を支える機器、いわゆる補助福祉機器が重要であり、そういう産業が必要になりますね。福祉も産業化せざるを得ないわけです。

その視点で見ると、日本が最先進国です。アジア諸国からヨーロッパ諸国までみな高齢化する。するとこの福祉の産業化は無限の可能性がありそうです。環境に次いで、エネルギーの問題もあります。川崎は工業都市としての基盤がありますのでどの分野にも対応できます。産業は役に立たないとダメですから、役に立つもので先進国でしかできないような研究開発を行い、最先端の問題解決に取り組む必要があるのです。その分野に川崎の強みをどんどん集約していくという考え方ですね。

後で触れますが、今進めている「グリーンイノベーション」、「ウェルフェアイノベーション」、さらに「ライフイノベーション」はそういう考え方に立っています。

■大都市・川崎には無限の資源がある

——市長に立候補された時、「国際環境特別区構想」を打ち出されましたが、その狙いはどこにあったのですか。

阿部市長　当時、政府に特区構想があり、規制緩和や特別措置が考えられていました。先ほども言いましたが、川崎は公害問題を克服した環境技術やノウハウの蓄積がありますので、この

阿部孝夫 川崎市長

特区制度を活用して、最先端で環境問題に取り組むことができると考えたわけです。

――市長は石川県で企画開発・商工労働部長をされ、それから高崎経済大学、法政大学でも教授を努められました。地方の産業振興と大都市・川崎の産業振興はどこが違いますか。

阿部市長　一村一品運動のようなムラおこしでは、一つでも有力なものがあれば、ムラおこしになります。川崎市のような大都市は全く違います。川崎市には無限に近い資源がありますね。よそと比べて強みがある。例えば、〈ガラス工芸〉です。私が石川県にいた時、能登島という離島に橋が架かり、離島の小学校が一つ要らなくなり、その小学校をガラス工芸の研究所に切り替えた。その時に頼んだのが川崎にあった東京ガラス工芸研究所です。ですから、市長になる前から東京ガラス工芸研究所が川崎にあることを知っていました。そういう意味でもガラス工芸は川崎市の大変な資源ですね。

また、〈音楽のまちづくり〉。「ミューザ川崎シンフォニーホール」をいかに活用するかという発想から音楽のまちづくりが生まれました。やっぱりムラおこしの発想です。福岡の博多座は五〇〇万人ぐらいを相手にしてホール運営をやってうまくいっているとのこと。ミューザ川崎ホールも対象人口を五〇〇万人に広げるにはどうすればよいか、川崎市自体を音楽のまちにする必要があると考えたわけです。当然東京も横浜も入ってくる。その発想で実際にできるかどうかを調べたところ、川崎市には音楽大学など多様な音楽資源があることがわかった。そこから、一挙に〈音楽のまちづくり〉という、今まで誰も発想しなかったことを大々的に政策課題として取り上げて進めたわけです。だからまさにムラおこしの発想なんです。

■阿部市政一〇年は川崎市成長戦略の一〇年であった!

――ありがとうございました。よくわかりました。平尾先生のグローバルな観点から川崎を見ていかがですか。

平尾理事長　阿部市長のお話をお聞きして、振り返ってみると、ちょうど就任された二〇〇一年あたりが日本の「失われた一〇年」といわれていた時期でした。川崎市も「失われた一〇年」の苦しみの中にあって空洞化が進みました。円高とアジアの工業化の中で、南武線沿線の電機産業がどんどん消えていく。あるいは臨海部の重化学工業でも、JFEなども含めて存続のリスクを抱える企業が相当増えてきました。

急速な空洞化の進展で、このまま進んでいくとまさに「工都一〇〇年」の川崎の歴史が消えていくのではないかという時に、阿部市長が今お話にあったようなビジョンを持って就任されました。新しい戦略を展開するときに、川崎の持っている地域資源が何かということをきっちり洗い出して、世の中のパラダイム変化とかベクトルの変化の方向に、その経営資源を新しい

平尾光司 昭和女子大学理事長

形でどう活かすかということに市政の舵を切られました。まさに、川崎の成長戦略展開の一〇年であったという気がいたします。

阿部市長のご就任とほぼ同じ時期に、私は専修大学の教員になったのですが、専修大学の先生たちは、みな川崎都民なのですね。大学のメインキャンパスは川崎市にあっても、川崎のことを考えていない。大学の役割は、教育研究に加えて、地域にいかに大学の知的資源を供給するか、情報資源あるいは学生も含めて人的資源を供給するかということだと思っていました。そこで、川崎市と専修大学とのパートナーシップを進めたわけです。同時に、市長がおっしゃったような新しい川崎市の産業政策のベースになるような研究をしたいということで、「川崎イノベーションクラスター政策への提言」というテーマで文部科学省の助成を受けて五年間にわたり、調査研究を行いました。私も以前から神奈川サイエンスパークＫＳＰなどの設立のお手伝いなどで川崎には縁があったのですが、改めて研究してみるとやはり川崎市には大変なポテンシャルがあることに気付きました。そのポテンシャルが気付かれずに、磨かれずに新しい時代に対応していないことを感じました。しかし、阿部市政一〇年の間でその点が明確にされて、先ほど市長のお話にあった環境、ライフイノベーション、あるいは音楽のまち、スポーツのまちというビジョンが実行に移されてきました。川崎の新しい成長に向けての都市マネジメントを展開されてきたという感じがいたします。そういう意味でこの本のタイトルは「川崎元気企業」ですが、まさに「元気都市川崎市」になったという感想です。

Ⅱ　川崎市経済・産業の強みとは何か
―創造人材都市・川崎―

――どうもありがとうございます。二番目のテーマの「川崎市の産業構造・産業集積の強み」についてお話しいただきたいと思います。ポイントは二つです。一つは、市長が指摘された人材の強みです。『川崎エコタウン』の加藤三郎さん（NPO法人環境文明21代表）との対談の中で、市長は、「川崎には何でもあります。一番は川崎に居を構えている人材なんです」と言われ、そこから音楽のまちづくりなどについて述べられています。その人材の強みが一つです。二つ目は都市のタイプについて、平尾先生はピッツバーグやボルティモアのポスト工都のあり方との違いを述べて、川崎市の国際的な位置付けを明確にしておられます。この二つについて議論をお願いしたいと思います。

■川崎は文系・芸術系と情報・研究開発系創造人材双方が最も集積する大都市

市長が述べられている川崎市の人材の特徴を他の大都市と比較して調べてみましたので、ご参考までに簡単にそれを申し上げます（詳しくは本書第Ⅰ部14～17頁参照）。

二〇〇五年の国勢調査のデータによると、就業者（常住地）のうちの専門的技術的職業就業者＝専門人材の割合は、川崎市が一八・二％で全国の大都市（東京特別区＋政令指定都市）の中で最も高い。従業地（昼間）の割合では、川崎市はもっと高まる。日本の中で、専門人材が集積しているのは、川崎市、東京特別区および横浜市のエリアです。他の大都市は非常に低い。日本の専門人材はここに集まっている。

次に、専門人材の中で、どの分野の人材が多いかを見ると、圧倒的に技術者が多いですね。川崎市は専門人材全体の約四五％、半分ぐらいを占める。従業地で見ると、さらに高まります。

さらに、最も特徴的なのは、先ほど市長が言われたのですが、川崎市は科学者、技術者、文芸・記者など、美術家・デザイナーなど、音楽家などの多彩な創造人材（常住地ベース）が多いことですね。全国平均（割合）に対する特化度（特化係数）を計算してみると、技術者以外の専門人材も全国平均の二〜三倍集積しています。文芸・記者などの特化係数は一・七九、美術家・デザイナーなどが一・六、音楽家が一・五です（一・五以上は特化度、集積度が高いと言われます）。市長の見方はすごい慧眼だと感心しました。別に持ち上げているわけではありません。今後は、川崎の人材の強みをもっときちんと発信していくべきですね。

原田誠司 長岡大学教授

ちなみに、東京特別区はこうした人材に加えて、法務や経営の専門家が集積しております。さすが、首都・東京というところです。従業地ベースで見ると、研究者・技術者はさらに常住地ベース以上に特化度は高まりますが、川崎市の文芸、デザイナーおよび音楽家の特化係数は一未満、〇・九程度です。東京で仕事をしている人が多いからでしょう。川崎市と東京二三区はほぼ同じ圏域になっている。川崎に住んで東京で仕事をする人、逆の人も当然いる。音楽のまちづくりについての市長の見方は非常に先見の明があると思います。

それからもう一つは、産業構造の面で見ると、大都市では製造業の比率が下がっていますが、川崎市は一五大都市の中では依然として一番割合が高い。そして、川崎市は、情報産業と研究開発産業の集積度が大都市の中で最も高い。ものづくりと情報・研究開発が強いという、通常のサービス経済化傾向に反する特徴を持っています。概ね、全国の二~三倍の集積がある。情報産業と研究開発産業の従業者の合計(従業地ベース)は川崎市と東京特別区が全国トップで七・七%にのぼります。三位の横浜市が四・五%ですからかなり差があります。他の大都市はもっと低い。全国平均の三倍ぐらいの集積度で九ですから、特化係数で見ても二・九です。先ほどの文系・芸術系人材と情報・研究開発系の創造人材双方が集積しているのが川崎であり、東京だということです。このことは、全国的に見ると、地方の活性化はどうするのかという大きな問題も示しています。

■都市集積の高度化と相乗効果で創造人材が一層増加

阿部市長　研究開発系人材と音楽・芸術系人材も相乗効果でもっと増えると思いますね。この統計データの後に新しい研究所とか音楽関係の人材がどんどん増えていると思います。それともう一つ付け加えておきたいのは、私が市長になったころは、駅の真ん前の一等地に広大な工場跡地がありましたが、今はそこに高層マンションが建ちあがった。それが人口増加の要因になり、研究所などが新たに進出したり、さらに文化・芸術系施設や商店街もできるという形で都市集積が高度化した。この一〇年間、駅前の空き地が非常に効果的に活用されたと言えますね。

もともと人材がいて、しかも旗を揚げると東京都とか横浜の人も協力してくれる。だから〈音楽のまちづくり〉でも、さまざまな事業を実際に行う時には東京に住んで東京で働いてる人、横浜の人もかなり多い。川崎の強みを活かして旗を揚げて、〈音楽のまち〉とか〈映像のまち〉とか活動を始めると、この指とまれで周りから人々が集まってくる。これはまさに地理的条件がなせる業ですね。そういう意味では、この一〇年間は相乗効果でいろんなものがかみ合って、いい雰囲気ができてきたということだと思います。

■川崎は創造都市＝クリエイティブ・シティ Creative Cityへ！

平尾理事長　川崎の人的資源について、大変重要なデータを見つけていただいたと思います。一言コメントすると、川崎と東京の人材の集積度はだいたい同じ数字になっています。しかし、地域の空間（面積）密度を考える必要があると思います。つまり、東京特別区と川崎市を比較すれば、川崎市のほうがずっと密度が高くなると思います。密度係数を入れるとその点が明確になるのではないでしょうか。東京特別区は全体に人材が広がっているけれども、川崎はこの地域にまとまっているわけです。まとまっているということは大事なことで、フェイス・

トゥ・フェイス、ヒューマン・トゥ・ヒューマンの接触・交流の可能性が非常に高いということです。その意味でここに密度係数を計算するともっと川崎の優位性が表れるかと思います。

それからもう一点。最近の欧米の都市概念の中で「クリエイティブ・シティ Creative City」という概念があります。リチャード・フロリダが提唱しています。クリエイティブ・シティのコンセプトは、まさにここにあるような多様な高度な知的な人的資源がその地域に集積していることです。そうした多様な知的人材の集積が先進国の都市がクリエイティブ・シティになる一番の条件です。ですから、今、世界中の都市が知的人材を競って集めようとしているわけです。そういう意味では、川崎市は日本の大都市との競争にうち勝ちつつあると思います。それが、次の知識サービス高度化＝クリエイティビティ Creativity が問題になってくる都市間競争では、川崎は一つの有利なポジションを持っていると思います。同時に、そのようなグローバルな都市間人材獲得競争にどのように立ち向かうかという課題への挑戦も必要になってきます。川崎に世界の人材を引きつける競争力のある産業基盤と魅力ある都市環境（アメニティ）の整備が必要です。

■人を活かした産・産、産・学、地・学連携で新事業を展開

阿部市長　フェイス・トゥ・フェイスというか、連携が進んでいますね。川崎市内にはインキュベーション施設が四つあり、そこでは地域の中小企業との連携が進んでいる。また、専修大学の課題解決型インターンシップでも学生たちがよく動いているようですね。いろいろな商

店街と連携して。そういう意味で大学と地域との連携はこのところ急速に強まってきている。昭和音楽大学のキャンパスが新百合ヶ丘に移ってきて、〈音楽のまちづくり〉もどんどん進む。同じ時に川崎市のアートセンターを造って〈芸術のまちづくり〉というコンセプトを打ち上げた。区画整理による住宅分譲が始まる前に〈芸術のまちづくり〉を大々的に打ち上げたので、土地建物を買う人の中でも芸術関係に関心を持つ人たちが多く入ってきた。これには、不動産会社や鉄道会社が援助してくれました。そういう意味では核になるものがあるとそこに新たに人的資源が集積してきますね。

また、川崎ものづくりブランドも広がっていきます。今までも隠れた名産品はありました。最初の名産品は既存のものに光を当てましたが、次第にブランドがインセンティブになりまして、お菓子屋さんが新しい名産品を開発したり、中小企業もものづくりブランドを目指して新たな開発を加速させるようになってきています。これもまた、もともとあるものをベースにして、勢いがついて発展してきたというパターンですね。

――他の自治体が真似できない事業だと思いますが、福祉産業振興の「かわさき基準ＫＩＳ」を定めて、福祉機器開発を推進していること、これはすごいと感心しています。

阿部市長　これはＪＩＳ、日本工業規格がありますが、ＪＩＳはハードの評価です。福祉器具には、人格の尊厳とか満足という要素が入ってきます。実際に障がい者福祉とか高齢者福祉を担っている人たちに集まってもらって検討会を開きましたが、満足度など精神的な問題とか哲学的なものも含めた形で基準を作るべきということになりました。そして、JISではなく川崎独自の基準をつくるということになり、KISになりました。KISは、K（川崎）、I（インダストリーではなくイノベーション）、S（スタンダード）、つまり、川崎イノベーション・スタンダードとひねってあります。

■創造人材活かしたオープン・イノベーションを開始―技術移転、技術者交流―

――先ほどの研究開発でいうと、オープン・イノベーション＝技術移転が進んでいますね。

阿部市長　大手の企業みんなが協力して、休眠特許を中小企業に移転して新製品を創っています。川崎の取り組みは全国的にも非常に早く、成功している。実はこれ産業振興財団の役割が非常に大きい。産業振興財団と大学との連携も非常に大きな成果を上げています。財団には専門家がたくさんいて本当によく頑張っていると思います。

平尾理事長　財団のマッチング機能が非常に成果を上げていますね。単にその組織を作ってもうまくいかない。やはり、マッチメーカーという専門人材がいないと機能しない。その点も、経済労働局と産業振興財団はよくやっていらっしゃると感心して拝見しています。

また、オープン・イノベーションの関係では、市長が始められた「科学技術サロン」がいいですね。こういう仕組みは世界のイノベーション都市には、ありますね。日本では川崎だけだと思います。科学技術を活かすオープン・イノベーションの場があるというのは、イノベーション都市・川崎らしい仕掛けかと思います。

阿部市長　川崎には確かに科学技術者や情報専

門家などの高度専門人材は多いのですが、みな東京の本社とつながっていて、川崎を開発エリアとして意見交換する場がなかった。せっかくこれだけ人材がいるのだから横のつながりをつけて、企業の枠を取っ払う必要があると考えて始めたわけです。これは、東芝の当時の会長の西室泰三さんに音楽のまち推進協議会会長をやっていただいて、対談を行った後の雑談の中から生まれた。科学技術者の中には音楽好きな人が結構多いという話の中で、音楽振興もさることながら科学技術者だけで意見交換するためにはどうしたらよいかという話になった。気楽に交流するためには、お酒を飲んで、赤ワインが好きなので赤ワインでやりましょうという話になりました。これが科学技術サロンに発展したわけです。

■〈川崎モデル〉が発展
―四つのイノベーション・クラスター―

――これなかなかすごい。また後でお話しいただくとして、もう一つ、平尾先生に、工業都市としての川崎市の国際的位置についてお伺いしたいと思います。先生は、川崎市の強みとして、ピッツバーグやボルティモアと比較して、脱工業ではなく親工業を維持して発展している点を評価されています。この間の専修大学オープンリサーチセンターの調査研究では、〈川崎モデル〉＝四つのイノベーション・クラスターを提示しました。この点についてお話しください。

平尾理事長　分かりました。一九七〇年代以降になると、世界の先進国の工業都市は、どんどん工業が衰退していきました。スターク・アンド・スタック都市と言われ、衰退していきました。スターク・アンド・スタックは、煤煙・排煙です。環境悪化と途上国との競争によって、工業地域が衰退して、ラストベルト（鉄さび地域）と呼ばれるようになる。

ピッツバーグに行ってみると、もう工業がほとんどなくなっている。重工業がなくなっている。アメリカの重化学工業のハートランドが、消滅してしまいました。また、ヨーロッパに行っても、ルールの工業地帯でもデュッセルドルフやエッセンなどではほとんど重化学工業が消えてしまっている。ボルティモアもそうですが、かつて重化学工業中心の産業都市がそういう基盤を喪失して都市経済が衰退しており、新しいサービス産業都市に変わろうとしているのですが、かつてのような雇用も所得も生んでいない。

これに比べると、川崎市は臨海部の重化学工業を残しながら、しかも環境問題も世界のトップレベルの環境水準を達成しています。こういう環境と産業集積を両立させている都市は、世界で唯一無二といっても過言ではありません。われわれはこれを〈川崎モデル〉として世界に紹介してきました。

さらにプラスして、川崎の産業の多様性が重要です。臨海部の素材・エネルギー産業に加えて、南武線沿線の電機・IT産業クラスター、さらに川崎市全般に広がっている膨大な開発型中小企業クラスターが形成されている。従来の下請型の中小企業から自社製品開発型・自社技術開発型の中小企業に転換してきている。最後に、ベンチャー企業を生むベンチャー・インキュベーション・クラスターが成長している。こういう多様性を持った産業が集積していることは、川崎の非常に独特な産業競争力になっていると思います。オープンリサーチセンターの調査研究で、こう提起したわけです。

この四つのイノベーション・クラスターを〈川崎モデル〉と命名しましたが、重要なのは大企業からベンチャーまで狭い地域に集積しているために、集積効果、連携効果があることです。そういう意味で、二一世紀型の産業都市のモデルではないかと考え、〈川崎モデル〉と命名したわけです。二〇〇九年のデンマークのコペンハーゲンで開催された国連環境会議のCOP15会議のシンポジウムで私が報告したところ、この〈川崎モデル〉は非常に関心を持たれました。その後、あちこちで〈川崎モデル〉を紹介しています。私は川崎の産業モデルは素晴らしいモデルではないかと思います。

■なぜ川崎は環境と産業の両立ができたのか？

――〈川崎モデル〉のどんな点に関心が持たれたのでしょうか…

平尾理事長　一番多かった質問は、なぜ川崎はそれができたのかという点ですね。やはり先進国も途上国も環境と工業発展の問題は、みんな悩んでいるわけですね。先進国は衰退しただけで、途上国はこれからの問題ですから関心が強いのです。なぜ川崎が環境と産業の両立ができたのか、地方の行政体がこういう問題に対してどう立ち向かうかがポイントです。市民との対話をどうしたか、企業との対話をどうしたかなど、川崎市のいろいろな取り組みを紹介しました。これもやはり、世界に参考になるモデルだと思います。地方自治体が中心になってどのように企業・住民と連携して新しい環境対策を創っていったかという貴重なモデルだと思います。

――市長のお考えはどうですか。

阿部市長　そうですね。先生が言われる、工業生産活動を残したまま環境対策やハイテク化への転換を実現してきたことですが、これはオイルショックでエネルギー問題が浮上したこと、それから貿易黒字で円高になったことの二つが同時に起こったためではないかと思います。アメリカの企業のように他地域・海外に移転するという対応を取れないうちに、立地地域で工業生産を継続しながら転換せざるを得なかった。省エネルギー＝コストダウンになり、内陸部にハイテク企業が育つというような形で、転換せざるを得なかったという特殊事情があるのではないかと思います。要するに、アメリカであれば、企業は移転してしまうのに、日本では移転前に転換せざるを得なかった。

■公害克服過程で新しい環境技術を蓄積
―世界に広がる環境技術展―

阿部市長　ですから、その過程で、企業はものすごい苦労をして技術開発した。そのうちの一つが環境技術であった。公害経験というマイナスからスタートして、ここまで持ってきた。ものすごいスピードで技術開発が行われた。そういう環境技術を川崎の強みとして上海にセールスに行ってきました。いずれ中国でも同じ問題が起こると思うので、中国政府に環境技術について知ってもらい、将来、技術を導入してもらうように、国際貢献という形で公害問題を解決する協力をしますというセールスをやってきたわけです。それが中国の幹部の目にとまり、いずれ協力して環境問題を解決するということで合意しました。ただ、コスト差があるので、そんなに売れていません。環境技術の移転は、これからですね。
ただ、この間、環境技術展も年々盛大になっています。一つの都市であれだけの環境技術展を開催して、国際的に評価されているのはまず日本の国内でもないしアメリカでもありません。東京で日本全国の環境展もようやく開催するようになりましたが、川崎市のそれが圧倒的に早かったし、内容も濃い。

■臨海部重化学工業は高機能・高付加価値製品化で競争力確立

平尾理事長　公害問題に対応するために、川崎市が非常に厳しいハードル基準、環境基準を制定され、それに対して企業の努力があって環境技術がレベルアップし、省エネ技術も開発された。さらに、川崎の臨海部の機能を見ると、中国など途上国の重化学工業化の進展に対して、より高機能、高品質、加工度の高い付加価値の高い製品を開発して、ローコストのオペレーションによって競争力を維持する努力もあったと思います。したがって、環境技術に加えて、もともとの本業で創っている製品も、例えば昭和電工の高純度アンモニアとか、JFEの高張力鋼板のように高度化が進んできている。他の企業も同様ですね。それが、また今も、スマートフォンとかのIT製品の素材ともつながっている。将来は、ライフイノベーションにもつながるでしょう、あるいはつながりつつあるという感じがします。

――海外の都市で、環境問題に熱心に取り組んでいる都市はありますか。

平尾理事長　ピッツバーグやボルティモアも、環境イノベーション、ライフイノベーション、情報イノベーションにはそれぞれ取り組んでいますが、それは、古い産業＝従来の重化学工業をなくして変えている。重化学工業を残している都市は、ドイツのルール工業地帯のデュッセルドルフ、エッセンあたりですが、川崎と規模が全く違います。

Ⅲ　戦略的新産業育成＝三つのイノベーションの新展開について

——こうした創造人材集積とイノベーション・クラスター形成の強みを活用して、川崎市は、私の見るところ川崎—日本の次代を担う〈戦略的新産業育成〉を三つのイノベーションとして展開しています。その点についてお話しいただきたいと思います。

■環境問題解決で国際ネットワークづくり進む
—アジアから北欧まで—

——まず、阿部市長が立候補時に掲げた環境問題（「国際環境特別区構想」）から〈グリーンイノベーション〉に進んでいます。この点は、CCかわさき、低CO_2川崎ブランド製品、スマートシティ構想、認定再生エネルギー導入・拡大、国際環境技術移転（環境技術展）など多様な事業で構成されています（詳しくは本書第一部36〜41頁を参照）。ここでは、いくつかのポイントをお聞きします。市長は環境技術移転による国際貢献を強調されていますが、川崎市は今、上海市など海外の都市と環境問題でどんな連携をしていますか。何か協定、都市間協定などは結んでいますか。

阿部市長　上海と結んでいます。上海市、中でも万博会場になった浦東新区とはより緊密な連携を取っています。姉妹都市の遼寧省瀋陽市とは三〇年以上のお付き合いで、最近は環境技術関係が交流の内容として多くなっています。オーストラリアのクイーンズランド州とも環境問題で提携しています。新しい提携先としてはデンマークがあります。再生可能エネルギー開発がかなり進んでいます。それから、ベトナムがあげられます。ベトナムのダナン湾と川崎港は、港同士で友好関係を結んでいます。下水などさまざまな分野で技術協力協定を結んでいます。

アジア諸国に対しては川崎市から先進的な技術を移転するという形の協力関係が多いですが、オーストラリアやデンマークとは、お互いマッチングして事業を行おうということになっています。ただ、オーストラリアは今水不足なのでいかに効率的に雨水を使って地域の水道を造るか、とかそんなテーマで地域企業と協力しながらお手伝いしている状況です。

■環境総合研究所に期待する
―アジア人材育成・環境技術移転目指して―

――環境総合研究所ができるとのことですが、アジア諸国からの人材を受け入れる、大学院レベルの人材を受け入れて勉強して帰るという形で、技術移転を行うことが必要だと思いますが。この点はどうでしょうか。

阿部市長　今までの環境関係の監視センターとか研究分野などをまとめて環境総合研究所を設立します。環境関係の情報も、ここに来れば最先端の情報が分かるようにします。新しい研究開発などについても、期限付き職員として研究者を採用して研究する。研究員は必ずしも日本人である必要はないので、海外人材も受け入れ、まさに研究開発と国際交流の要素も同時に持たせていきます。新しい建物の中には中小企業の海外展開を支援する市の施設も設置します。羽田空港に近い場所ですので、国際的な展開を視野に入れた研究開発、技術移転さらには知的交流が行われていくという計画です。

——環境関連の国際的な人材の集積エリアになりますね。

阿部市長　そうです。現在、環境ではアジア太平洋エコビジネスフォーラムをUNEPと提携して進めています。そういうソフトウェア面は着々と進んでいます。国際環境技術展の関連もそうです。環境分野の研究開発、技術移転、知的交流の拠点ができます。「グリーンイノベーション」の一番の核になります。

——平尾先生はいかがですか。

平尾理事長　まさに市長のおっしゃるとおりですね。私も前から環境総合研究所ができたら、アジアの環境人材を育成して環境技術を移転することを考えていました。アジアから人材を受け入れ、川崎で環境人材に育て、「Friends of Kawasaki」というか川崎の理解者になってもらう。アジアに帰った彼ら彼女たちは、各国のそれぞれの地域で環境プロジェクトを担当するでしょうから、その時に川崎の環境技術を結び付けてもらえると期待しています。そういう意味でこの環境総合研究所のアジア環境人材育成プログラムによって、アジアでの環境人材ネットワークの形成につながる意義が大きいと思います。

阿部市長　現在、瀋陽市から二人、上海市から二人、環境技術研修で川崎に来ています。一カ月とか二週間の単位ですけど。

——KASTのプロジェクト方式を環境分野でも採用して、国際的に環境技術開発を行うことも考えられると思います。
阿部市長　まだ固まっていませんのでアイデアを出していただきたい。最終的には研究開発だけではなく、ビジネスにつながるような形の拠点にしていきたいと思っています。

■ライフイノベーションはどうして立ち上げられたのか

――研究所はグリーンイノベーションの核ですが、スマートシティなどさまざまなプロジェクトも多く含まれています。時間の関係もありますので、ライフイノベーションの方に移りたいと思います。ライフイノベーションへの取り組みは国際戦略特区の指定を受けていますね。
阿部市長　ライフイノベーションは、最初、もともとどういう人材の集積があるかというところから始まった。ライフイノベーション関係の人材は、あまり川崎は強くない。理化学研究所は横浜にありますので。ところが、川崎には実験動物中央研究所（実中研）という実験動物では突出したすごい研究所がありました。それから、新川崎・創造のもり地区の慶應義塾大学のKスクエアタウン・キャンパス、KBICに隣接して、四つの大学のナノマイクロ共同研究所ができた（NANOBIC）。これで、ライフイノベーション関係の研究開発の種が二つ存在することになったわけです。そこで、実中研の移転構想から始まり、iPS細胞の共同研究まで、環境と健康関係の川崎市の関連施設を集約立地させ、一事業から複数展開―産学公民連携を図るという戦略をとった。この流れの中で、国立医薬品食品衛生研究所が東京の用賀から移転することになりました。これにより、ライフイノベーションの拠点としての決定的な枠組みが揃ったわけです。

——これは国の方からは支援があるのですか。

阿部市長　あります。国立医薬品食品衛生研究所について、土地は川崎市で無償貸与しますが、半分ぐらいは国でも買っていただきます。建物は国の事業ですし、研究助成も集中的に行われると思います。

——ビジネスとの関係はどうなるのですか。

阿部市長　例えば、味の素のアミノインデックスが、最初の事業になっています。味の素が中心ですがこれが広がって行くと、さまざまな診断関係の産業化が進んでいく。また、iPS細胞を使った再生医療研究は、新しい医薬品だとかあるいは医療機械の開発につながっていくという可能性は十分あります。

——技術移転とかインキュベーションなど、その機能も入るのですか。

阿部市長　ええ。もちろん入ります。まさにその核になるところの連携で民間の事業者が研究開発をする。貸研究所・レンタルラボにKASTが入るということですね。民間の研究がそこに吸い寄せられるようにどんどん入ってくる。今予定している貸研究所はほぼ埋まってる状態です。ですから次の事業が近いうちに始まる段階になってきている。貸研究所が膨れ上がっていく形で、自動的に産業化が事業者単位で進んでいく。それを確認するのが国立医薬品食品衛生研究所です。研究開発の過程で、研究開発と評価はセットで進んでいく。今までは評価に時間がかかっていたが、ここでは、途中の段階で評価しながら先へ進めるという非常に良い条件が整った。

——キングスカイフロントなどの集積は大変素晴らしいと思います。これまで、日本にもリサーチパーク、サイエンスパークと名乗るハイテク集積ができましたがビジネスやベンチャーにつながらなかった。ぜひ、今回の川崎市の特区ではビジネスにつなげていただきたい。

阿部市長　キングスカイフロントは、まさにビジネス化にウエイトがかかっています。筑波研究学園都市とか神戸の研究開発都市は研究開発までは進んでいるが、その先の出口＝ビジネスが十分ではない。政府も期待しているのは、まさに川崎でこの分野の産業化を図っていくことです。そこに結び付けることが最大の目的です。

■IT─ナノ─ライフの融合で次代のイノベーションへ！

平尾理事長　ライフイノベーションは市長のご尽力で本当に良くここまで展開してきたと敬意を表します。市長のお話にあったように、率直に言って、川崎にはライフイノベーションのベースになる基盤が今までなかった。しかし、これからの世界的なニーズ、社会的ニーズはライフイノベーションです。その実現のために、資源としては実験動物研究所が川崎市内にあって、その国際戦略特区＝殿町キングスカイフロントへの移転に川崎市がもうけた「イノベート川崎」の助成制度で補助金を出した。一般的に、補助金事業はあまり評価しないのですが、この「イノベート川崎」は非常に大きな成果を上げていますね。エリーパワーも同じ制度で臨海部に立地した。この制度は、非常にインパクトが大きかった。さらに今度、国立医薬品食品衛生研究所が東京都世田谷の用賀から移ってきます。アメリカのボルティモアからワシントンにかけてライフイノベーション・クラスターが形成されたのは、まさにアメリカの国立医薬食品研究所があるからです。したがって、実中研と食品衛生研究所が殿町キングスカイフロントにできるということは、ライフイノベーション・クラスター形成の非常に強力な磁場、引っ張る力になると思いますし、そういう動きがいろいろな形で出てくると思います。

同時にもう一つ。市長もおっしゃったナノテクノロジーですが、新薬の開発でますますナノテクノロジーが重要な基礎技術になります。癌細胞にピンポイントに当てるような製品を作るのはまさにナノ技術です。そこで、ライフイノベーション特区（殿町キングスカイフロント）とＮＡＮＯＢＩＣ（新川崎地区）との連携が出てくる。

もう一つ、現在の医療で一番大きな問題は医療データの収集分析です。ビッグデータと言われています。このビッグデータを処理するＩＴの企業が富士通とかＮＥＣとか川崎にあるということは、ＩＴ—ナノ—ライフの三点セットを結びつける条件が川崎にあるということです。非常に優位な条件です。

■ウェルフェアイノベーションの着実な展開
—産業化と国際化が鍵—

——先ほどＫＩＳについてお話しいただきましたが、もう一つのウェルフェアイノベーションの方向性についてお話しください。

阿部市長　これはライフイノベーションも同じですが、背景には大きな社会問題がありますね。高齢化が進んで足腰の不自由な人口の割合が高くなっている、そして、それが世界的に広まることです。健康関係では、癌とか今まで解決できなかった難病がたくさんあります。それをいかに解決するかという世界的な課題があって、今日本の技術はそれをクリアしていくだけの十分な力をもってきている。ウェルフェアは必ずしもハイテクではないが、早く産業化をすることが重要になっている。世界に先駆けて世界中の課題を先取りして解決をする。これを産業化するということです。ウェルフェアイノベーションは、まさにその流れにあります。

これは、技術の問題ではなくて発想の問題です。介護をする側の人が高齢化して倒れたり、亡くなったりするという事態にいかに備えるか。介護事業を産業化するという発想は、全国的に非常にまだ弱い。ですから歩みは遅い。でも、だんだん分かってきている。介護事業の中国進出も始まっています。中国もいずれマーケットの面から着目されるようになってくる。そうすると日本でも本格化していくのではないか。その先例を作るという段階です。

――これも先ほどの人材育成と同じで、人とノウハウを蓄積していくことが重要ですね。平尾先生は、ウェルフェアイノベーションについていかがですか。

平尾理事長　この可能性は大きいですね。これまでやってこられたアビリティーズがベースになりますね。こういう企業がどんどん成長されていく、それをKISという形でもって支援していく。日本はこれだけの高度技術を持ち、ものづくりの技術はすごいけれども、実際の福祉厚生や家庭、また教育などの分野への技術の転用が遅れている。最近、自宅で掃除のルンバという掃除ロボットを買ったのですが、素晴らしい働きをしますね。日本はものづくり大国、ロボット大国です。ルンバはアメリカのベンチャーが作ったんですけども、川崎でも産業技術の集積を社会のニーズに合わせて活用する形にもっていくと、アビリティーズがやっているような製品・サービスがどんどん出てくるのではないかという気がします。

Ⅳ　成果を上げる産業振興の推進体制とは

――産業振興施策の推進体制についてお伺いします。私が財団で見聞きする限り、産業支援の推進体制はうまくいっていると感じています。ただ、どういう仕組みでうまくいっているのかはよくわからない。推進体制も平尾先生がおっしゃったように、川崎モデルの一つの重要なポイントではないかと前から思っています。その点はいかがでしょうか。

■なぜ産業振興の成果を上げられるのか
―連携とコーディネーションがポイント！

阿部市長　川崎の産業振興にあたっては、産業振興財団、商工会議所、大学の三つが密接な関係になっている。それが市の行政とセットになっていることがポイントだと思います。産業振興財団も大学と連携して、中小企業の振興を進めている。経営診断だとかの経営支援など多様ですね。商工会議所も同じようにやっている。商工会議所には大手企業と中小企業が一緒に入っているので、商工会議所がプラットフォームになっている。商工会議所と一緒になって企業間の連携を深める、また商工会議所には商業者も入っていますので、いろんな意味で幅広い連携ができています。

平尾理事長　川崎市の産業支援の展開は、市がビジョンを明示して、大学、商工会議所あるいは工業団体、市民団体などとの連携関係を他の地域と比べて非常によくつくっているのではないか。市の職員の方々の目線が他の地方自治体の職員と違うなって感じています。なぜか。行政という立場にありながら、どういうふうに市民の目、企業の目を持つかという点が違う。私も専修大学にいた時に、川崎の産業調査を実施した時に、本当にそう思いました。川崎市の職員の方々はそういう連携を大事にしている。

それはおそらく、コーディネーション機能であり、同時に産業振興財団という極めてユニークな役割を果たしている組織を持っているからだと思います。財団は川崎市の外郭団体でありながら同時に独立した形で、特に中小企業に密着した支援を行っている。

それから、財団で起業家オーディションも開催していることが重要だと思います。オーディションの入賞企業がKSPとかKBICに入居して、インキュベーションを支援する。こういうオーディションとインキュベーションの連携のようないろいろな仕組みができている。これがほかの都市にはない形ではないかと思います。

■成果が上がる手法・仕組みは何か――事業アイデア集約とPDCAがポイント!

――この一〇年間の動き（本書第一部の年表49~52頁を参照）を見ますと、非常に多様な事業を次々と開始、展開してきました。この対談の冒頭で話題になりましたように、川崎には多様な資源、多様な人材がいるので、それを活かして何でもできる。ですが、そういう事業をうまく展開、発展させるのは、それなりの手法が必要です。それは、当然、市の推進組織のあり方に左右されます。私はその組織が非常にうまく動いているので、事業がうまく展開できているのではないか、と思います。その秘密は何でしょうか。市長のお考えをお聞きします。

阿部市長　何か大きな新しいビジョンを作って大きな事業を始める時は、プラットフォームをつくります。プラットフォームには利害関係ある人にみな入ってもらいます。その代表が商工会議所の会頭です。商工会議所の裾野の広さが非常に活きてきますので。市の行政と商工会議所はセットなんです。実際に動かしていくときになると、産業振興財団が動かしていく。そういう型ができています。

さらに、プラットフォームがどんどん広がってるのは、集積の拡大のおかげですね。例えば、新川崎地区で操車場跡地を分譲したり、定期借地権で貸したりする。そこに、パイオニアの本社が移転して立地したり、日本電産の研究所が立地した。もともとこの地区に自社所有の用地を持っていて、そこに新しい研究所や本社ができたという例が三菱ふそうトラックバスの場合ですね。それで、メルセデスベンツの研究所も立地した。そういう形で、相乗効果を上げながら、集積が拡大してきた。調べると非常に面白い最先端の研究をしている小さい事業所がたくさんある。

――お聞きしたいのは、そういう仕事のやり方がどうしてできるのかということです。簡単に言うと、市長が指示すればどんどん進むというトップダウン型なのか、それとも、市長の大きな方向の提示のもとに、各担当局からいろいろなアイデアが上がってきてそれを方針化・具体化していくのか、そのへんの手法・スタイルはどうなんでしょうか。

阿部市長　私からアイデアを出すこともありますし、職員が一生懸命勉強していろいろ出してくることもあります。仕組みは、人事評価制度です。総合計画実行計画の推進にあたって、それぞれの部署ごとに目標管理を行っています。最終的にボーナス査定までします。ですから一年間の目標あるいは三年間の実行計画を考える段階で、みんな知恵を出して考えていくわけです。ですから、私が言ったことも入るし、私が言わなくてもそういう全体の体系の中で独自の案、こういうことやったらいいのではないか、あるいは大学から誘いがあったらこれやるとか、企業から誘いがあったらやるとか、そういうものがどんどん計画の中に入ってくる。それで、計画に乗っかった事業は着実に実行していく。そうでないとボーナスに響きますから。

――単なるトップダウンでもボトムアップでもなく、戦略と事業アイデアを組み合わせて事業計画を策定し、PDCAサイクルをまわして（一年間、三年間ごとに）コントロールし、職員の動機付けと意欲を引き出す仕組みができているということですね。

阿部市長　職員のアイデアレベルで出てきたものが、きちんとした計画事業になっていくというところが川崎の強みですね。

――よく分かりました。PDCAサイクルが職員の給料にも反映される仕組みですね。それでは時間ですので、最後に、今後一〇年の川崎市の産業振興の展望について一言お願いします。

V　川崎市の今後一〇年の展望について

■国際社会に貢献するイノベーションを！

阿部市長　やはり、〈イノベーション〉でしょうね。国際的な需要が将来非常に大きくなっていく分野につながるような企業活動を中心にすえながら、今まで持っていた技術・ノウハウをそこにうまくつなげていけるといいですね。

そういう意味で、国際社会に貢献するということです。まさに地球人類にいかに川崎の事業活動が貢献するかということが鍵だと思います。問題の解決に貢献することによって自動的に川崎が世界の中心の産業都市になっていくと。そういうことだと思います。それが中小企業の活動にも音楽だとかスポーツにもつながっていくと思います。

それともう一つは子供の〈科学・理科離れ〉を何とかしなくてはならない。川崎市の学校教育でも全体的な取り組みを先生方にお願いしています。まち全体として科学・理科に親しむ流れになっていくことが川崎が永久に産業都市として、多くの人が生活を続けられるまちになることです。そういう取り組みをこれからも強力に進めていく必要があります。

■川崎市自身がグローバル・ブランドに！

平尾理事長　市長のおっしゃったことに尽きると思いますが、あえて言うと川崎市自身が〈グローバル・ブランド〉になるような、世界に対する発信が必要だと思います。今回の世界的科学雑誌「Nature」での川崎特集は、素晴らしい成果ですね。今後もどんどんやって、川崎のグローバル・ポジショニングを高めていく。川崎市がグローバル都市としてのブランドになるように。海外の企業が川崎に来ること、川崎に立地することが彼らにとって、「Nature」に掲載されるのと同じようなブランドになるということですね。

そのために、前から申し上げているのですが、川崎ネットワークというかフレンズ・オブ・川崎Friends of Kawasakiをつくる。海外にいて川崎のことをよく知っている、あるいは関係した人たちを川崎のネットワークにして、川崎からの発信を常に受け止めてもらう人たちを組織化する。グローバル・ネットワークを川崎市がつくっていくことが戦略的に必要だと思います。それにより、川崎のイノベーションもさらにグローバル化していくと思います。

——全くそのとおりです。最後はお二人とも全く同じ展望になりました。阿部市長は、『川崎エコタウン』の対談で、川崎市を紹介する時に、東芝とかJFEとか富士通、NECがある都市と言ったらすぐ分かるが、川崎市と言っただけではわからないと指摘し、これを何とかしなければならない、と述べられています。

平尾先生も国際環境会議（COP15）に関するリエゾンセンターでの講演の中で、「ノット・ホームタウン・オブ・カワサキモーターズ」と言って、〈川崎モデル〉の川崎市の産業をご紹介いただいたとのことです（平尾光司「川崎臨海部のエココンビナート構想の取組に対する海外の反響と今後の期待」『新産業政策研究かわさき』第七号）。全く同じことをお考えでした。川崎市Kawasaki Cityと言っただけで、すぐ世界でも先端のイノベーション都市だと分かる。そういう方向に発展してほしい、発展すべきであるというお話だったと思います。全く同じ結論でした。素晴らしい対談どうもありがとうございました。

あとがき―「川崎元気企業」と共に歩む―

川崎市経済労働局長　伊藤和良

私たちは「川崎元気企業」として、これまで二冊の本を上梓し、今回はその三冊目となる。

二冊目の「続・川崎元気企業」のあとがきで、私は「多くの企業の皆さまとの信頼の糸をしっかりと紡ぎ」、これからも「熱い思いをもった多くの市職員、財団職員が、胸を張って地域を、企業を、そして川崎の現場を汗だくになってめぐっていることを心から期待する」と書いた。

三冊目となる本書も、これまでと同じく、一人一人の職員が現場に入り、直截にお話を伺いまとめたものである。自治体のミッションは常に高い理想を持ち、現場で汗をかき続けることにほかならない。現場にこそ真実があり、その中から組み立てられる施策のみが本物となる。私たちは、三冊の書を作成することを通じて、大きく変動する時代と、その中で、常に明日を求め今日を精一杯生き抜こうとする多くの企業に、そして、有意の多くの人に出会い、さまざまなことを学んできた。

一冊目の本の上梓は九〇年代である。円高不況の中、市内大手企業の多くがアジア、中国へと移転し、臨海部の空洞化の危機が真顔で語られた時代であった。ある中小製造業の経営者は親企業の要請を受け、「出るも地獄、残るも地獄」、そんな言葉を残し、中国広東省東莞の地へと旅立っていった。私たちも休暇を使い自費で、そうした企業さんの現場を見るために後を追った。経営者の孤独と困惑。そんな思いに触れた東莞の夜、私は昼間訪問した企業で働いていた、ある中国人労働者に出会う。そこは彼の自宅の前である。深々とお辞儀をした彼は、帰りを長らく待っていた子どもの手を引き家に入る。漆黒の闇の中、ポッと灯りがつく。そこだけが明るい。

ふと思う。臨海部空洞化の危機として、私たちは東莞にきた。だが、反面、それは新たな生活がこの地に生まれることでもあった。父と子、家族の生活を支える新たな工場の立地である。世界中の一番安いところでモノを作り、一番高いところで売る、それが資本の論理であるなら、私たちが食べていくためにも、日本で、川崎の地で、ものづくり技術の高度化を図り、どこにも負けない付加価値の高い生産を続ける、それしかない。そんな思いを強くした。私たちは、「現場主義」を標榜し、職員の自主的な勉強会、「ものづくり機能空洞化対策研究会」を立ちあげた。高津区下野毛に「ものづくり共和国」が建国したのもそんな時代である。毎週朝七時からの自主的な学習活動は一五年間、八〇〇回に及び、私が部長になるまで続いた。今は局の若手職員に引き継がれ、学習会が続けられている。

時はめぐり、臨海部の空洞化はすでに過去のものとなった。殿町、キングスカイフロントでの新たなクラスターの形成や、新川崎地区でのNANOBICの開設、KISを核とした福祉産業の展開など、続々と新たな動きが続く。いま思うことは、こうした時代の新たな胎動に目をこらすとともに、常に現場の風に吹かれ続けるということである。私たちはそこからさまざまなことを学ぶ。

筆を置くに当たり、再度、この「書」を引き継ぐ次世代に伝えたい。「時代がどれほど大きく変わろうと、常に現場をめぐり、そこにある課題に謙虚に耳を傾け、多くの企業、多くの人々から学び続ける」、そうした職員集団が群として存在することを心から期待している、と。

二〇一三(平成二五)年六月

あとがき

川崎元気企業研究会　事務局長
公益財団法人川崎市産業振興財団　産業支援部長　櫻井亨

川崎元気企業は、本書で第三弾になります。第一弾は一九九八年に「川崎元気企業～ものづくりベンチャーズの時代」、第二弾は二〇〇六年に「続・川崎元気企業～川崎・多摩川イノベーション・バレーの形成に向けて」として発行、これまで約一〇〇社の元気企業を紹介させていただきました。

それから八年、振り返れば日本を取り巻く経済環境は大きく変わり、原油高、材料価格の高騰に続き、二〇〇八年のリーマンショック、二〇一一年には東日本大震災に見舞われ、さらに追い打ちをかけるような円高が続くなど、日本全体の元気を削ぐような厳しい状況にさらされてきました。

しかし、本書に登場する企業の皆さまは、この逆境をバネに新たな活路を見出し、飛躍されている元気企業です。ベンチャー企業、業態を転換させて第二創業、新分野を果敢に開拓され、従前よりも業績を伸ばすなど、創意と工夫で〝元気企業〟として活躍され、今回の取材を通じて、産業支援に携わる者として、逆に勇気と希望をいただきました。お忙しい中、取材を快く引き受けてくださった元気企業の経営者の皆さまに、この場をお借りして御礼申し上げます。

本書は、川崎市産業振興財団内に「川崎元気企業研究会」を設置し、元気企業の選定、編集作業を行いました。座長の原田誠司　長岡大学教授と、委員の専修大学　宮本光晴教授に、第一部を御執筆いただき、第三部では、原田教授の司会で、「国際イノベーション都市・川崎を目指して」をテーマに、阿部孝夫川崎市長と平尾光司昭和女子大学理事長／信金中央金庫地域・中小企業研究所長との対談録を掲載させていただきました。

第二部は、「川崎元気企業調査報告書─挑戦する川崎の企業家たち─」をベースにリストアップし、川崎市経済労働局、川崎市産業振興財団職員が取材し、執筆いたしました。編集実務を担当したメンバーは次のとおりです。

〈川崎元気企業研究会〉

座長　原田誠司　長岡大学教授　川崎市産業振興財団副理事長、新産業政策研究所長

宮本光晴　専修大学教授

三好秀人　神奈川新聞アド・コム　代表取締役社長

遠山　浩　専修大学准教授

原田津一　川崎市経済労働局産業政策部長

中村　健　同　産業振興部長

増田宏之　同　産業振興部　工業振興課長

〈事務局〉

事務局長　櫻井　亨　川崎市産業振興財団産業支援部長

志鷹義法　同　産業支援部　新産業振興課

鈴木慶太　同　産業支援部　経営支援課

企業取材執筆者

川崎市経済労働局

産業政策部

木村佳司　企画課　担当係長

遠山学史　同　科学技術担当
島野洋介　同　科学技術担当
太田　徹　国際経済推進室　担当係長
冨山武洋　同　産業交流担当
澤田尚志　同　担当係長
佐藤麻乃　同　アジア起業家支援担当
大島健之　同　担当係長
高林正和　国際経済推進室　環境技術移転担当
稲辺　晶　同　環境調和型産業推進担当
成海　憲　同　環境調和型産業推進担当

産業振興部

勝山慶一　工業振興課　高度化支援係長
原山　堅　同　担当係長
中村美和　同　担当係長
能登ひとみ　同　工業振興係
箕輪将一　同　高度化支援係
浜口哲也　同　企業誘致係長

蔦もえぎ　工業振興課　企業誘致係
石川宗作　同　企業誘致係
坂田大作　同　企業誘致係
奈良田剛志　新産業創出担当　担当係長
田巻　潤　同　新事業創出担当
播磨谷真　同　担当係長
粟井知子　同　福祉・生活文化産業創出担当
福田克実　同　課長補佐
平中文朗　同　かわさき基準推進担当
田邉　聡　創造のもり担当　担当課長
藤本順也　同　担当係長
前田知寿佳　同　創造のもり担当

川崎市産業振興財団

櫻井　亨　産業支援部長
酒井賢二　産業支援部新産業振興課　連携推進係長
尾形哲郎　同　連携推進係
志鷹義法　同　新事業支援係

井出裕之　同　　　　　　　産学連携コーディネーター
根本　藍　同　　　　　　　同
村田英嗣　同　経営支援課　起業・経営支援係
鈴木慶太　同　　　　　　　同
田﨑真妃　同　　　　　　　総務係

※参考文献　川崎元気企業調査報告書
執筆者（敬称略、五十音順）宇崎勝氏、川本比呂史氏、三村力氏
※所属・役職は二〇一三年三月三一日時点のもの

二〇一三（平成二五）年六月

国際イノベーション都市・川崎への道

新・川崎元気企業

2013年8月6日　　　初版発行

編　著　公益財団法人川崎市産業振興財団［編］

川崎元気企業研究会［著］
〒212-0013
川崎市幸区堀川町66-20 川崎市産業振興会館
☎044(548)4111　FAX 044(548)4110

発　行　神奈川新聞社
〒231-8445　横浜市中区太田町2-23
☎045(227)0850（企画編集部）

Printed in Japan　　ISBN 978-4-87645-507-2 C0034